Knaur

Gestalten mit Kübelpflanzen

Knaur

Frank von Berger

Gestalten mit Kübelpflanzen

Gärtnern mit Kübelpflanzen auf Balkon, Terrasse und im Garten

www.knaur.de

Bibliografische Information Der Deutschen Bibliothek
Die Deutsche Bibliothek verzeichnet diese Publikation in der Deutschen Nationalbibliografie; detaillierte bibliografische Daten sind im Internet über http://dnb.ddb.de abrufbar.

Umschlaggestaltung: ZERO Werbeagentur, München
Umschlagfoto(s): Reinhard Bildarchiv
Illustration: Lena Kristensen, Ingolstadt
Satz und Gestaltung: Hartmut Czauderna, München. Gesetzt aus der The Mix Light 10/12·
Reproduktion: Repro Ludwig, Zell am See
Druck und Bindung: Offizin Andersen Nexö Leipzig GmbH
Gedruckt auf chlorfrei gebleichtem Papier
Printed in Germany

ISBN 3-426-66730-4

Bildnachweis

Flora Press: Seite 5 unten, 47, 48 beide, 51 unten; IFA/Digul: Seite 7; IZB Ned. Work GmbH: Seite 9, 13; H. E. Laux: Seite 87; Nils Reinhard: Seite 8 unten, 111; PhotoPress/Schlierbach: Seite 98 oben; Reinhard Tierfoto: Seite 1, 2/3, 5 oben, 6, 8 oben, 11, 15, 27, 29, 41, 42 unten, 43, 49, 50, 51 oben, 53, 65 oben, 79, 80 beide, 82 oben, 91 oben, 98 unten, 110 beide, 130; Friedrich Strauß, Au-Hallertau, Seite 18; ZEFA/Emely: Seite 60 oben

Alle anderen: Frank von Berger

Erläuterungen der Piktogramme

- winterhart
- Winterschutz erforderlich
- immergrün
- sommergrün
- rauchhart
- blattzierend
- fruchtzierend
- Blütezeit
- Bienenweide
- Vasenschmuck
- Standort Halbschatten
- Standort Schatten
- Standort Sonne
- Bodendecker
- Kletterpflanze
- Wuchshöhe
- pflegeintensiv
- pflegeleicht
- viel gießen
- normal gießen
- wenig gießen
- für Anfänger
- für Spezialisten
- regelmäßiger Schnitt erforderlich
- Giftpflanze

Sommergäste: Zimmerpflanzen, die im Sommer nach draußen umziehen ... 94
Mit Kübelpflanzen den Wintergarten gestalten ... 97
Kübelpflanzen für kühle Wintergärten ... 102
Subtropisches Klima – der temperierte Wintergarten ... 104
Wohlige Wärme und üppige Pracht – Kübelpflanzen für beheizte Wintergärten ... 107

Die schönsten Kübelpflanzen im Porträt ... 111

Anhang
Adressen und Bezugsquellen ... 142
Literatur ... 142
Register ... 143

Inhalt

Vorwort ... 6

Gundlagen und Praxis ... 9

Die Anschaffung der Pflanzen ... 10
Standortwahl und Akklimatisieren der Pflanzen ... 12
Vorsicht Gift! Welche Kübelpflanzen sind giftig? ... 13
Welche Pflanzen eignen sich zur Pflege im Kübel? ... 14
Das kleine Extra im Topf: Die schönsten Gewächse zum Unterpflanzen ... 15
Welcher Topf für welche Pflanze? 16
Umtopfen und Substrat ... 22
Wässern und Düngen ... 26
Sommerliches Auspflanzen im Garten ... 31
Ausputzen, Pflege- und Verjüngungsschnitt ... 32
Pflegefehler, Schädlinge und Krankheiten ... 33
Überwinterung von Kübelpflanzen ... 37
Vermehrung von Kübelpflanzen . 44
Hochstämmchen und Formschnitt ... 46

Gestaltungsbeispiele und Pflanzideen ... 49

Eingangsgestaltung ... 50
Terrassengestaltung: Mediterrane Inspirationen ... 53
Terrakotta aus der Toscana ... 56
Spanische Impressionen ... 58
Das Paradies auf Erden ... 59
Kübelpflanzen mit asiatischem Flair ... 63
Zarte Blüten im Halbschatten ... 67
Prärie und Steppe – Gestaltungsideen für besonders trockene Standorte ... 69
Südseeträume ... 72
Hart im Nehmen – Australische Schönheiten für die Terrassengestaltung ... 76
Zum Anbeißen schön – Kübelpflanzen mit Nutzwert ... 78
Tomaten, Gurken & Co. – Gartengemüse als Kübelpflanzen ... 82
Der Kräutergarten im Kübel ... 85
Wenn wenig Platz ist: Schmückende Kübelpflanzen, die klein bleiben ... 88
Balkongestaltung mit winterharten Kübelpflanzen ... 90

Vorwort

Mit Kübelpflanzen kann man ganz einfach und im Handumdrehen Urlaubsstimmung auf Balkon und Terrasse zaubern. Die Blüten von Oleander, Strauchmargeriten und Bougainvilleen, der bizarre Wuchs des Olivenbaums und die würzig-herbe Duftnote von Zistrosen und Lavendel schaffen eine mediterrane Atmosphäre, die zum Träumen einlädt. Wirklich ansprechend zur Geltung bringt man die exotischen Gewächse aber erst, wenn man sie richtig zu inszenieren weiß, denn ein einzelner Kübel, der unvermittelt auf der Terrasse abgestellt wurde, sieht nach nicht viel mehr als einem kläglichen Dekorationsversuch aus. Dieses Buch möchte Anregungen geben, wie man mit Kübelpflanzen und den entsprechenden Accessoires, passenden Farben, Bodenbelägen und Gartenmöbeln außergewöhnliche Gestaltungsansätze verwirklichen kann: Schaffen Sie bei sich zuhause mediterrane Stimmungen mit Oliven- und Zitrusbäumchen, Lorbeer, Myrte und Zypressen, die den letzten Südfrankreich-Urlaub wieder lebendig werden lassen. Lernen Sie, mit Bambus, Kamelien und Sternjasmin, mit Wandschirmen und leise murmelnden Wasserbecken asiatisches Flair zu verbreiten. Oft braucht man gar nicht viel, um ein einfaches Sammelsurium von Kübelpflanzen in ein ansprechendes Ensemble mit Charakter zu verwandeln. Die konkreten Praxisbeispiele orientieren sich dabei im Wesentlichen an der geografischen Herkunft und den jeweiligen speziellen Standortansprüchen der verwendeten Gewächse. Darüber hinaus gibt es für besondere Situationen wie beheizte und unbeheizte Wintergärten, für Standorte im Schatten oder Terrassen in der prallen Sonne ebenso Vorschläge wie für die Kübelkultur von knackigem Gemüse und würzigen Kräutern auf Balkon und Terrasse. Ein ausführliches Kapitel enthält zahlreiche Tipps für Anfänger und Fortgeschrittene vom Kauf über die Pflege und Vermehrung bis hin zur Überwinterung von Kübelpflanzen. Lassen Sie sich verzaubern von den anmutigen Gästen aus dem Süden und treten Sie ein in ihren ganz privaten Garten Eden!

Von der Orangerie zum Wintergarten

Seltene, aus südlichen Gefilden stammende Pflanzen im rauen Klima nördlich der Alpen zu kultivieren, hat eine lange Tradition. Schon in der 1613 erschienenen Erstauflage des *Hortus Eystettensis*, der bebilderten Beschreibung des fürstbischöflichen Gartens von Eichstätt, wurden Pflanzen beschrieben, die in unseren Breiten weder heimisch noch winterhart sind. Zu den genannten Exoten gehören typische Kübelpflanzen wie Echte Aloe (*Aloe vera*), Indisches Blütenrohr (*Canna indica*) und Agave (damals noch als *Aloe americana* bezeichnet). Wurden südlich der Alpen schon in der Antike besondere Pflanzen in Kübel gepflanzt – bereits im alten Ägypten hielt man Pflanzen in Tonschalen oder Holzkübeln und im antiken Rom zierten Kübelpflanzen die Atrien der Villen – setzte sich diese

Ausgefallene Pflanztröge und Kübel mit einer stimmigen Bepflanzung schaffen Orte mit besonderer Atmosphäre.

Formale Anlagen aus der Zeit der Renaissance und des Barock wie hier in den Boboli-Gärten hinter dem Palazzo Pitti in Florenz bieten noch heute den idealen Rahmen für die Präsentation von Kübelpflanzen.

Mode nördlich der Alpen erst Mitte des 17. Jahrhunderts und hier auch zunächst nur bei den Reichen und Mächtigen durch.
Standen die Kübelpflanzen zunächst noch vor düsteren und wehrhaften Gemäuern vergangener Jahrhunderte, wurden von den durch Handel reich gewordenen Kaufleuten vor allem in Augsburg, Nürnberg und Ulm prächtige Renaissancepaläste mitten in den Städten gebaut. Zusammen mit Skulpturen und Ruhebänken sollten Kübelpflanzen schon bald die lichten Innenhöfe dieser Bürgerresidenzen zieren.
Nach dem Dreißigjährigen Krieg entstanden ab der zweiten Hälfte des 17. Jahrhunderts viele Herrschaftssitze neu und prachtvoller als je zuvor. Weiträumige, formal angelegte Gärten mit breiten Wegen, Brunnen und gekiesten Plätzen boten zunehmend Raum für das Aufstellen von Kübelpflanzen. Vorbild vieler Schlossanlagen war das damals neu errichtete, gigantische Ensemble von Schloss und Park in Versailles bei Paris. Nach wie vor ist Versailles weltweit berühmt für seine Kübelpflanzensammlung. Besondere Pflanzgefäße aus Holz, die so genannten Caisses de Versailles erhielten sogar ihren Namen nach diesem Ort. In Deutschland sind Gartenanlagen wie zum Beispiel Sanssouci in Potsdam, Schwetzingen sowie Schloss Pillnitz bei Dresden Beispiele vollendeter Gartenkunst aus dem 17. und 18. Jahrhundert, in denen Kübelpflanzen eine bedeutende Rolle spielen.

Palmen für Hobbygärtner

Besonders begehrt waren Pomeranzen, Palmen und andere mediterrane Gewächse, die man von Reisen nach Italien kannte. Zu den wichtigsten Kübelpflanzen zählten schon damals Lorbeer, Feige, Granatapfel und Brautmyrte, verschiedene Zitrusarten und der üppig blühende Oleander. So wurden selbst große Orangenbäume und Palmen bereits vor über 300 Jahren per Schiff und auf dem Landweg aus Italien importiert.
Als im 19. Jahrhundert die ersten beheizbaren Glashäuser gebaut wurden, begann man neben den klassischen mediterranen Kübelpflanzen auch exotische Arten wie Schmucklilie (*Agapanthus*), Schönmalve (*Abutilon*), Passionsblume (*Passiflora*-Arten) und Bougainvilleen in Europa zu kultivieren. Um diese Zeit fand auch eine Art „Demokratisierung“ der Kübelpflanzen statt: Sie waren nicht mehr länger Privileg der Oberschicht, sondern hielten Einzug in bürgerliche Kreise. Ende des 19. und Anfang des 20. Jahrhunderts gehörte es schon fast zum guten Ton, Veranda, Terrasse und Balkon mit Kübelpflanzen zu schmücken. In eleganten Salons und Kaffeehäusern hielten sie ebenso Einzug wie in die Wintergärten von Stadthäusern. In den letzten Jahren haben Kübelpflanzen mit dem Aufblühen einer neuen Gartenbegeisterung unzählige neue Liebhaber gefunden. Neben vielen verspielten Accessoires sind immer schönere Pflanzen und Pflanzgefäße erhältlich, und das erfreulicherweise auch zu erschwinglichen Preisen. Dies hat zur Folge, dass mehr und mehr Hobbygärtner die Vielfalt der Gestaltungsmöglichkeiten mit Kübelpflanzen entdecken.

Prächtige Kübelpflanzen verwandeln zusammen mit einjährigen Sommerblühern Terrasse und Balkon in ein Urlaubsparadies.

Neben dem Standort zählt die Pflege: Kübelpflanzen dürfen nicht austrocknen.

Grundlagen und Praxis

Exotische Gäste – pflegeleichter als man glaubt

Kübelpflanzen sind zwar in unseren Breiten Exoten, aber sie sind viel leichter zu halten, als mancher vielleicht glauben mag. Bei Berücksichtigung einiger elementarer Pflegetipps kann man eine Menge Freude an diesen Gästen aus mediterranen und subtropischen Gefilden haben, ohne viel Arbeit investieren zu müssen. Im folgenden Kapitel erfahren Sie alles Wissenswerte über die Kübelpflanzenpflege: Angefangen bei Auswahl und Kauf der Gewächse und Pflanzkübel über das richtige Umpflanzen und Düngen bis hin zu Schnitt- und Erziehungsmaßnahmen werden alle wichtigen Themen behandelt. Ein wesentlicher Aspekt, der nicht zu kurz kommt, ist die fachgerechte Überwinterung der meist recht frostempfindlichen Pflanzen. Wer sich daran wagen möchte, Kübelpflanzen selbst zu vermehren oder gar ein Hochstämmchen zu ziehen, der findet hierzu ebenfalls die richtigen Ratschläge. Man braucht nicht unbedingt den sprichwörtlichen „Grünen Daumen“ – wenn man das Wachstum und die Blüte aufmerksam beobachtet und die wesentlichen Bedürfnisse der Pflanzen erfüllt, ist der Erfolg fast garantiert!

Die Anschaffung der Pflanzen

Die erste Kübelpflanze erhält man vielleicht als Geschenk – als Willkommensgruß von den neuen Nachbarn zum Einzug, als liebes Mitbringsel oder weil sie woanders aufgrund ihrer Wüchsigkeit keinen Platz mehr hatte. Nicht selten bekommt man auch Ableger oder durch Stecklinge vermehrte Kübelpflanzen von Freunden und Bekannten vermacht. Wenn man dann einmal von der Leidenschaft für Kübelpflanzen infiziert ist, kann man in der Gärtnerei oder im Gartencenter kaum an den besonders im Frühsommer zahlreich und oft auch preiswert angebotenen Kübelpflanzen vorbeigehen, ohne über den Erwerb des einen oder anderen Schnäppchens nachzudenken. Irgendwie, meint man, wird sich doch noch ein Fleckchen auf der eigentlich viel zu kleinen Terrasse für dieses eine, ganz besonders schöne und günstige Exemplar finden.
Doch nicht alle im Handel angebotenen Pflanzen sind ihren Preis auch wert. Manchmal entpuppt sich das vermeintliche Schnäppchen als Versager, kümmert trotz intensiver und liebevoller Pflege vor sich hin oder gibt binnen weniger Wochen seinen Geist auf.

Worauf es ankommt

Kenner und Profis wissen genau, worauf sie beim Kauf einer Kübelpflanze achten müssen. Für Laien ist es nicht minder wichtig, auf bestimmte Qualitätskriterien ein besonderes Augenmerk zu haben. Kübelpflanzen, besonders die seltenen Arten oder größere Exemplare, sind in der Regel recht teuer und ein Fehlkauf schmerzt nicht nur den Geldbeutel, sondern schlägt auch aufs Gemüt. Man sollte beim Kauf übrigens nie vergessen, dass kleine Jungpflanzen, die noch erzogen und abgehärtet werden müssen, erheblich preiswerter sind als große, gut ausgebildete Exemplare, die robuster sind und daher auch ihren höheren Preis rechtfertigen. Der Kauf erfolgt am besten im Frühsommer, mit dem Start in die Freiluftsaison, und beginnt schon bei der richtigen Wahl des Händlers. Die besten und gesündesten Pflanzen findet man zweifellos bei auf Kübelpflanzen spezialisierten Gärtnereien (Adressenauswahl im Anhang). Sie importieren nicht nur direkt aus den Ursprungsländern, etwa Zitrusgewächse aus Italien und Israel, sondern sie vermehren viele Arten auch selbst. Eine kompetente Pflege vom Sämling oder Steckling bis zur ausgewachsenen Pflanze gewährleistet gesunde, robuste Qualität und Sicherheit bei der Sortenwahl. Viele dieser Spezialgärtnereien bieten Ihr Sortiment nicht nur vor Ort, sondern auch über den Versandhandel an. Leider hat man bei über Versand georderten Pflanzen kaum die Möglichkeit, das einzelne Gewächs selbst in Augenschein zu nehmen und muss sich auf die Seriosität der Händler verlassen.
Findet man keinen Spezialgärtner mit Schwerpunkt Kübelpflanzen in der unmittelbaren Umgebung seines Wohnortes, ist ein gut geführtes Gartencenter eine akzeptable Alternative. Immer öfter findet man dort auch spezialisiertes Personal, das nicht nur für die fachgerechte Pflege der Kübelpflanzen zuständig ist, sondern auf Anfrage auch kompetent beraten kann. Besonders im Frühsommer kann man hier oft günstige, aber dennoch hochwertige Ware kaufen. Außerhalb der Hauptsaison kann es aber schwierig werden, bestimmte Arten oder gar Sorten dort zu finden, da sich Gartencenter eher als Verteiler verstehen, nicht selbst züchten und vermehren und wenig Interesse daran haben, die Ware lange Zeit auf Lager zu halten.
Durch den anschwellenden Kübelpflanzenboom der letzten Jahre kann man inzwischen auch schon in vielen größeren Supermärkten, kaum dass die Balkonsaison begonnen hat, gängige Kübelpflanzen wie Oleander, Wandelröschen oder Strauchmargeriten kaufen. Hier ist jedoch besondere Vorsicht angebracht. Billig angebotene Massenware, die über den Großhandel importiert wird, leidet oft schon auf dem Transport und ist meistens nicht genug akklimatisiert, um mit den hiesigen klimatischen Bedingungen auf Anhieb zurechtzukommen. Dennoch kann man auch hier Glück haben und wirkliche Schnäppchen finden, die gesund, schön gewachsen und sehr vielversprechend sind.

Auswahl, Kauf und Heimtransport

Im Idealfall geht dem Kauf einer Kübelpflanze die Überlegung voraus, welche Art und Sorte sich für den vorgesehenen Standort auf Balkon oder Terrasse am besten eignet. Schließlich ist das Gedeihen und die Wirkung der Pflanze abhängig von den Standortfaktoren wie Sonnenscheindauer, Wind- und Regeneinwirkung und nicht zuletzt von der Pflege, die man bereit ist, aufzuwenden. Doch nicht immer kann und möchte man so vorausschauend planen. Oft begeistert man sich aufgrund der wunderschönen Blüten oder der attraktiven Gestalt für ein Gewächs und überlegt erst anschließend, wo man es am besten platzieren kann. In jedem Fall sollte man aber bei der Auswahl mit gro-

Um ausgefallene Arten und große Exemplare verschiedener Kübelpflanzen zu finden, lohnt es sich, eine Spezialgärtnerei aufzusuchen.

ßer Aufmerksamkeit vorgehen und die Spreu vom Weizen trennen. Dazu genügen einige ganz einfache Regeln:

- Ein Blick auf das Gesamtsortiment sagt Ihnen gleich, ob der Händler verantwortungsvoll mit den Pflanzen umgeht oder ob es sich um einen „Pflanzenquäler" handelt, der nur das schnelle Geld sucht. Die Pflanzen sollten generell gut gepflegt erscheinen, nicht zu nass oder zu trocken stehen, frei von Schädlingen und abgestorbenen Pflanzenteilen und durch eine informative Etikettierung eindeutig nach Art und Sorte zu identifizieren sein.
- Wählen Sie dann unter den infrage kommenden Pflanzen das Exemplar aus, das am meisten Ihren Vorstellungen entspricht. Achten Sie dabei auf eine harmonische Wuchsform (bei buschigen Pflanzen gehört eine reiche Verzweigung dazu), angemessene Proportionen zwischen Kübel und Pflanze (der Kübel selbst ist in der Regel ein Kunststoffcontainer, den Sie später gegen ein attraktiveres Gefäß austauschen können) und bei Blütenpflanzen nicht nur auf bereits entfaltete Blüten, sondern auch auf einen reichen Knospenansatz.
- Möchte man bei Blütenpflanzen eine bestimmte Blütenfarbe oder sogar duftende Blüten haben, empfiehlt sich der Kauf einer bereits blühenden Pflanze. Nur dann kann man ganz sicher sein, genau das zu bekommen, was man sich wünscht.
- Die Pflanze muss gut in der Erde verwurzelt und der Topf entsprechend groß sein, damit höher wachsende Pflanzen nicht schon beim leisesten Windhauch umkippen. Pflanzen, die sich nur dank eines Stützstabs aufrecht im Topf halten, sind mit Argwohn zu betrachten. Davon ausgenommen sind natürlich Kletterpflanzen wie die Schwarzäugige Susanne oder Sternjasmin, die ohne Stütze in sich zusammensinken würden.
- Die Erde und der Wurzelballen dürfen nicht ausgetrocknet, sondern sollten feucht, aber nicht wirklich nass sein. Sauer riechende, matschige Erde und ein Moosbelag auf der Erdoberfläche sind (außer bei Rhododendren) keine gute Referenz, ebenso wenig ein festgebackener, knochentrockener Ballen, der sich durch Schrumpfung schon vom Topfrand gelöst hat.
- Das Laub der Pflanze muss straff und grün aussehen. Von Gewächsen mit ausgeblichenen, welken oder zahlreichen trockenen Blättern lässt man besser die Finger.
- Achten Sie auf Schädlingsbefall: Blatt- oder Schildläuse, Weiße Fliege, Milben oder andere Schädlinge können genauso wie Mehl-

tau oder Rostpilze mit neu gekauften Pflanzen eingeschleppt werden und Ihre gesamte Kübelpflanzensammlung ruinieren. Richten Sie dabei besonderes Augenmerk auf die Blattunterseiten und die Triebspitzen!

- Wenn die Pflanze nicht zu groß und zu schwer ist, dann topfen Sie sie probeweise aus: Die Wurzelspitzen müssen weiß sein. Dunkle, faulig riechende Wurzeln oder ein total verfilzter Wurzelballen zeugen von keiner guten Kinderstube.

Sollten Sie mit der angebotenen Qualität nicht zufrieden sein, dann suchen Sie lieber ein anderes Geschäft auf, als sich mit einem Kompromiss zufrieden zu geben. Aus kümmerlichen Pflanzen wird auch bei liebevoller Pflege nur selten ein schönes, kräftiges Exemplar. Im schlimmsten Fall haben Sie einen Dauerpflegefall, der selbst das wenige Geld, was er gekostet haben mag, nicht wert ist. Ein Tipp: Ganz gleich, ob Sie Ihre Kübelpflanze bei einem spezialisierten Züchter oder im Gartencenter kaufen, sollten Sie sich den Kauf quittieren lassen. Bei Problemen, die Sie vielleicht erst einige Tage später bemerken, haben Sie damit eine gewisse Sicherheit. Seriöse Händler werden auf Reklamationen mit Kulanz reagieren. Sobald Sie mit Ihrer Neuerwerbung unter dem Arm oder im Einkaufswagen das Geschäft verlassen, fängt für die Pflanze ein neuer Lebensabschnitt an. Wenn es draußen frostig kalt ist oder die Sonne heiß vom Himmel brennt, kann das für die meisten Gewächse, die vielleicht schon wochenlang in den Verkaufsräumen standen, ein richtiger Schock sein. Kommt dann noch die Heimfahrt in einem offenen Cabriolet hinzu, bei der der Fahrtwind munter durch die Blätter der Kübelpflanze rauscht oder ein überheizter Innenraum (eventuell noch mit Sitzheizung) im Familienkombi mit Hund und Kindern, dann bedeutet das für die Pflanze Stress in Reinkultur. Besonders verheerend wirkt es sich aus, wenn das Auto mit der Kübelpflanze eine Zeit lang in der Sonne steht, weil man noch die eine oder andere Besorgung machen möchte. Die Temperaturen im Inneren des Wagens können dann (auch im Winter!) schnell auf Backofenniveau ansteigen – das sichere Todesurteil für jede Pflanze. Vermeiden Sie also überflüssige Stresssituationen für die Pflanze, transportieren Sie sie auf dem kürzesten Weg direkt nach Hause und schützen Sie sie bei Frost, indem Sie sie in Papier oder ein Stofflaken einschlagen.

Standortwahl und Akklimatisieren der Pflanzen

Zuhause angekommen hat man vielleicht schon das richtige Plätzchen mit den idealen Standortbedingungen für das neue Schmuckstück gefunden. Vielleicht weiß man aus der Literatur, durch Nachfragen beim Händler oder einfach aus Erfahrung, welcher Standort

Durch probeweises Austopfen vor dem Kauf kann man die Qualität des Wurzelballens prüfen.

Der richtige Standort entscheidet darüber, ob sich eine Kübelpflanze wohl fühlt oder nicht.

der beste ist. Dennoch lohnt sich vor dem endgültigen Aufstellen ein Akklimatisieren der Pflanze, die im Geschäft vielleicht schon einige Zeit bei künstlicher Beleuchtung, ausgeglichenen Temperaturen und hoher Luftfeuchtigkeit gestanden hat. Pralle Sonne, trockene Luft oder ein deutlicher Wechsel zwischen Tages- und Nachttemperaturen können zu Schäden an Blättern und Blüten, eventuell sogar zum Abwurf der Blütenknospen führen. Besonders Hibiskus und Kamelie reagieren regelrecht beleidigt, wenn man sie zu rasch neuen Standortbedingungen aussetzt. Stellen Sie die Neuerwerbung zunächst in den gedämpften Halbschatten, gießen Sie mit besonderem Feingefühl mit weichem, temperiertem Wasser und wählen Sie später einen Tag mit bedecktem Himmel, um die neue Kübelpflanze an ihren endgültigen Standort zu versetzen. Das Umtopfen der Pflanze aus dem wenig attraktiven schwarzen Plastikcontainer in ein stilvolles Pflanzgefäß kann ebenfalls nach einigen Tagen der Eingewöhnung gefahrloser vor sich gehen. Man sollte bei allen Veränderungen nie vergessen, dass Kübelpflanzen sensible Exoten sind, die ohnehin eine Anpassung an unser Klima durchmachen müssen. Muten Sie ihnen daher so wenig Stress wie möglich zu.

Vorsicht Gift! Welche Kübelpflanzen sind giftig?

Manche Kübelpflanze erscheint dem Betrachter schön wie die Sünde – und in der Tat haben es so manche der blühenden Exoten in sich: Von giftigen Blüten und Blättern über reizenden Milchsaft bis hin zu unverträglichen oder Übelkeit erregenden Früchten reicht das Waffenarsenal, mit dem sich viele Pflanzen gegen Fraßfeinde zur Wehr setzen. Manche, etwa der Oleander, benutzen sogar Kontaktgifte, die bei empfindlichen Personen schon bei der Berührung der Pflanze zu Hautreizungen und leichten Vergiftungen führen können. Wer besonders empfindlich ist, sollte also lieber Abstand halten. Kinder kann man über die Gefahren des Verzehrs von giftigen Pflanzenteilen aufklären, sobald sie alt genug sind, dies auch zu verstehen. Den ganz jungen Nachwuchs hält man entweder von den Pflanzen fern oder umgekehrt – was wohl einfacher sein dürfte. Bekanntermaßen giftige Pflanzen gehören nicht in die Nähe von kleinen Kindern und einsichtige Eltern verzichten lieber einige Jahre auf den riskanten Blütenschmuck, bis die natürliche Neugierde der Kleinkinder nachlässt. Aber nicht nur Gift kann Kindern und unvorsichtigen Erwachsenen gefährlich werden: Stachelige, dornige Pflanzen und solche mit scharfen Blatträndern sollten ebenfalls nur unter Vorbehalt als Terrassenschmuck eingesetzt werden. Neben den bedornten Blattspitzen der Agaven können auch viele andere wehrhafte Pflanzen schmerzhafte Wunden verursachen. Nachfolgend sind die Kübelpflanzen aufgeführt, die als giftig bekannt sind. Bei allen anderen ist dennoch Vorsicht angebracht, denn oft sind gekaufte Exemplare mit Insektiziden und Fungiziden behandelt worden oder können eine individuelle Unverträglichkeitsreaktion bei besonders empfindlichen oder allergischen Personen auslösen. Im Notfall kann man sich beim **Giftnotruf Berlin (Tel. 030/19240)** kostenlos Rat holen oder findet im Internet unter **www.giftnotruf.de** alle Giftinformationszentren in Ihrer Nähe aufgelistet.

Oben: Zwei berauschende Schönheiten, die es in sich haben: Engelstrompeten und der Enzianstrauch (Solanum rantonnetii) enthalten gefährliche Gifte.

Beliebte Kübelpflanzen, die giftig sind:

Aukube (*Aucuba japonica*): Beeren
Engelstrompete (*Brugmansia*, syn. *Datura*): Blätter und Blüten
Buchsbaum (*Buxus*): Blätter
Gelber Hammerstrauch (*Cestrum aurantiacum*): Blätter und Blüten
Roter Hammerstrauch (*Cestrum elegans*): Blätter und Blüten
Ginster, Besenginster (*Cytisus, Genista*): alle Pflanzenteile
Echte Feige (*Ficus carica*): Milchsaft kann zu Hautreizungen führen
Efeu (*Hedera*): alle Pflanzenteile
Veilchenstrauch (*Lochroma cyaneum*): Blätter und Blüten
Wacholder (*Juniperus*): alle Pflanzenteile
Oleander (*Nerium oleander*): Kontaktgift, alle Pflanzenteile
Kirschlorbeer (*Prunus laurocerasus*): Blätter und Beeren
Rhododendron und Azaleen (*Rhododendron*): Blätter und Blüten
Sternnachtschatten (*Solanum jasminoides*): Blätter und Blüten
Melonenstrauch, Pepino (*Solanum muricatum*): alle Pflanzenteile außer den Früchten
Kartoffelstrauch, Enzianblume (*Solanum rantonnetii*): Blüten und Blätter
Lebensbaum (*Thuja*): Triebspitzen und Samen

Rechts: Die bedornten Blattspitzen der Agave verursachen manchmal schmerzhafte Wunden. Ein aufgesteckter Korken könnte das Schlimmste verhindern.

Welche Pflanzen eignen sich zur Pflege im Kübel?

Neben den klassischen Kübelpflanzen, zu denen vor allem die Exoten aus dem Mittelmeerraum und den subtropischen Regionen der Erde gehören, können allerlei andere Gewächse ebenfalls in Kübeln, Schalen und Töpfen gezogen werden. Die Grenzen zwischen der traditionellen Balkonbepflanzung und dem Gestalten mit Kübelpflanzen sind fließend. Wenn man zum Beispiel mit immergrünen, frostharten Kübelpflanzen arbeiten möchte, kann man unter zahlreichen Koniferen, Buchsbaum und anderen frostfesten Laubgehölzen wählen (siehe dazu im Beispielteil „Wenn der Platz zum Überwintern fehlt: Balkongestaltung mit winterharten Kübelpflanzen"). Fast schon etabliert haben sich außerdem Kräuter und so genannte Balkongemüse, die bei guter Pflege in Töpfen und Kübeln genauso prächtig gedeihen wie in der Gartenerde. Die Kübelkultur hat hier sogar den Vorteil, dass man jedem Kraut genau den Boden und Standort bieten kann, den es zum optimalen Wachstum braucht. Im Fall von plötzlichen Nachtfrösten kann man die empfindlichsten Pflanzen rasch in Sicherheit bringen.

Als Kübelpflanzen eignen sich nicht nur importierte Exoten wie Zitrone, Oleander oder Wandelröschen, sondern auch viele Gartenstauden, darunter Fetthenne, Sonnenhut und Dachwurz.

Ein Potpourri aus Blütenstauden

Als regelrechter Trend hat sich in den letzten Jahren das Gärtnern mit Stauden im Kübel herausgestellt. Viele prächtige Blütenstauden wie Rittersporn, Lilien oder Chrysanthemen kommen problemlos einige Jahre im Kübel zurecht, bevor man sie im Garten auspflanzt, damit sie neue Kräfte sammeln können. Funkien zieren mit ihren vielfältig gezeichneten Blättern den ganzen Sommer über schattige Eckchen und wirken besonders apart, wenn man sie in ausgefallene Pflanzkübel setzt. Ebenso können eingetopfte Gräser und Farne Akzente setzen und kriechende bzw. hängende, frostharte Blattschmuckstauden wie Efeu, Immergrün oder Goldnessel unschöne oder disproportionierte Kübel kaschieren. Im Handel werden inzwischen zahlreiche Rosensorten angeboten, die sich ausgezeichnet für die Kübelkultur eignen. Darunter finden sich viele Miniaturrosen, aber auch kleine Kletterrosen und sogar Hochstämmchen.

Im Grunde sind der Fantasie bei der Gestaltung keine Grenzen gesetzt. Voraussetzung bei allen in Kübeln gehaltenen Gewächsen ist eine ausreichende Versorgung mit Wasser und Nährstoffen. Dies verlangt eine gewisse Aufmerksamkeit und Präsenz des Besitzers, denn der Lebensraum Kübel unterscheidet sich vor allem darin von einem normalen Garten, dass die Pflanzen abgeschnitten sind von allen lebenswichtigen Ressourcen, die sonst der Gartenboden bereitstellt. Und noch etwas sollte berücksichtigt werden: Kübel frieren im Winter durch ihren exponierten Standort schneller durch als der Gartenboden, in den der Frost selten tiefer als 5 bis 10 cm tief eindringt. Das bedeutet, dass man bei starken oder länger anhaltenden Frösten die im Winter im Freien bleibenden Kübel mit einer Schicht isolierender Materialien umwickeln muss. Mehr darüber erfahren Sie im Abschnitt „Überwintern von Kübelpflanzen" in diesem Buch.

Das kleine Extra im Topf: Die schönsten Gewächse zum Unterpflanzen

Die meisten Kübelpflanzen brauchen desto größere Pflanzgefäße, je älter sie werden. Bei buschig oder leicht überhängend wachsenden Exemplaren bilden Pflanzen und Kübel eine harmonische Einheit. Hochstämmchen und sparrig wachsende, streng aufrechte Pflanzen ragen jedoch manchmal etwas steif aus dem Kübel heraus. Eine Unterpflanzung mit anspruchslosen, niedrig bleibenden oder über den Gefäßrand hängenden Begleitpflanzen kann dazu beitragen, die Pflanze besser in die Umgebung zu integrieren und ein üppigeres Gesamtbild zu erzeugen. Neben dem optischen Effekt hat eine Unterpflanzung darüber hinaus den Vorteil, dass die Erde im Kübel nicht so schnell austrocknet, denn obwohl die Unterpflanzung Wasser und Nährstoffe absorbiert, schützt sie

Rechts: Immergrüne Kübelpflanzen wie etwa Buchsbaum gewinnen durch eine Unterpflanzung mit dem weiß blühenden, anspruchslosen Duftsteinrich an Ausdruckskraft und Charme.

Unten: Die so genannte Tripmadam, eine Sedum-Art mit sukkulenten, graugrünen Blättern und im Hochsommer reizvollen gelben Blütendolden ist ein anspruchsloser Bodendecker und eine ideale Begleitpflanze für Hochstämmchen.

dennoch vor Verdunstung und hält die Feuchtigkeit im Boden. Man sollte allerdings darauf achten, dass die Ansprüche an die Bodenqualität und den Standort von Kübelpflanze und Unterpflanzung übereinstimmen. Dabei ist es von geringer Bedeutung, ob es sich bei den Begleitpflanzen um winterharte oder einjährige Arten handelt. Wichtig ist allein, dass die Pflanzen sich nicht gegenseitig Nährstoffe und Wasser streitig machen, weshalb man auf Starkzehrer und tief wurzelnde Pflanzen als Begleiter verzichten sollte. Wird die Kübelpflanze frostfrei überwintert, überdauert auch die Unterpflanzung oft mit. Besonders schön sieht es aus, wenn bei der Auswahl der Unterpflanzung die Blütenfarbe der Kübelpflanze berücksichtigt und entweder der Kontrast gesucht oder eine farbliche Harmonie angestrebt wird. Immergrüne Kübelpflanzen wie Lorbeer, Brautmyrte oder Koniferen können durch eine blühende Unterpflanzung in den Sommermonaten zusätzlich aufgewertet werden.

Welcher Topf für welche Pflanze?

Damit Ihre Kübelpflanzen richtig schön zur Geltung kommen, brauchen sie auch den richtigen Rahmen. Ein wesentlicher Aspekt der Gestaltung sind die Pflanzgefäße. Mit den richtigen Pflanzkübeln können Sie Stimmungen auf Balkon und Terrasse zaubern, denn ein hübscher Terrakottatopf strahlt in jedem Fall mehr Stil und Atmosphäre aus als ein banaler Kunststoffcontainer. Die Wahl des richtigen Materials und der besten Kübelform entscheiden darüber hinaus nicht nur, ob die Pflanze gut aussieht, sondern auch, ob sie sich wohl fühlt, standfest ist und gut gedeiht.

Wegen ihres geringen Transportgewichts und günstigen Preises stehen Pflanzkübel aus Kunststoff noch immer recht weit oben auf der Beliebtheitsskala. Abgesehen vom ästhetischen Aspekt (die wenigsten Kunststoffkübel sind optisch wirklich zufrieden stellend) sind sie pflegeleicht, setzen auch nach Jahren kaum Patina an und lassen sich beim Transport ins Winterquartier leichter heben als Terrakottakübel. Das geringe Eigengewicht zählt aber gleichzeitig zu den nachteiligen Eigenschaften von Kunststoff, denn bei Wind kippen diese Kübel schneller um. Da das Material nicht porös ist, verdunstet weniger Wasser und die Wurzeln der Kübelpflanzen bekommen weniger Luft. Speziell dunkle Plastikcontainer heizen sich bei sommerlicher Sonneneinstrahlung stark auf, was nicht unbedingt wünschenswert ist, denn die Pflanzenwurzeln brutzeln durch den Hitzestau vor sich hin. Relativ neu auf dem Markt sind Kunststoffkübel, die das Aussehen von Terrakotta täuschend ähnlich imitieren. Sie sind vor allem dann eine sinnvolle Alternative, wenn zum Beispiel bei der Balkongestaltung aus baustatischen Gründen auf das Gewicht der Kübel geachtet werden muss.

Die schönsten Arten zur Unterpflanzung

Name	Wuchsform/Höhe	Standort	Besonderes
Stachelnüsschen (*Acaena microphylla*)	kriechender Bodendecker, 10 bis 15 cm hoch	sonnig bis halbschattig in durchlässiger Erde	mehrjährige, immergrüne, voll frostharte Staude; schöne Sorten: 'Kupferteppich' (rotbraunes Laub) 'Blue Haze' (graugrünes Laub)
Zweizahn (*Bidens ferulifolia*)	aufsteigende bis hängende Triebe mit zierlichem Laub, bis 30 cm hoch	sonnig, in nährstoffreicher, feuchter Erde	einjährige gelb blühende Pflanze; die Sorte 'Golden Star' wächst kompakt
Blaues Gänseblümchen (*Brachyscome multifida*)	aufsteigende bis hängende, drahtige Triebe mit zierlichem Laub, bis 25 cm hoch	sonnig in durchlässiger, fruchtbarer, nicht zu trockener Erde	einjährige violett blühende Pflanze mit apartem Laub und vielen Blüten
Polsterglockenblume (*Campanula poscharskyana*)	Ausläufer treibende, Polster bildende Blütenstaude, bis 25 cm hoch	sonnig bis halbschattig in fruchtbarer, nicht zu trockener Erde	mehrjährige, voll frostharte, sehr wüchsige Polsterstaude mit blauen, vom Sommer bis in den Herbst erscheinenden Blüten
Blaue Mauritius (*Convolvulus sabatius*)	klimmende oder hängende Blütenpflanze, bis 15 cm hoch	sonnig in magerer, gut durchlässiger Erde	einjährige, üppig violett blau blühende Polsterpflanze
Spanisches Gänseblümchen (*Erigeron karvinskianus*)	Teppich bildende Blütenpflanze, bis 25 cm hoch	sonnig bis halbschattig in gut durchlässiger Erde	einjährige, bei frostfreier Überwinterung auch mehrjährige Blütenpflanze; besonders schön ist die rosaweiße Sorte 'Profusion'
Efeu (*Hedera helix*)	kletternde oder Boden deckende Blattschmuckpflanze mit langen Trieben, die dort, wo sie auf dem Boden aufliegen, Wurzeln bilden; ein Klettern der Triebe an den Stämmen von Kübelpflanzen sollte man unterbinden	sonnig, halbschattig bis schattig in allen Böden	immergrüne, mehrjährige, voll frostharte Kletter- und Bodendeckpflanze; kleinblättrige, weißbunte Sorten wirken besonders schön
Männertreu (*Lobelia erinus, L. pendula*)	Polster bildende bzw. leicht überhängende Blütenpflanze, bis 20 cm hoch	halbschattig in nährstoffreicher, nicht zu trockener Erde	einjährige, reich in blau oder weiß blühende Polsterpflanze; ein Rückschnitt im Hochsommer verlängert die Blütezeit
Duftsteinrich (*Lobularia maritima*)	Polster bildende Blütenpflanze, bis 15 cm hoch	sonnig bis halbschattig in gut durchlässiger Erde	einjährige, reich blühende, duftende Polsterpflanze; sät sich selbst gut aus und kann frostfrei überwintert werden
Pfennigkraut (*Lysimachia nummularia*)	Boden deckende, anspruchslose Pflanze; bis 5 cm hoch	sonnig, halbschattig bis schattig in nicht zu trockener Erde	immergrüne, mehrjährige, voll frostharte Pflanze mit wenigen gelben Blüten im Frühsommer; sehr wüchsig; die Sorte 'Aurea' hat aparte gelbe Blätter
Husarenknöpfchen (*Sanvitalia procumbens*)	kriechende, Matten bildende bis aufsteigende Blütenpflanze; bis 20 cm hoch	sonnig in magerer, gut durchlässiger Erde	einjährige Blütenpflanze für sonnige, trockene Standorte; die Sorte 'Golden Carpet' bleibt sehr niedrig
Fetthenne (*Sedum floriferum, S. spurium, S. rupestre*, syn. *S. reflexum*)	Polster bildende, Boden deckende Pflanzen mit sukkulenten Blättern; je nach Sorte 5 bis 15 cm hoch	sonnig bis halbschattig in magerer, gut durchlässiger Erde	ausdauernde, voll frostharte, immergrüne Bodendeckstauden.; gelbe Blüten bei *S. floriferum* und *S. rupestre*; rotes Laub bei *S. spurium* 'Fuldaglut', die selten blüht
Schneeflocke, Bacopa-Hybride (*Sutera diffusa*)	Polster bildende oder hängende Blütenpflanze; bis 20 cm hoch	halbschattig bis schattig in nährstoffreicher, nicht zu trockener Erde	einjährige Blütenpflanze mit zahlreichen kleinen, weißen Blüten
Sammetblume (*Tagetes tenuifolia*)	aufrecht buschig wachsende Blütenpflanze, bis 25 cm	sonnig in gut durchlässiger, nährstoffreicher Erde	einjährige Sommerblume mit zierlichem Laub und zahlreichen orangegelben Blüten
Kapuzinerkresse (*Tropaeolum*)	rankende, lange Triebe entwicklende Blattschmuck- und Blütenpflanze; *T. peregrinus* und *T. tuberosum* bis 1,5 m, *T. majus* bis 4 m lang	sonnig in nährstoffreicher, nicht zu trockener Erde	einjährige, wüchsige Rankpflanze mit gelben oder orangeroten Blüten; für kleine Kübel eignen sich *T. peregrinus* und *T. tuberosum*, für große Pflanztröge auch *T. majus*

Töpfe mit Tradition: Terrakotta für alle Fälle

Terrakotta ist der Klassiker bei allen Kübelpflanzen. Unzählige Formen in nahezu allen Größen, glasiert oder unglasiert, mit und ohne reliefartiger Verzierung sind auf dem Markt. Man unterscheidet hierbei zwischen normaler Terrakotta und solcher, die besonders schwer und feinporig ist und daher als frostfest gilt. Die beste Terrakotta stammt aus Italien, genauer aus der Gegend um das toskanische Städtchen Impruneta. Sie ist äußerst langlebig, robust und rechtfertigt damit den ziemlich hohen Preis. Weniger edle Terrakottakübel genügen jedoch auch, wenn man die Pflanzen ohnehin frostfrei überwintert. Der ziegelbraune Terrakottaton passt farblich hervorragend zu allen Grüntönen der Blätter. Das Material besitzt neben dem hohen Eigengewicht, das für einen sicheren Stand sorgt, den zusätzlichen Vorteil, dass es „atmet". Die feinporige Materialstruktur beschert den Pflanzen auch an heißen Tagen ein gutes Bodenklima. Durch das Austreten von Mineralsalzen und die Besiedlung durch Algen und Moose bildet sich mit der Zeit eine Patina auf der Außenseite der unglasierten Gefäße, die sehr attraktiv wirken kann. Wen dies stört, der kann die Kübel gelegentlich abbürsten oder mit dem Hochdruckreiniger säubern. In romantischen Gärten sehen patinierte Gefäße jedoch besonders charmant aus, weshalb mancher Kübelpflanzenfreund ladenneue Töpfe sogar künstlich „antikisiert" (siehe unten). Glasierte Terrakotta- und Steingutgefäße, besonders die leuchtend blau glasierten China-Kübel, finden in den letzten Jahren immer mehr Liebhaber. Sie sehen besonders bei allen immergrünen Kübelpflanzen sehr hübsch aus, können aber auch zusammen mit Rot- oder Orangegelbtönen interessante Akzente setzen. Alle glasierten Keramikkübel besitzen ähnlich gute Eigenschaften wie die Terrakottagefäße, sind aber nicht ganz so atmungsaktiv. Pflanzen, die empfindlich auf Staunässe reagieren, sollte man besser nicht in solche Kübel pflanzen. Will man sie im Winter draußen stehen lassen, ist es besonders wichtig, auf ein Gütesiegel für Frostfestigkeit zu achten.

Schon seit Jahrhunderten werden für besonders imposante Kübelpflanzen viereckige Holzkübel auf kleinen Füßchen, so genannte Caisses de Versailles, verwendet. Der Boden unter diesen oft weiß lackierten, besonders elegant wirkenden Kübeln bleibt trocken, was ihnen eine längere Lebensdauer beschert. Inzwischen sind auch pflegeleichte Kunststoffimitate im Handel erhältlich. Sie passen zu allen formalen Anlagen, sehen aber auch auf der Terrasse oder links und rechts des Hauseingangs imponierend aus. Klassisch ist ihre Verwendung für Buchsbaum- oder Lorbeerpyrami-

Für jeden Geschmack etwas: Kübel, Schalen und Töpfe gibt es in nahezu jeder Form und Farbe in verschiedenen Materialien. Was im Einzelfall das Richtige ist, entscheidet der persönliche Geschmack und der Geldbeutel.

Rechts: Unglasierte Terrakottagefäße, die es mit und ohne Dekor gibt, sind Klassiker – immer schön und vielseitig verwendbar.

Unten links: Lorbeerpyramiden brauchen besonders standfeste Kübel.

Unten rechts: Mit farbig glasierten Kübeln und Töpfen lassen sich zusätzliche Akzente setzen.

den und Hochstämmchen, aber auch Oleander, Brautmyrte und Zitrusgewächse wirken darin beeindruckend. Alle Holzgefäße für Kübelpflanzen müssen gegen Feuchtigkeit und Fäulnis mit einem ungiftigen Anstrich imprägniert werden. Alternativ kann man sie als Übertopf verwenden oder mit einer Kunststofffolie (Teichfolie) ausschlagen, wobei die Abzugslöcher für überschüssiges Gießwasser frei bleiben müssen.

Das Verhältnis von Kübel und Pflanze

Ähnlich klassisch wie die „Caisses de Versailles“ und auch wieder voll im Trend sind Pflanzurnen und Kübel aus Blei, Bronze oder Gusseisen. Die enorm schweren Gefäße sollte man nicht zu üppig bepflanzen, damit man von den edlen Schmuckstücken auch noch etwas sieht. Mit etwas Glück findet man sie preiswert auf dem Trödelmarkt oder sogar auf Großmutters Dachboden, sonst muss man allerdings recht tief in die Tasche greifen. Übrigens ist hier eine gewisse Patina oder eine verrostete Oberfläche durchaus erwünscht und trägt zum romantisch-nostalgischen Eindruck bei. Pflanzen Sie bevorzugt Agaven, aufrechte und hängende Fuchsien oder nostalgische Balkonpflanzen wie Verbenen und Weihrauchkraut in diese Urnen und Schalen, das passt einfach am besten.

Leider sieht man immer noch auf vielen Balkonen und Terrassen Eternit- und Waschbetonkübel in allen möglichen Formen. Meistens sorgen sie dafür, dass die gesamte Umgebung den Charme einer Fußgängerzone ausstrahlt. Wenn man einmal von den gesundheitlichen Risiken alter Asbestkübel absieht, bleibt dennoch das ästhetische Problem zu bewältigen, mit diesen klobigen Ungeheuern eine halbwegs stimmungsvolle Gestaltung zu zaubern. Wer solche Kübel als Erblast besitzt und sich nicht von ihnen trennen möchte oder kann, der sollte sie mit herabhängenden Pflanzen wie Harfenstrauch, Efeu oder Immergrün

oder mit Bast- bzw. Strohmatten kaschieren.
Damit sich die Kübelpflanzen in ihrem Pflanzgefäß wohl fühlen, ausreichend Kapazitäten zur Wasserspeicherung bestehen und eine gewisse Standfestigkeit erzielt wird, müssen Volumen und Größe stimmen. Nur wenige Pflanzen mögen es, wenn der Wurzelballen in den Kübel gepresst wird. Andererseits sollte man den Kübel nicht zu großzügig bemessen, damit die Pflanze nicht zu schnell wächst und der Transport ins Winterquartier unnötig erschwert wird. Tief wurzelnde Pflanzen wie Topfrosen und viele Koniferen brauchen mindestens 50 cm tiefe Töpfe. Auch alle starkwüchsigen Kübelpflanzen wie Lorbeer und Oleander brauchen Kübel mit mindestens 50 cm Tiefe und einem entsprechenden Volumen. Kamelien und Rhododendren zählen zu den Flachwurzlern, weshalb sie auch mit breiten, weniger tiefen Kübeln zurecht kommen. Hier sind allein die Standfestigkeit und das weniger schnelle Austrocknen des Substrats die ausschlaggebenden Faktoren, eventuell einen tieferen Kübel zu wählen. Weil sich der Wurzelballen aus bauchigen Gefäßen schlecht herauslösen lässt, sind sich nach oben erweiternde Kübel praktischer. In keinem Fall – außer wenn es sich um ein echtes Schmuckstück von Pflanzgefäß handelt – sollte die Bepflanzung mit dem Kübel in Konkurrenz treten müssen. Die optische Wirkung muss in der Regel von der Pflanze und nicht vom Kübel ausgehen, denn ein attraktiver Kübel mit einer jämmerlichen Pflanze wirkt immer lächerlich. Nur bei Immergrünen und wenn man ein dunkles, vernachlässigtes Eckchen aufwerten möchte, darf man zu starkfarbigen oder anders auffälligen Kübeln greifen. Ansonsten sind schlichte Terrakottakübel immer die beste Wahl.

Alles andere als Standard – ausgefallene Pflanzgefäße

Es müssen nicht immer teure Pflanzgefäße aus dem Fachhandel sein. Individualisten mit Hang zum Kreativen finden auf dem Dachboden und im Keller, in Schuppen und selbst in der Küche viel Brauchbares, in das sich kleine oder größere Kübelpflanzen setzen lassen. Wo keine Löcher für eine Dränage vorhanden sind oder gebohrt werden können, hilft eine Schicht Blähton am Boden oder man verwendet das ausgefallene Pflanzobjekt einfach als Übertopf und kaschiert damit einen prosaischen Kunststoffcontainer. Neben den handelsüblichen Pflanzgefäßen eignen sich:

- Schalen, Krüge und Schüsseln aus Keramik (mit Dränageschicht oder als Übertopf)
- ausgediente Körbe (innen ausgeschlagen mit Folie)
- Siebe aus Metall oder Drahtgeflecht
- nostalgische Emailtöpfe, Gänsebräter (mit Dränageschicht oder als Übertopf)
- Holzkisten, z.B. Teekisten
- große Konservendosen, z.B. von Oliven oder Speiseöl
- Kübel und Becken aus Zink, Marmor, Blei oder Kupfer
- alte, formschöne Waschbecken und Schüttsteine aus Keramik
- Kinderbadewannen aus Zink
- Holzfässer, auch halbiert
- ausrangierte Schubkarren
- leckgeschlagene Zinkgießkannen

Tontöpfe kreativ gestalten

Zu ausgefallenen und prächtigen Kübelpflanzen passen in der Regel am besten schlichte Terrakottatöpfe, da sie von der eigentlichen At-

Der Fantasie sind keine Grenzen gesetzt: Hier wurde ein alter Gartenschlappen mit einer bunten Mischung verschiedener Dachwurz-Arten einer neuen Bestimmung zugeführt.

traktion, nämlich der Pflanze, am wenigsten ablenken. Bei eher unspektakulären Pflanzen oder solchen, die nur eine kurze Blütezeit haben und den Rest des Jahres einfach grün sind, lohnt sich die Investition in einen aufwändiger gestalteten Topf. Bunt glasierte Keramik und Terrakotta mit aufgesetzten Reliefmustern in Form von Blumen- und Fruchtgirlanden sind jedoch im Vergleich zu normalen Töpfen meist recht kostspielig. Warum nicht einfach selbst zu Pinsel und Farbe greifen, um mit etwas Geschick aus einfachen Blumentöpfen individuell auf den botanischen Inhalt abgestimmte Pflanzgefäße zu machen?

So wird's gemacht:
Damit die Farbe auf den Töpfen hält, muss die Topfoberfläche sauber, staubfrei und trocken sein. Mit Dispersionsfarbe im gewünschten Farbton wird die Außenseite und mindestens 5 cm tief der innere Rand des Gefäßes angemalt. Nach Geschmack können auch Streifen, Punkte oder Ornamente in anderen Farben zugefügt werden, allerdings sollte man nicht übertreiben. Zu wild dekorierte Gefäße wirken nicht fröhlich, sondern laut und hektisch. Schön sieht es später aus, wenn die Farbe des Kübels auf die Umgebung oder die Blütenfarbe der darin wachsenden Pflanze abgestimmt ist. Auf diese Weise lassen sich außer Terrakottatöpfen auch Pflanzgefäße aus Holz, Kunststein, Beton, Kunststoff und Metall verschönern. Tipp: Setzen Sie die bemalten Töpfe immer auf einen Untersetzer oder kleine Füßchen bzw. Holzleisten, damit sich später eventuell lösende Farbe nicht auf dem Bodenbelag von Terrasse oder Balkon festsetzt.

(1) Der erste Anstrich für die künstliche Patina wird deckend aufgebracht.

(2) Beim zweiten Anstrich werden erhöhte Partien ausgespart.

(3) Der dritte Anstrich, der aufgebürstet wird, soll harte Übergänge verschleifen.

(4) Zum Schluss wird die Oberfläche mit verdünnter weißer Dispersionsfarbe abgewischt.

Patinieren neuer Gefäße

Für besondere Gelegenheiten, beispielsweise eine klassische mediterrane Stimmung, lohnt sich ein künstliches Patinieren neu gekaufter Terrakottakübel. Dafür gibt es zwei Methoden: Für eine echte, dauerhafte Moospatina (die übrigens auch aus fabrikneuen Gartenskulpturen „antike Stücke" macht) streicht man die offenporige Außenseite des Objektes mit einer Mischung aus Magermilchjoghurt und Wasser ein, stellt sie schattig auf und wartet, bis sich innerhalb weniger Tage eine grüne Patina bildet. Alternativ kann man mit mehreren übereinander ausgeführten Lasuren, die dann teilweise wieder abgewischt werden, interessante Effekte hervorrufen. Besonders bei strukturierten Oberflächen erzielt man mit dieser Methode eine erstaunliche Wirkung. Für eine „normale" Patina auf Terrakotta aus der Retorte eignet sich eine graugrüne Untermalung mit weißlicher Lasur, die im noch feuchten Zustand teilweise wieder abgewischt wird. Edle Kupfergefäße mit Grünspan simuliert man mit einem dunkelolivgrünen Grundanstrich, darüber einer matten türkisgrünen Farbschicht, die einzelne erhöhte Partien ausspart, und anschließend einem erneuten, ebenfalls nur teilweisen, wie gebürstet aufgetragenen Anstrich mit olivgrüner Farbe. Vergessen Sie den Innenrand des Gefäßes nicht! Nach dem Trocknen wird als letzter Anstrich verdünnte, mattweiße Farbe aufgetragen und noch bevor sie antrocknen kann, wieder abgewischt. Die darunter liegenden Farben sollen von den verbleibenden weißen Farbschleiern gemildert und gebrochen werden. Terrakottagefäße mit erhabenen Verzierungen können vor dem Trocknen der Farbe zusätzlich mit etwas Spachtelmasse- oder Modellgipspulver bestreut werden. Das pudrige Material bleibt auf der feuchten Oberfläche haften und simuliert die weiß verkrustete Oberfläche, die sich normalerweise im Laufe der Jahre durch austretende Salze und Mineralien bildet.

Umtopfen und Substrat

Wann ist die richtige Zeit zum Umtopfen?
Das Frühjahr ist für alle Umtopfarbeiten der ideale Zeitpunkt. Bevor die Kübelpflanzen aus dem Winterquartier nach draußen umziehen, können sie bei Bedarf in größere Pflanzgefäße umgetopft werden. Zu diesem Zeitpunkt haben sie noch keine jungen, empfindlichen Triebe, die beim Umtopfen beschädigt werden könnten und meistens läuft ihr Stoffwechsel dann noch auf Sparflamme. Ein Auflockern des Wurzelballens und frisches Substrat sorgen für einen guten Start und gesundes, üppiges Wachstum in der kommenden Sommersaison. Junge Kübelpflanzen, die noch nicht voll entwickelt sind, werden alle ein bis zwei Jahre umgetopft, da der Wurzelballen in dieser Zeit noch kräftig an Volumen zulegt. Bei ausgewachsenen Kübelpflanzen genügt es meistens, nur alle zwei bis drei Jahre umzutopfen. Ein sicheres Anzeichen, dass es Zeit für einen neuen Kübel wird, sind Wurzeln, die aus dem Abzugsloch am Boden drängen oder ein sehr dicht durchwurzelter Topf, bei dem kaum noch ein Zentimeter Gießrand zu sehen ist. Auch deutliche Mangelerscheinungen wie sparriger Wuchs, zunehmendes Verkahlen, fahles Laub und nachlassende Blühfreude sowie andauernder Wasserbedarf aus Mangel an Speicherkapazität sind sichere Zeichen dafür, dass es Zeit zum Umtopfen ist. Allein die Schmucklilien (*Agapanthus*) dürfen wie in den Kübel gequetscht wirken, denn sie blühen nur dann üppig, wenn ihr Wurzelraum eingeschränkt wird.
Das Umtopfen geschieht am besten an einem milden, nicht zu sonnigen Tag, wenn das Substrat im Kübel nicht zu feucht ist. Stellen Sie zunächst alles bereit, was Sie für das Umtopfen brauchen:

- neue, saubere Pflanzgefäße
- Tonscherben zum Abdecken des Abzugslochs im Topfboden
- Dränagematerial (Blähton o. Ä.)
- Abdeckvlies für das Dränagematerial
- eine Schere, um eventuell Wurzeln oder Zweige zu beschneiden
- ausreichend frisches Substrat
- eventuell einen Langzeitdünger
- Handschuhe
- Gießkanne mit abgestandenem Wasser
- eventuell Stäbe und Bindematerial zum Stützen und Anbinden der Pflanze

Kleinere Kübel, die nicht zu schwer sind, nimmt man zum Austopfen einfach in eine Hand, dreht sie auf den Kopf, hält die Pflanze mit der einen und den Topf mit der anderen Hand und klopft ihn vorsichtig an einer Tischkante an, damit sich der Wurzelballen aus dem Gefäß löst. Rutscht der Wurzelballen nicht aus dem Topf, kann man vorsichtig mit einem Stöckchen von unten durch das Abzugsloch Druck ausüben, damit sich der Wurzelballen löst. Wenn eine Tonscherbe das Abzugsloch abdeckt, läuft man dabei kaum Gefahr, den Wurzelballen zu durchbohren. Auf keinen Fall sollte man am Stamm oder Stiel der Kübelpflanze ziehen, um sie aus dem Topf zu heben. Das endet in der Regel damit, dass man einen Teil der Pflanze in der Hand hält, der Wurzelballen mit dem anderen Teil der Pflanze aber nach wie vor fest im Topf sitzt. Im günstigsten Fall hat man dabei „nur" einen Großteil der feinen äußeren Wurzeln der Kübelpflanze abgerissen, die sie zur Ernährung dringend braucht.
Bei größeren Kübelpflanzen, die in einem schweren Topf wachsen, kippt man diesen vorsichtig auf die Seite und löst den Wurzelballen mit besonderer Vorsicht, indem man etwas an der Pflanze ruckelt und wenn dies nicht zum Erfolg führt, mit einem Stöckchen durch das Abzugsloch am Boden nachdrückt. Löst sich der Wurzelballen, zieht man den Topf nach hinten weg, damit die Pflanze herausrutscht. Auf keinen Fall packt man die Pflanze an den Zweigen oder dem Stamm und zieht sie aus dem Kübel heraus! Liegt die Pflanze dann auf der Seite, lockert man den verfilzten Wurzelballen etwas und entfernt alte Substratreste und Wurzelfilz. Bei dieser Gelegenheit kontrolliert man die Pflanze auch auf Bodenschädlinge (z. B. die blassen, etwa 1 cm großen Larven des Dickmaulrüsslers, die einen braunen Kopf haben) oder Fäulnisstellen. Regenwürmer sind keine Schädlinge und dürfen an Ort und Stelle bleiben, wenn sie nicht ohnehin freiwillig wegen der Ruhestörung das Weite suchen. Haben

Links: Eine Dränageschicht aus Blähton als unterste Schicht im Kübel verhindert Staunässe.

Unten: Das Austopfen muss vorsichtig geschehen, um die Pflanze nicht zu verletzen.

sich Ameisen im Wurzelballen eingenistet, müssen sie mitsamt der Brut und der Königin entfernt werden, da sie auf Dauer die Pflanze zum Absterben bringen. Man kann die Ansiedlung von Ameisen zukünftig verhindern, indem man den Kübel auf einen Untersetzer stellt.

Richtig Eintopfen

Normalerweise wird in einen größeren Kübel umgetopft. Zwischen dem Wurzelballen und dem Gefäßrand bleibt dabei rundum ein Zwischenraum von etwa zwei bis drei Zentimetern, der mit frischem Substrat aufgefüllt wird. Man bereitet das Pflanzgefäß vor, indem man das Abzugsloch am Boden mit einer Scherbe von einem alten, zerschlagenen Blumentopf abdichtet. Das verhindert, dass beim Gießen zu viel Substrat mit ausgeschwemmt wird und erleichtert später auch das Austopfen der Pflanze (siehe oben). Damit sich keine Staunässe am Topfboden bildet, ist die Einbringung einer Dränageschicht sinnvoll. Blähton ist ein bewährtes, preiswertes und überall im Handel erhältliches poröses Material, das dauerhaft und hygienisch ist. Eine Schicht von zwei bis drei Zentimetern genügt normalerweise. Mit einem anschließend aufgelegten Vlies kann man verhindern, dass die Dränageschicht durch Erde verunreinigt und die Dränage damit wirkungslos wird. Geben Sie anschließend etwas Erde in Form eines kleinen Hügels auf den Boden des Pflanzkübels und setzen Sie die Pflanze gerade und mittig ein. Der Wurzelballen sollte nicht tiefer als vorher sitzen. Füllen Sie nur so viel Erde ein, dass ein Gießrand von zwei bis drei Zentimetern bleibt. Das verhindert, dass beim Gießen oder während eines Platzregens Substrat aus dem Topf geschwemmt wird. Bei großen Kübeln hilft ein gelegentliches leichtes Andrücken während des Einfüllens der Erde, Hohlräume zu vermeiden. Braucht die

Pflanze eine Stütze, steckt man den Stab möglichst schon vor dem Nachfüllen der Erde ein. Dadurch kann man ein rabiates „Pfählen“ der Wurzeln vermeiden. Nachdem die Pflanze fest und sicher im Kübel eingetopft und das Substrat rundum vorsichtig festgedrückt wurde, gießt man mit weichem Wasser an. Neue Tontöpfe saugen reichlich Wasser auf. Prüfen Sie daher nach wenigen Stunden, ob das Substrat noch ausreichend feucht ist und wässern Sie eventuell nochmals. Alternativ kann man die Tontöpfe vor dem Bepflanzen für kurze Zeit in ein Wasserbecken stellen, damit sie sich vollsaugen und den durstigen Gewächsen keine Konkurrenz machen.

Links: Bauchige Blumenkübel oder solche mit eingezogenem Rand sollten wegen der Schwierigkeiten, die es beim Umtopfen gibt, besser nur für Einjährige verwendet werden.

Unten: Keine Angst vor einschneidenden Maßnahmen: Wird die Wurzelkeil-Methode richtig angewendet, verjüngt das den Wurzelballen und damit die gesamte Kübelpflanze.

Nach dem Umtopfen stellt man die Pflanzen möglichst nicht gleich in die pralle Sonne, sondern lässt sie erst einige Tage im Halbschatten zu neuen Kräften kommen.

Tricks für Sonderfälle

Bei Pflanzgefäßen, die sich nach oben hin verjüngen oder gar einen eingezogenen Rand haben, kann es vorkommen, dass alle Bemühungen zum Austopfen der Pflanze erfolglos bleiben. Dann hilft entweder nur noch das Zerschlagen des Topfes oder, wenn man dies nicht möchte, ein vorsichtiges Herausschneiden des Wurzelballens mit einem langen, stabilen Messer. In einem solchen Fall muss man einfach abwägen, was wertvoller ist – die Pflanze oder der Topf. Kübel mit sich verjüngendem oder eingezogenem oberen Rand sind zwar sehr dekorativ, sollten aber besser nur mit Einjährigen bepflanzt werden, deren Austopfen gleichzeitig das Ende ihres Daseins bedeutet. Will man dennoch mehrjährige Pflanzen, aus welchen Gründen auch immer, in ein bauchiges Pflanzgefäß setzen, empfiehlt es sich, in diesen Topf einen etwas kleineren, regulären Blumentopf zu setzen, in den man pflanzt. Der Zwischenraum zwischen den Töpfen wird mit Erde ausgefüllt. Beim Umtopfen kann man dann den sich nach unten verjüngenden, normalen Blumentopf problemlos herausnehmen.

Ein Austauschen der oberen Bodenschicht im Frühjahr kann das Umtopfen um ein weiteres Jahr hinauszögern. Dafür wird das Substrat oberhalb der Wurzelschicht vorsichtig gelockert und entfernt. Frisches, nährstoffreiches, eventuell mit einem Langzeitdünger aufgedüngtes Substrat wird aufgefüllt und gut angegossen. Durch diese so genannte „Kopfdüngung“ kann die Zeit bis zum vollständigen Umtopfen gut überbrückt werden, wenn die Pflanze unter Nährstoffmangel leidet, aber im Moment keine Möglichkeit für ein Umsetzen der Pflanze in ein größeres Pflanzgefäß besteht.

Alle Kübelpflanzen, die nicht mehr größer werden sollen, weil die Topfgröße das absolute Maximum erreicht hat, kann man durch die so genannte Wurzelkeil-Methode in Schach halten. Vor dem Neuaustrieb im Frühjahr wird der Wurzelballen mit einem scharfen Messer oder einer Säge mehrfach keilförmig eingeschnitten, sodass man zwei oder drei „Tortenstücke“ aus dem Ballen herauslösen kann. Die Schnitte dürfen nicht näher als etwa 10 cm an den Stamm der Kübelpflanze heranreichen. Anschließend wird der Wurzelballen etwas gelockert, verbrauchtes Substrat wird vorsichtig ausgelöst und die Pflanze zurück in den alten Kübel gesetzt. Die Zwischenräume werden mit frischem Substrat aufgefüllt.

Das richtige Substrat

Früher mischte sich jeder Gärtner seine Spezialerden selbst. Für jede Pflanzenart hatte er dabei ein besonderes Substrat mit ein bisschen mehr hiervon oder ein bisschen mehr davon. Die persönliche Erfahrung und überlieferte Traditionen lieferten die entsprechenden Rezepte, die zuweilen wie ein Schatz gehütet wurden. Heute gibt es im Gartencenter verschiedene Erden fertig gemischt in Säcken zu kaufen. Meistens wurden sie aus ähnlichen Grundsubstanzen (die Basis besteht in der Regel hauptsächlich aus Weißtorf) zusammengemischt und entsprechend der Verwendung mit bestimmten Düngestoffen präpariert. Manche Spezialerden enthalten aber auch besondere Grundsubstanzen, etwa einen erhöhten Anteil an Quarzsand, Ton, Lehm oder Humuserde aus organischen Stoffen. In Säcken abgefüllte Fertigerden werden normalerweise vor dem Verkauf durch Hitzeeinwirkung sterilisiert, damit weder Unkrautsamen noch Schädlingslarven oder Pilzsporen verbreitet werden. Ganz ausschließen kann man es aber leider nicht, dass man mit der Fertigerde auch einmal Krankheiten mit einschleppt.
Für die meisten Kübelpflanzen reicht normale Einheitserde als Pflanzsubstrat völlig aus. Beim Kauf sollte man allerdings darauf achten, dass nicht zu viel Torf in der Erdmischung enthalten ist, denn das macht die Erde sauer. Außerdem ist es schwierig, Torfsubstrat wieder anzufeuchten, wenn es einmal ganz ausgetrocknet ist. Trockener Torf nimmt Wasser nur sehr zögerlich auf. Besser als Torfkultursubstrate (TKS 1 und 2) sind Produkte, die ganz auf Torf verzichten und stattdessen Torfersatzprodukte wie Rindenmulch, Holz- oder Kokosfaser verwenden. Diese organischen Substanzen dienen vor allem dazu, Wasser und Luft besser im Substrat speichern zu können und die Pflanze mit Nährstoffen zu versorgen. Bei selbst gemischten Erden übernimmt Kompost und Laubmulch diese Funktion. Damit die Erde strukturstark und gut durchlässig ist, sind weitere Zusätze wie Quarzsand und Lehm bzw. Tonerde nötig. Ein gewisses Gewicht des Substrats sorgt für eine optimale Standfestigkeit der Pflanze im Kübel. Gute Kübelpflanzenerde hat daher einen Tonanteil von bis zu 40 Prozent. Um ein Verdichten des Substrats zu verhindern und die Durchlässigkeit zu steigern, mischt man zusätzlich etwas Perlit (Perlstein) unter. Wer seinen Pflanzen etwas Gutes tun möchte, arbeitet vor dem Eintopfen noch Langzeitdünger in die Erde ein, ansonsten kann man auch im Laufe des Sommers mit Flüssigdünger im Gießwasser die verbrauchten Nährstoffe ergänzen.

Erde Marke „Eigenbau“

Will oder kann man nicht auf gekaufte Topferden zurückgreifen, kann man sich eine brauchbare, strukturstarke Kübelpflanzenerde selbst mischen. Voraussetzung dafür ist aber ein Garten, in dem es ausgereiften Kompost und eine gute, lehmige Gartenerde („Landerde“) gibt. Die Mischung besteht aus:

- 1 Eimer (ca. 10 Liter) lehmige Gartenerde
- 1 Eimer Sand
- 2 Eimer reifer, durchgesiebter Kompost
- 1 Eimer Torf oder Torfersatzprodukte
- 1 bis 2 Hände voll Hornspäne
- 1 bis 2 Hände voll Bentonit oder Urgesteinsmehl

Verwenden Sie Erde, Kompost und Sand möglichst trocken, damit sich das Substrat gut mischen lässt und nicht klumpt. Je nach Qualität der verwendeten Gartenerde wird mehr oder weniger Sand eingearbeitet, um eine gute Durchlässigkeit zu erzielen. Diese Grundmischung eignet sich für die meisten Kübelpflanzen mit normalen Bodenansprüchen und hat den Vorteil, etwas schwerer als handelsübliche Fertigerden zu sein. Dadurch fallen die Kübel bei Wind nicht so schnell um. Allerdings muss man auf Balkonen das höhere Gewicht einkalkulieren und eventuell aufgehängte Kästen und Töpfe zusätzlich sichern.

Spezialerden

Einige Kübelpflanzen brauchen Spezialerden, damit sie gut gedeihen. Vor allem die Myrten- und Erikagewächse (zu letzteren gehören auch Rhododendren und Azaleen) und Kamelien sowie einige aus Australien stammende Kübelpflanzen (Zylinderputzer, Akazien und andere) benötigen saure, nicht zu trockene Erde. In kalkhaltigen Böden kümmern sie oder gehen ein. Für Rhododendren und Kamelien kann man die handelsübliche Rhododendrenerde verwenden. Die als Moorbeeterde angebotenen Substrate sind allerdings zu sauer und sollten wirklich nur für Moorbeete verwendet werden. Für Pflanzen, die nur schwach saures Substrat mögen, kann Rhododendrenerde mit normaler Einheitserde oder Gartenerde, Kompost und etwas Sand gemischt werden. Achten Sie beim Kauf auf den pH-Wert, der auf der Verpackung angegeben wird. Er gibt Auskunft über den Säuregrad der Erde. Alle Erden mit einem pH-Wert von weniger als 6,5 gelten als sauer, alle mit einem pH-Wert von über 7,5 als alkalisch. Erden mit einem pH-Wert von etwa 4,5 sind ausgesprochen sauer und wirklich nur für Moorpflanzen, nicht aber für Kamelien, Myrten- und Erikagewächse geeignet.

Besonders anspruchsvoll sind Zitrusbäumchen. Sie vertragen ebenfalls keine kalkreichen Böden, in denen sie schnell chlorotisch werden, fühlen sich aber auch in zu sauren Böden nicht wohl. Daher ist es das Beste, wenn man sie in besondere, im Handel erhältliche Zitruserde pflanzt und zum Düngen speziellen Zitrusdünger verwendet, der auf die Bedürfnisse der heiklen Gewächse abgestimmt ist.

Unter den Kalk liebenden Kübelpflanzen ist besonders der Oleander ein echter Vielfraß. Ihm bekommt es gut, wenn er im Laufe des Sommers immer wieder mäßige Gaben von Gartenkalk (Algenkalk, kohlensaurer Kalk) bekommt. Anderen Kalk liebenden Pflanzen genügt es, wenn man das Pflanzsubstrat beim Eintopfen mit einer zusätzlichen Kalkgabe anreichert. Im Porträtteil dieses Buches ist bei jeder der beschriebenen Pflanzen erwähnt, welches Substrat sie benötigt. Im Zweifelsfall fragen Sie einfach bei dem Händler, bei dem Sie Ihre Kübelpflanze gekauft haben, welches Substrat er für die betreffenden Arten verwendet.

Zum Abschluss noch ein Tipp: Graulaubige Pflanzen wie Yucca, Zistrosen und andere sehen in dunkelbrauner oder schwarzer Einheitserde weniger schön aus. Stilvoller wirken sie in hellem Kalksteinschotter, der sich aber für die Kübelkultur nicht so gut eignet, da er kein Wasser speichern kann und die Pflanzen darben würden. Man kann sich dadurch behelfen, dass man beim Eintopfen eine wenige Zentimeter dicke Schicht aus Kalksteinschotter oder extrem magerer, humusfreier Erde als Abschluss obenauf streut. Auch einige kleine Steinbrocken verstärken den „natürlichen" Eindruck und geben dem Kübel darüber hinaus durch ihr Gewicht zusätzliche Standfestigkeit.

Wässern und Düngen

Alle Pflanzen brauchen Wasser zum Gedeihen. Im Garten sorgen das Grundwasser und gelegentlicher Regen dafür, dass im Boden immer ein gewisser Vorrat an lebenswichtigem Nass zur Verfügung steht. Kübelpflanzen sind von diesem natürlichen Reservoir abgeschnitten und auf künstliche Bewässerung angewiesen. Besonders wenn sie unter einem Vordach, im Wintergarten oder auf einem überdachten Balkon stehen, ist regelmäßiges Gießen wichtig. Nicht vergessen sollte man auch die Pflanzen, die im Winterquartier zwar eine Ruhephase durchmachen, aber dennoch eine gewisse Grundfeuchtigkeit brauchen, damit sie im Frühjahr aus dem Winterschlaf auch wieder erwachen. Hier werden die meisten Gießfehler gemacht, die oft mit dem Verlust der Pflanze bezahlt werden. Vermeiden Sie in jedem Fall Staunässe, die zwangsläufig zu Fäulnis führt. Einige wenige Kübelpflanzen wie der Korallenstrauch müssen im Winter völlig trocken gehalten werden. Für alle anderen gilt: Nicht düngen, mit äußerster Vorsicht gießen, aber niemals ganz austrocknen lassen.

Gießen – mäßig, aber regelmäßig

Jede Pflanzenart hat unterschiedliche Ansprüche, nicht nur an Boden und Nährstoffe, sondern eben auch an die Feuchtigkeit des Pflanzsubstrats. Manche können wie Kamele in der Wüste lange Zeit dursten und sich dann einmal richtig satt trinken, andere nehmen jede kleine Schwankung der Bodenfeuchtigkeit übel. Eine Faustregel besagt: Gegossen wird immer dann, wenn sich die Substratoberfläche nicht mehr feucht anfühlt. Alarmierende Kennzeichen von Wassermangel sind hängende Triebspitzen, stumpfe, schlappe Blätter und verkrustetes Substrat, das sich vom Topfrand löst. Wer seine Kübelpflanzen mit niedrigen Sommerblühern wie Duftsteinrich oder Ähnlichem unterpflanzt hat, kann auch an diesen Pflanzen sehen, wann es höchste Zeit zum Gießen ist. Die flach wurzelnden Gäste im Kübel fangen nämlich an zu dursten, sobald die Erde im Kübel oberflächlich trocken wird. Zu trocken gehaltene Kübelpflanzen leiden auch oft unter Spinnmilben. Hier hilft es, wenn man statt nur das Substrat zu gießen, die gesamte Pflanze einschließlich der Blattunterseiten gelegentlich mit Wasser abbraust. In jedem Fall muss darauf geachtet werden, dass überschüssiges Wasser gut ablaufen kann.

Die beste Methode, Kübelpflanzen zu gießen, ist und bleibt die gute alte Gießkanne. Sie macht es leicht, die richtige Menge zu dosieren, dabei weder Blätter noch die Umgebung mit einzunässen und ermöglicht gleichzeitig mit dem Gießen auch die Gabe von im Gießwasser gelöstem Flüssigdünger. Ideal ist

Die gute alte Gießkanne ist immer noch die beste Methode, Kübelpflanzen mit dem lebensnotwendigen Nass zu versorgen. Leichter als Zinkkannen sind solche aus Kunststoff.

weiches Regenwasser oder abgestandenes Leitungswasser, das nicht zu kalt sein sollte. Kalkreiches oder gar gechlortes Leitungswasser führt oft zu einem Durcheinander im Nährstoffhaushalt der Pflanzen. Besonders Myrten- und Zitrusgewächse, Kamelien und Rhododendrenartige reagieren dann mit einem Gelbwerden der Blätter (Chlorose). Wer kein Regenwasser zur Verfügung hat, kann besonders hartes Leitungswasser enthärten. Fragen Sie in Ihrem Gartenfachgeschäft nach geeigneten Systemen, zum Beispiel Ionenaustauschern. Alternativ kann man auch Schwefel-, Salpeter- oder Oxalsäure aus der Apotheke als Wasserenthärter benutzen, sollte sich dann aber peinlich genau an die empfohlene Dosierung halten. Die beste Tageszeit für das Gießen ist der frühe Vormittag oder der späte Nachmittag, da an heißen, sonnigen Mittagen das Wasser zu schnell verdunstet, die aufgeheizten Wurzeln im Kübel durch kühles Wasser einen Schock bekommen könnten und Wassertropfen, die auf Blättern und Blüten verbleiben, wie ein Brennglas wirken.

Extremsituationen

Bei echten Kübelpflanzenfreunden mit zahlreichen Einzelkübeln kann das Schleppen voller Gießkannen im Sommer zur echten Fitnessübung werden. Manch einer hat da schon an die etwas weniger strapaziöse Bewässerung mit dem Gartenschlauch gedacht. Der Nachteil der Schlauchbewässerung besteht in der Schwierigkeit des Dosierens und vor allem darin, dass Leitungswasser selten weich genug ist, um die Ansprüche empfindlicher Kübelpflanzen zu erfüllen. Auch kommt es in der Regel recht kalt aus der Leitung, was leicht zu einem Temperaturschock im Wurzelbereich der Pflanzen führen kann. Vor allem in beheizten Wintergärten ist daher das Gießen mit temperiertem Wasser (Raumtemperatur) besonders wichtig.
Sehr sonnige und trockene Standorte, die nicht vom Regen benetzt werden, sind oft eine echte Herausforderung. Wer nicht täglich ein- bis zweimal mit der Gießkanne oder dem Gartenschlauch hantieren will, muss bei der Balkon- und Terrassengestaltung daran denken, nicht zu durstige Kübelpflanzen auszuwählen. Doch gibt es auch noch einen weiteren Grund, bei der Gestaltung auf robuste, Trockenheit vertragende Pflanzen zu setzen: Nicht jeder hat eine „innere Uhr", die ihm jederzeit meldet, dass die Pflanzen auf Balkon und Terrasse Durst haben. Manchmal genügt ein heißer Sommertag ohne Wassernachschub, damit die Pflanzen die Köpfe hängen lassen. Meistens lässt sich solch ein Malheur durch sofortiges reichliches Bewässern recht schnell beheben. Kleinere Pflanzgefäße kann man auch kurz in ein Wasserbecken tauchen, damit sie sich rasch wieder vollsaugen. Verheerend kann sich im Sommer allerdings die Abwesenheit des Besitzers an einem warmen Wochenende herausstellen: Im schlimmsten Fall findet man Sonntagabend bei der Rückkehr nach Hause nur noch welkes Gemüse vor, wo man am Freitagmittag noch stolze, üppige Pflanzen zurückließ.
Kübelpflanzen, die mit wenig Wasser auskommen, stammen vor allem aus heißen Ländern Amerikas, Asiens und Afrikas oder aus Austra-

lien, aber auch aus dem Mittelmeerraum. Die Pflanzen schützen sich mit verschiedenen Tricks davor, dass die Sonne ihnen zu viel Wasser entzieht. Dünne, feinfiedrige Blätter oder solche, die mit einer Wachsschicht überzogen sind, vermindern die Verdunstung. Auch graugrüne oder filzig behaarte Blätter erfüllen diesen Zweck. Um den Wurzelbereich von Kübelpflanzen in Terrakottakübeln länger feucht zu halten, kann man die Kübel in nicht zu groß bemessene Übertöpfe stellen. Diese wirken wie ein Puffer gegen zu starke Verdunstung. Überschüssiges Wasser, etwa nach einem Platzregen, muss aber auch hier ungehindert abfließen können.

Gießen für Faulpelze

Eine automatische Bewässerung kann in Zeiten der Abwesenheit oder bei echten Faulpelzen Abhilfe schaffen und von der Last des Gießens befreien. Das einfachste System besteht aus Lochschläuchen mit einem vorgeschalteten Druckverminderer, wobei das Leitungswasser tröpfchenweise aus den Löchern im Schlauch direkt in den Wurzelbereich der Pflanzen austritt. Andere Systeme arbeiten mit an Schläuche angeschlossenen Ton- oder Holzzylindern (in anspruchsvollen Systemen können dies auch elektronische Sensoren sein) die als Feuchtigkeitsfühler fungieren und für rechtzeitigen Wassernachschub sorgen. Bewährt haben sich für Balkonkästen und weniger durstige Kübelpflanzen Pflanzgefäße aus Kunststoff mit integriertem Wasserreservoir, die nach dem Dochtprinzip arbeiten. Die echten Wasserschlürfer unter den Kübelpflanzen allerdings brauchen eine so große Menge an Flüssigkeit, dass die meisten automatischen Systeme überfordert sind. Zu den nimmersatten Durstigen gehören beispielsweise Engelstrompeten, Indisches Blumenrohr, Bananenstauden, Eukalyptusbäume und Bleiwurz. Auch der Oleander verlangt nach reichlich Wasser, nimmt es aber nicht so übel wie die anderen genannten, wenn er mal für kurze Zeit dursten muss. Allen „Erfindern" von Urlaubsbewässerungen sei übrigens eine Warnung mit auf den Weg gegeben: Weder Zeitschaltuhren am aufgedrehten Wasserschlauch noch mit Wasser gefüllte Untersetzer oder Übertöpfe sind geeignet, die Pflanzen vor dem Verdursten zu retten. In den meisten Fällen bewirken sie genau das Gegenteil: Durch Staunässe gehen die derart „versorgten" Pflanzen ein, noch bevor Sie aus dem Urlaub wieder zurück sind. Mein Tipp: Zuverlässige Nachbarn sind nach wie vor die beste Urlaubsbewässerung, die man sich vorstellen kann. Wenn das Gießen auf gegenseitiger Basis erledigt wird oder ein kleines Mitbringsel aus dem Urlaub die Dankbarkeit deutlich macht, spart man sich und seinen Kübelpflanzen eine Menge Unannehmlichkeiten!

Appetit auf mehr – richtig Düngen ist nicht schwer

Damit die Pflanzen in Kübeln, Trögen und Kästen prächtig gedeihen, üppig blühen und gesund bleiben, brauchen sie das richtige Futter. Der Fall liegt ähnlich wie beim Gießen: Eingetopfte Pflanzen sind von der Selbstversorgung durch den Gartenboden ausgeschlossen. Die relativ wenige Erde, die ihnen im Kübel zur Verfügung steht, hält auf Dauer

Mit der Installation einer automatischen Bewässerung kann man sich das Gärtnerleben bequemer machen.

Hortensien gedeihen besser und blühen blau statt rosa, wenn sie statt normalem Universaldünger einen leicht sauer wirkenden Dünger erhalten. Gibt man den Dünger öfter, dafür aber niedriger dosiert, blühen die Pflanzen wesentlich üppiger.

nicht genug lebenswichtige Nährstoffe bereit. Zu den wichtigsten Pflanzennährstoffen zählen Stickstoff (chemisches Zeichen: N) für das Blattwachstum, Phosphor (P) für einen reichen Blütenflor und Kalium (K) für festes Pflanzengewebe. Hinzu kommen Magnesium (Mg) für das Blattgrün, Calcium (C), das den pH-Wert des Substrats beeinflusst und Spurenelemente, die für eine gesunde Entwicklung unverzichtbar sind.
Im Handel erhältliche Universaldünger enthalten meistens eine ausgewogene Mischung aus Stickstoff, Phosphor und Kalium (NPK-Dünger; das Mischungsverhältnis wird auf der Verpackung angegeben). Sie werden in der Regel mit geringen Mengen anderer Mineralien angereichert. Besonders bei sehr kalkhaltigem Gießwasser ist bei Verwendung normaler Universaldünger die zusätzliche Gabe von Magnesium wichtig. Ausgesprochene Blattdünger enthalten viel Stickstoff, während Blütendünger reich an Phosphor sind.
Die Düngesubstanzen können organischer oder mineralischer Herkunft sein. Organische Dünger basieren auf tierischen oder pflanzlichen Grundstoffen, z. B. Horn- oder Knochenmehl, Hornspäne, Guano (getrockneter Vogelkot), Algen, Kompost, Kräuterbrühen etc. Das bis vor kurzem ebenfalls gebräuchliche Blutmehl sollte nicht mehr verwendet werden, weil eine Kontaminierung mit BSE-Erregern nicht mit Sicherheit ausgeschlossen werden kann. Die anderen genannten tierischen Substanzen sind nach heutigem Wissensstand unbedenklich, da sie ausschließlich von Tieren stammen, die für den menschlichen Verzehr freigegeben wurden. Organische Dünger wirken langsam, aber nachhaltig. Ein Versalzen des Substrats ist, anders als bei mineralischen Düngern, kaum möglich. Allerdings kann der Nährstoffgehalt ziemlichen Schwankungen unterworfen sein. Darüber hinaus ist ein aktives Bodenleben mit Mikroorganismen nötig, damit die Nährstoffe pflanzenverfügbar aufgeschlossen werden können. In Kübeln kann dies unter Umständen problematisch sein, zum Beispiel bei zu trockenem Substrat oder wenn relativ sterile Industrieerde beim Bepflanzen der Kübel verwendet wurde. Die Gabe von Kompost, der reich an Mikroorganismen ist, und eine Abdeckung

des organischen Düngematerials zur Konservierung der Bodenfeuchtigkeit z. B. mit Grasschnitt oder auch Kies können hier hilfreich sein.

Spezielle Düngermischungen für alle Fälle

Mineralische Dünger, darunter der Stickstoffdünger Blaukorn und die meisten konventionellen Volldünger in flüssiger Form, wirken schnell und intensiv. Sie haben aber den Nachteil, dass die Dosierung sehr vorsichtig erfolgen muss, damit weder das Substrat versalzt noch die Pflanzenzellen aufgeschwemmt und damit besonders anfällig für Schädlinge und Frost werden. Überdies lässt die Wirkung nach kurzer Zeit nach, weil die Nährstoffe rasch verbraucht sind oder durch Regen- und Gießwasser ausgewaschen wurden. Ein häufigeres Nachdüngen ist also nötig.
Oft werden organisch-mineralische Mischdünger angeboten, die sowohl den spontanen Düngeeffekt von mineralischen Düngern als auch den anhaltenden der organischen Dünger mit dem Vorteil der vielfältigen Nährstoffzusammensetzung haben. Sinnvoll ist der Einsatz von Depot- oder Langzeitdüngern, die gleich beim Einpflanzen unter das Substrat gemischt und je nach „Programmierung" und Zusammensetzung dann nur ein- bis zweimal im Jahr ergänzt werden müssen. Sie geben ihre Nährstoffe dosiert über einen langen Zeitraum frei, werden nicht so schnell ausgeschwemmt und sind daher für Kübelpflanzen der ideale Dünger. Gebräuchlich sind Düngestäbchen, Düngekegel und Granulat. Die Wirkung hält entweder drei bis vier Monate oder, bei extremen Langzeitdüngern, bis zu neun Monate an. Wählen Sie bei allen Laub abwerfenden Kübelpflanzen und solchen, die eine ausgesprochene Ruhephase durchmachen, keinen Depotdünger, der bis in den Herbst hinein wirkt, da die Triebe der Pflanzen sonst bis zum Saisonschluss weiterwachsen und nicht ausreifen können. Die Pflanze wird dadurch im Winterquartier anfällig für Frost und Schädlinge.

Für Pflanzen mit besonderen Ansprüchen gibt es im Fachhandel Spezialdünger, beispielsweise sauer wirkende Dünger für Rhododendren, Myrtengewächse, Fuchsien und Kamelien. Spezial-Zitrusdünger sind eine lohnende Investition, da alle Zitruspflanzen extrem heikel in ihren Nährstoffansprüchen sind und schnell chlorotisch werden. Bei Kalk liebenden Kübelpflanzen wie Oleander ergänzt die gelegentliche Gabe von Algenkalk oder kohlensaurem Kalk die Düngung mit Universaldünger.

Wann und wie düngt man richtig?

Beim Düngen sollte man immer die Mengenangaben des Düngemittelherstellers befolgen und die Pflanzen nicht nach dem Motto „Viel hilft viel" mit überreichen Düngergaben zuschütten. Das führt längerfristig nur dazu, dass das Substrat verdirbt und die Pflanzen kollabieren. Die handelsüblichen Erden sind gebrauchsfertig mit schnell verfügbaren Nährstoffen aufgedüngt, wes-

Zitrusgewächse sind in ihren Ernährungsgewohnheiten recht anspruchsvoll und brauchen Spezialdünger, damit die Blätter nicht ausbleichen. Eine bestehende Blattchlorose kann durch konsequente Pflege kuriert werden.

Im Sommer können Kübel aus unglasierter Terrakotta im Garten eingegraben werden. Noch besser als bei dieser nur halb versenkten Agave sind Kübel, die bis zum Rand im Boden verschwinden. Dann wirkt es sogar so, als stünden die Pflanzen ganz normal im Gartenboden.

halb man in den ersten vier Wochen nicht nachdüngen muss. Wird beim Einpflanzen ein Depotdünger untergemischt, sollte man dies als Grunddüngung ansehen und in Spitzenzeiten, etwa zur Hauptblütezeit und bei reichlicher Wässerung, zusätzlich schwache Volldüngergaben erwägen. Ohne Depotdünger getopfte Kübelpflanzen werden regelmäßig vom Frühjahr bis zum Spätsommer (August) je nach Art wöchentlich bis 14-tägig gedüngt. Extrem raschwüchsige Pflanzenarten wie Engelstrompeten und andere Nachtschattengewächse, Indisches Blumenrohr und Bananen brauchen mehr und schneller verfügbaren Dünger als andere Kübelpflanzen. Hier kann auf einen teuren Depotdünger verzichtet und stattdessen wöchentlich ein Volldünger verabreicht werden. Da nach einer längeren Regenperiode normalerweise viele Nährstoffe aus dem Substrat ausgewaschen werden, ist eine baldige Düngung bei Wetterbesserung sinnvoll.
Flüssigdünger wird mit dem Gießwasser verabreicht, also immer verdünnt, niemals pur! Pulverförmige Volldünger werden mit dem Messlöffel dosiert und in die obere Substratschicht leicht eingearbeitet. Vorsichtiges Gießen sorgt dafür, dass die Pflanzen die Nährstoffe gut aufnehmen können. Die letzte Düngung erfolgt in der Regel bei allen Kübelpflanzen im Spätsommer, also gegen Ende August, damit die Triebe bis zur Winterruhe noch ausreifen können. Ausnahmen sind immergrüne Kübelpflanzen, die keine Winterruhe halten. Sie brauchen auch im Herbst und Winter Düngergaben, die allerdings schwächer als im Sommer, zur Hauptwachstumszeit, ausfallen sollten.

Sommerliches Auspflanzen im Garten

Für die meisten Kübelpflanzen gibt es keine bessere Erholungskur als das sommerliche Auspflanzen in den Garten. Ausgenommen davon sind selbstverständlich alle Arten mit besonderen Bodenansprüchen. Damit sich die Pflanzen wohl fühlen, muss der Standort im Garten den Bedürfnissen der jeweiligen Art in puncto Licht, Bodenqualität und Feuchtigkeit entsprechen. Keiner Kamelie und keiner Myrte würde ein kalkiger, schwerer und trockener Lehmboden behagen. Die meisten Kübelpflanzen kommen jedoch mit normalem Gartenboden bestens zurecht. Das sommerliche Auspflanzen hat den Vorteil, dass im Gartenboden ein ausgeglicheneres Feuchtigkeits- und Nährstoffverhältnis als im Kübel herrscht. Für den Besitzer zählt vor allem, dass die Pflanzen sich den ganzen Sommer über selbst versorgen können und kräftiger werden. Rechtzeitig im Herbst, vor den ersten frostigen Nächten, werden die Pflanzen dann wieder ausgegraben und ins Winterquartier gebracht. Damit das ohne große Probleme ablaufen kann und vor allem der Wurzelballen nicht verletzt wird, kann man die Pflanzen in perforierten Kartoffelkörben aus Kunststoff in die Erde versenken. Dadurch bleibt der Wurzelballen kompakt und auch der Transport wird erleichtert. Die zweitbeste Methode ist ein Eingraben des Kübels, in dem die Pflanze ganzjährig wächst. Dies ist aber nur empfehlenswert, wenn der Kübel aus unglasierter Terrakotta besteht. Andernfalls diffundiert nämlich keine Feuchtigkeit in den Kübel und die Pflanze verdurstet. Ein Eingraben ohne begrenzenden Kübel oder Pflanzkorb hat oft ein allzu munteres Wurzelwachstum zur Folge. Die Pflanze freut sich über ihre neue Freiheit und streckt erst einmal richtig die Fühler aus. Wenn man dann im Herbst den Spaten ansetzt, trennt man unter Umständen Wurzeln ab, die für die Pflanze lebenswichtig geworden sind. Wie bei allen anderen Gartenpflanzen muss bei ausgepflanzten Kübelpflanzen auf Schneckenfraß und andere Schädlinge geachtet und natürlich bei Trockenheit zusätzlich gegossen werden. Starkzehrer wie Engelstrompeten bekommen auch im Freiland ihre übliche Düngerration, damit sie reich und prächtig blühen.

Ausputzen, Pflege- und Verjüngungsschnitt

Damit Kübelpflanzen dicht und regelmäßig wachsen und vor allem üppig blühen, muss bei den meisten hin und wieder einmal die Schere angesetzt werden. In den Sommermonaten gehört außerdem ein Ausputzen von Verblühtem zur regelmäßigen Pflege und sorgt dafür, dass die Pflanzen sich nicht in der Bildung von Samen erschöpfen, sondern stets neue Blüten treiben. Bleibt Verblühtes an den Pflanzen, können sich Pilzkrankheiten und Schädlinge leichter ansiedeln. Besonders wichtig ist ein Ausputzen bei Strauchmargeriten, da der Flor sonst nach wenigen Wochen vorbei ist und die Pflanzen unansehnlich werden. Bei Fuchsien sorgt ein vorsichtiges Ausbrechen der Samenstände dafür, dass neue Blüten produziert werden. Beim Oleander sollte man allerdings die abgeblühten Triebe im Herbst nicht entfernen, da sich daraus im nächsten Frühjahr die neuen Blüten entwickeln.

Pflege mit der Schere

Wenn Kübelpflanzen von unten her oder von innen verkahlen, wenn sie blühfaul werden, sparrig wachsen und sich nicht genügend verzweigen oder der Wuchs asymmetrisch und unbefriedigend ist, wird es Zeit für einen Verjüngungsschnitt. Immergrüne wie Olivenbaum, Buchs und Brautmyrte können das ganze Jahr über zurückgeschnitten werden. Bei den meisten anderen ist das Frühjahr, kurz vor dem Austrieb, die richtige Zeit dafür. Einige andere schneidet man aber besser im Spätsommer oder Herbst. Im Porträtteil dieses Buches ist für jede Pflanze

Links: Lorbeerbäumchen wachsen zwar von Natur aus buschig. Ein regelmäßiger Rückschnitt der Triebe fördert jedoch die Verzweigung und verhilft zu einem dichten Strauch.

Ober rechts: Einige spezielle Kübelpflanzenschädlinge sind mit ihren Wirtspflanzen eingewandert. Hier der auf Echten Lorbeer spezialisierte Lorbeer-Blattfloh, der bevorzugt junge Triebe befällt und zum Absterben bringt. Befallene Blätter müssen entfernt werden. Zusätzlich sollte eine wiederholte Spritzung, z. B. mit Neudosan, im Abstand von einigen Tagen erfolgen.

die beste Zeit für einen Rückschnitt angegeben. Geschnitten wird immer oberhalb einer Blattachsel, damit kein Stumpf zurückbleibt und sich der neue Austrieb gut verzweigt. Für einen besonders dichten Wuchs, etwa bei der Anzucht von Hochstämmchen mit kugelförmiger Krone, muss mehrmals im Jahr zurückgeschnitten werden.
Einige Kübelpflanzen sollten allerdings überhaupt nicht beschnitten werden. Dazu gehören Agaven, Palmfarne und Palmen sowie Bananenstauden und Palmlilien. Bei allen diesen entfernt man nur trockene, abgestorbene Blätter bzw. Wedel. Bei immergrünen Koniferen würde man durch das Beschneiden den aufrechten, symmetrischen Wuchs verderben.

Pflegefehler, Schädlinge und Krankheiten

Wenn eine Kübelpflanze kränkelt, müssen nicht immer Schädlinge der Grund dafür sein. Manchmal liegt es auch am Standort, an der Qualität des Gießwassers oder daran, dass sich Staunässe im Kübel gebildet hat. Findet man beim oberflächlichen Absuchen der Pflanze keine Schädlinge, topft man sie vorsichtshalber einmal aus, um den Wurzelballen zu untersuchen. Wenn keine Anzeichen von Wurzelfäule oder einem Befall mit Larven des Dickmaulrüsslers vorliegen, hilft meist das Überdenken der bisherigen Düngepraxis. Nicht selten wurde einfach überdüngt, sodass die Pflanze kollabiert ist. Tatsächlich gehen mehr Kübelpflanzen an Überdüngung als an Mangelerscheinungen ein.
Tritt Grauschimmel (*Botrytis*) an Kübelpflanzen auf, liegt es oft an zu schlechter Belüftung im Winterquartier oder Wintergarten. Hier genügt es nicht, einfach einmal die Fenster aufzureißen. Befallene Pflanzenteile müssen natürlich entfernt und die Möglichkeit für eine dauerhafte gute Luftzirkulation geschaffen werden. Bevor die häufigsten Schädlinge und Pflanzenkrankheiten vorgestellt werden, noch ein Tipp: Gut gepflegte Pflanzen sind weniger anfällig für Schädlinge und Krankheiten als solche, die durch eine schlechte Wasser- und Nährstoffversorgung oder einen falschen Standort geschwächt sind.

Häufige Schädlinge an Kübelpflanzen

Obwohl viele der beliebtesten Kübelpflanzen Exoten sind, haben sich einheimische Schädlinge schnell mit ihnen angefreundet. Besonders die jungen, saftigen Triebe vieler Gewächse werden alljährlich aufs Neue von Blattläusen, Spinnmilben und anderen Schädlingen heimgesucht. Hartlaubige Kübelpflanzen sind bevorzugte Opfer von Schild-, Woll- und Schmierläusen. Eine Bekämpfung mit chemischen Mitteln sollte immer die letzte in Betracht gezogene Möglichkeit sein. Meistens hilft es im frühen Befallsstadium, die Schädlinge mechanisch abzustreifen und verkrüppelte Triebe auszuschneiden. Gegen Läuse und andere lästige Plagegeister gibt es inzwischen eine Vielzahl sanfter, biologisch unbedenklicher Spritzmittel. Auch Kräuterjauchen eignen sich in manchen Fällen zur Bekämpfung von Schädlingen. So genannte Nützlinge wie Marienkäfer, Florfliegen, Schlupfwespen und Raubmilben helfen diskret, aber wirkungsvoll gegen Schädlinge und verschwinden nach getaner Arbeit spurlos. Sie sind besonders für den abgeschlossenen Raum eines Wintergartens gut geeignet. Man kann sie bei Nützlingszüchtern per Post bestellen (Adressen im Anhang). Sollte man der Plage dennoch nicht anders als mit der chemischen Keule zu Leibe rücken können, muss auf Produkte geachtet werden, die Bienen und andere Nutzinsekten nicht schädigen und von der biologischen Bundesanstalt für Pflanzenschutz für Privatgärten zugelassen wurden. Befolgen Sie dabei in jedem Fall die Anwendungshinweise des Herstellers und dosieren Sie nicht zu hoch, denn das könnte die Pflanzen und auch Sie selbst schädigen.

Blattläuse
Das Schadbild ist einfach zu identifizieren: Kleine grüne, braune, gelbe oder schwarze, manchmal geflügelte Insekten sitzen in Kolonien an den weichen Trieben und saugen den Pflanzensaft. Ameisen tragen zur Ausbreitung der Läusekolonien bei, da sie sich an deren klebrigen Ausscheidungen laben. Als Folge des Befalls kräuseln sich die Blätter und Knospen der betroffenen Pflanzen, rollen sich ein oder welken. Auf den klebrigen Ausscheidungen, die die Pflanze und den Boden darunter bekleckern, siedeln sich schwarze Pilze (Rußtaupilze) an. Blattlausbefall wird durch Wärme und Trockenheit sowie durch stickstoffbetonte Düngung begünstigt. Als Folge können Virosen und Bakterienerkrankungen auftreten. Bei geringem Befall genügt ein mechanisches Abstreifen der Tiere oder das Abspritzen mit einem Wasserstrahl. Bei starkem Befall wirkt ein biologisches Spritzmittel (z. B. Neudosan oder Spruzit) zuverlässig.

Woll-, Schild- und Schmierläuse
Woll- oder Schmierläuse erkennt man an den wolligen, weißen Ausscheidungen an Blattachseln und Stielen. Die Blätter welken und fallen ab. Schildläuse, die bevorzugt an den Blattunterseiten von hartlaubigen Gewächsen wie Lorbeer und Oleander siedeln, erkennt man meistens zuerst an glänzenden, klebrigen Blättern. Die Schildläuse selbst kleben in kleinen, braunen Pocken an den Unterseiten und Stielen der Blätter. Kleine Kolonien kann man mechanisch entfernen (Schilde abkratzen und mit sanfter Schmierseifenlauge nachwaschen). Ein starker Befall lässt sich mit paraffinölhaltigen Mitteln (z. B. Promanal) bekämpfen.

Spinnmilben (Rote Spinne)
Spinnmilben treten überall dort auf, wo Kübelpflanzen zu trocken und zu warm stehen. Man erkennt einen Befall an feinen Gespinsten an der Blattunterseite und daran, dass die Blätter vom Rand her vertrocknen. Winzige, 0,5 mm große, gelbliche oder rötliche Spinnentiere saugen einzelne Pflanzenzellen aus, was die Blätter graugelb und matt erscheinen lässt. Raubmilben helfen bei der biologischen Bekämpfung, alternativ kann man aber auch ein Akarizid (Milben-Spritzmittel) verwenden. Dabei muss man darauf achten, dass besonders die Blattunterseiten benetzt werden. Isolieren Sie die betroffenen Pflanzen am besten und duschen Sie sie in Zukunft zur Prophylaxe alle paar Tage kräftig mit Wasser ab.

Weiße Fliege (Mottenschildläuse)
Einen Befall mit Mottenschildläusen erkennt man vor allem an fleckigen, gelben Blättern, schwächlichen Jungtrieben und kleinen, weißen, bei Berührung der Pflanze auffliegenden Insekten. Die Larven sitzen, ähnlich wie bei Schildläusen, geschützt unter einem Wachspanzer an der Unterseite der Blätter. Auf den klebrigen Ausscheidungen siedeln sich Rußtaupilze an. Im Wintergarten und anderen geschlossenen Räumen hat sich das Aufhängen von Gelbtafeln bewährt, an denen die fliegenden Insekten kleben bleiben. Im Freiland helfen wiederholte Spritzungen mit einem entsprechenden biologischen Spritzmittel (z. B. Neudosan).

Thripse (Blasenfüße, Fransenflügler, Gewittertierchen)
Grauweiß bis silbrig schimmernde Blattoberflächen und später welkendes und abfallendes Laub sind die Kennzeichen für einen Befall mit Thripsen. Ähnlich wie bei Spinnmil-

Blattläuse an Kübelpflanzen treten bevorzugt im Frühsommer auf. Die weichen Triebe der Zistrosen sind zur Zeit der Blüte besonders gefährdet. Ameisen tragen zur Ausbreitung der Blattlauskolonien bei.

Typisch für Schneckenfraß sind Löcher in der Blattmitte, an den Pflanzen klebende Kothäufchen und die verräterischen Schleimspuren, auf denen sich die Übeltäter davongemacht haben. Eine Untersuchung der Kübelumgebung bzw. ein Blick unter den Kübelboden bringt einen meistens auf die Spur der Schädlinge.

ben begünstigt ein warmer, trockener Standort den Befall. Vorbeugend wirken gelegentliche Wasserduschen für die Pflanzen, als Bekämpfung ein biologisches Spritzmittel, das mehrmals ausgebracht werden muss, um auch nachfolgende Generationen zu vernichten.

Dickmaulrüssler

Für viele Kübelpflanzen wurde der Dickmaulrüssler bereits zum Verhängnis. Die flugunfähigen Käfer klettern nachts auf die Pflanzen und fressen an den Blättern. Anders als bei Schnecken treten Fraßschäden nur am Blattrand auf und die für Schnecken typischen Schleimspuren fehlen. Schlimmer noch als der Käfer schädigen seine Larven die Pflanzen. Sie schlüpfen ab Anfang August, wandern tief in das Substrat im Kübel, werden zusammen mit den Kübeln ins Winterquartier geschleppt und fressen im Verborgenen lange Zeit unbemerkt an den Pflanzenwurzeln. Eines Tages welkt die schon länger kümmernde Pflanze plötzlich und stirbt ab. Ausgewachsene Käfer kann man nachts mit Hilfe einer Taschenlampe aufspüren und absammeln. Den Larven rückt man mit speziellen Nematoden (mikroskopisch kleinen, parasitierenden Fadenwürmern) zu Leibe, die mit dem Gießwasser ausgebracht werden können. Achten Sie beim Umtopfen stets auf die etwa einen Zentimeter großen, leicht gekrümmten, cremefarbenen Larven mit braunem Kopf, die nicht nur in Kübeln, sondern auch in normalem Gartenboden leben können.

Schnecken

Die schleimigen Monster sind ein leidiges Thema, besonders bei Terrassen. Auf Balkonen tritt das Schneckenproblem weniger häufig auf. Sobald der Himmel sich bedeckt und die ersten Regentropfen fallen oder die Dämmerung einsetzt, machen sich die Nacktschnecken auf den Weg zu ihrem ganz privaten Schlaraffenland. Das kann ein Nachtschattengewächs sein, aber auch die Früchte von Zitruspflanzen. Fast alle Balkon- und Jungpflanzen sowie Aussaaten und einige Kräuterarten (u. a. Thymian, Petersilie, Liebstöckel) sind sehr geschätzt. Innerhalb einer Nacht können Nacktschnecken verheerende Schäden anrichten, die bis zum Totalverlust einer Pflanze führen können. Das beste Mittel ist immer noch das Absammeln der Tiere, sobald man sie sieht. Tagsüber verstecken sie sich oft unter den Kübeln oder in Ritzen zwischen der Kübelwand und dem Substrat. Schneckengeplagte Gärtner haben tausend Tipps gegen die nimmersatten Ungeheuer, aber ebenso viele Ratschläge haben auch schon versagt. Greift man entnervt zum Schneckenkorn, sollte man das für andere Lebewesen ungiftige „Ferramol" verwenden, damit weder Haustiere noch Igel, Vögel oder andere Gartengäste geschädigt werden. Die Gehäuseschnecken sind zwar ebenfalls recht verfressen, treten aber selten in solchen Mengen auf wie die Nacktschnecken. Eine Bekämpfung durch Absammeln und andernorts wieder Aussetzen ist hier recht einfach und effizient.

Pflanzenkrankheiten

Glücklicherweise nicht ganz so häufig wie ein Befall mit Blatt- oder Schildläusen treten Pflanzenkrankheiten auf. Vorbeugend gegen viele Infektionen hilft eine gute Pflege, mäßiges und ausgewogenes Düngen und die ständige Kontrolle auf Schädlinge, denn nicht zuletzt durch saugende Insekten wie Blattläuse werden Viren und Bakterien übertragen, die Krankheiten auslösen können.

Pilzerkrankungen

Zu den häufigsten Krankheiten bei Kübelpflanzen gehören Pilzinfektionen. Das Spektrum möglicher Pilzerkrankungen ist besonders bei den exotischen Arten unglaublich breit. Ein falscher Standort, Staunässe im Kübel und ein ungünstiges Winterquartier sind die häufigsten Ursachen für Pilzerkrankungen. Man erkennt einen Befall an grauem oder weißem, filzigem Belag auf Blättern und Triebspitzen, an dunklen Blattflecken, dem Absterben von Trieben oder ganzer Pflanzen und auffälligen, braunroten Sporenlagern, die aus der Rinde hervorbrechen. Blattpilze wie Grauschimmel (*Botrytis*), Echter und Falscher Mehltau sowie Rostpilze breiten sich immer dann aus, wenn die Pflanzen zu feucht, schlecht belüftet und zu dicht nebeneinander stehen. Die Pilzsporen werden durch die Luft angeweht und siedeln sich dort an, wo sie geeignete Bedingungen vorfinden. Alle befallenen Pflanzenteile müssen ausgeschnitten und über den Restmüll entsorgt werden. Scheren und Messer desinfiziert man am besten nach dem Einsatz. Die Behandlung mit entsprechenden Pilzspritzmitteln (Fungiziden) sollte sobald wie möglich nach Entdecken des Befalls erfolgen und nach den Anwendungshinweisen des Herstellers mehrfach wiederholt werden. Bodenpilze wie Wurzelfäule oder die Umfallkrankheit (Schwarzbeinigkeit) breiten sich auch über gekaufte, unzureichend sterilisierte Erden aus. Eine Therapie von Bodenpilzen bei bereits befallenen Pflanzen ist kaum möglich. Spezielle sterile Anzuchterden, gereinigte Pflanzgefäße und gebeiztes Saatgut zur Vermehrung verringern das Infektionsrisiko.

Virosen

Die meistens durch den Speichel saugender Insekten oder kontaminierte Scheren und Messer übertragenen Viruserkrankungen (Virosen) erkennt man an mosaikförmig gemusterten oder flächig entfärbten Blättern, Blattdeformationen und anderen Wachstumsauffälligkeiten. Eine Therapie ist nicht möglich, aber eine Ausbreitung auf andere Pflanzen kann verhindert werden, wenn man die erkrankten Exemplare isoliert und auf eventuell vorhandene Schädlinge sofort reagiert. Dies ist besonders in dem eng begrenzten Umfeld eines Wintergartens wichtig.

Bakterienwelke

Welke Blätter, deformierter Wuchs, Vergilben und Trockenfäule sind Zeichen eines Bakterienbefalls. Die Übertragung erfolgt durch kontaminierte Erde, Pflanzenteile (Stecklinge) oder Schnittwerkzeuge, aber auch durch saugende Insekten (Blattläuse, Blumenwanzen etc.). Für die betroffenen Pflanzen gibt es keine Therapie. Je eher man sie von den anderen Pflanzen isoliert und mitsamt dem Substrat vernichtet, desto besser. Die Kübel müssen vor einer Wiederverwendung genauso wie die Pflegewerkzeuge desinfiziert werden.

Sonnenbrand

Zum Abschluss noch ein Tipp: Nicht immer sind Krankheiten oder Schädlinge verantwortlich dafür, dass Blätter ausbleichen oder vertrocknen und Blüten abfallen. Zeigt eine Pflanze im Frühsommer deutliche

Eine attraktive, sehr robuste Kübelpflanze, die wenig anfällig für Krankheiten ist: Der Heilige Bambus (*Nandina domestica*).

Robuste Kübelpflanzen, die selten krank werden

Unter den populären Kübelpflanzen gibt es robuste Überlebenskünstler, die nur selten von Schädlingen und Krankheiten heimgesucht werden. Alle hier genannten Arten vertragen außerdem zur Not auch einmal kurzfristig wenige Grade Frost. Das ist besonders dann wichtig, wenn man es vor dem ersten Nachtfrost nicht mehr rechtzeitig geschafft hat, sie einzuräumen.

- Feijora, Brasilianische Guave (*Acca sellowiana*)
- Schmucklilie (*Agapanthus*-Hybriden)
- Schlafbaum (*Albizia julibrissin*)
- Erdbeerbaum (*Arbutus unedo*)
- Aukube (*Aucuba japonica*)
- Zwergpalme (*Chamaerops humilis*)
- Orangenblume (*Choisya ternata*)
- Echte Zypresse (*Cupressus sempervirens*)
- Echte Feige (*Ficus carica*)
- Echter Lorbeer (*Laurus nobilis*)
- Heiliger Bambus (*Nandina domestica*)
- Olivenbaum (*Olea europaea*)
- Kanarische Dattelpalme (*Phoenix canariensis*)
- Neuseeländer Flachs (*Phormium tenax*)
- Klebsame (*Pittosporum tobira*)
- Granatapfel (*Punica granatum*)
- Rosmarin (*Rosmarinus officinalis*)
- Sternjasmin (*Trachelospermum jasminoides*)
- Hanfpalme (*Trachycarpus fortunei*)
- Mittelmeerschneeball (*Viburnum tinus*)
- Palmlilie (*Yucca spec.*)

Aufhellungen und welke Stellen an den Blättern oder werden diese papierartig dünn, kann es sich auch um einen Sonnenbrand handeln. Gewöhnen Sie daher die Pflanzen langsam an die Sonne, am besten an Tagen mit bedecktem Himmel, wenn Sie sie im Frühjahr aus dem Winterquartier ins Freie umsiedeln.

Überwinterung von Kübelpflanzen

Den meisten Kübelpflanzen ist eines gemeinsam: Sie vertragen keinen Frost, weshalb sie ja auch im Kübel und nicht im Gartenboden gezogen werden. Mobile Kübel lassen sich bei Frostgefahr einfach in Sicherheit bringen, während ein Ausgraben der Pflanzen sehr aufwändig und auch für die Pflanze mit erheblichem Stress verbunden wäre. Dennoch stellt das Überwintern eine der Hauptanforderungen bei der Pflege von Kübelpflanzen dar. Im Folgenden werden verschiedene Methoden der Überwinterung vorgestellt. Bei allen gilt: Wichtiger als die realen Minusgrade ist der richtige Standort. Unter Gehölzen, an einer Hauswand oder in einem Innenhof herrschen andere Bedingungen als im freien Gelände. In dicht besiedelten Städten und im Weinbauklima liegen die Wintertemperaturen in der Regel höher als auf dem flachen Land. Wird im Haus überwintert, sollte die Luft in

Einige Kamelienarten sind in normalen Wintern frosthart und beginnen trotz Eis und Schnee ab Februar zu blühen. Die Sorte 'Dr. Burnside' gehört zu diesen Zauberkünstlern.

Unter den Fuchsien nimmt die zierliche Scharlachfuchsie (Fuchsia magellanica) eine Sonderstellung ein, da sie relativ viel Frost verträgt.

Winterhärten-Tabelle

Name	frosthart ohne Schäden bis	überlebt nicht mehr bei	Bemerkungen
Feijora, Brasilianische Guave (*Acca sellowiana*)	–7 °C	unter –16 °C	immergrün; Früchte reifen im Winter
Schmucklilie (*Agapanthus*-Headbourne-Hybriden)	–15 °C	unter –15 °C	zieht das Laub ein; ausgepflanzt bzw. im versenkten Kübel im Weinbauklima winterhart
Grand-Canyon-Agave (*Agave utahensis*)	–8 °C	unter –10 °C	im Winter weniger empfindlich gegen Frost als gegen Feuchtigkeit
Schlafbaum (*Albizia julibrissin*)	–15 °C	unter –20 °C	Laub abwerfend; ausgepflanzt im Weinbauklima winterhart
Erdbeerbaum (*Arbutus unedo*)	–9 °C	unter –17 °C	Früchte reifen im Winter
Aukube (*Aucuba japonica*)	–15 °C	unter –22 °C	immergrün; ausgepflanzt im Weinbauklima winterhart
Buchsbaum (*Buxus sempervirens*)	voll frosthart	voll frosthart	immergrün; ausgepflanzt überall voll frosthart; im Kübel muss dieser gegen Durchfrieren geschützt werden
Zylinderputzer (*Callistemon citrinus*)	–5 °C	unter –10 °C	Vorsicht wegen der Verwechslungsgefahr mit anderen *Callistemon*-Arten
Kamelie (*Camellia japonica*)	je nach Sorte 0 bis –20 °C	unter –20 °C	immergrün; je nach Sorte unterschiedliche Frosthärte; manche Arten im Weinbauklima winterhart (siehe Porträtteil)
Gewürzrinde (*Cassia corymbosa*)	–3 °C	–5 °C	Laub abwerfend; der verwandte Kerzenstrauch (*Cassia didymobotrya*) ist frostempfindlicher
Johannisbrotbaum (*Ceratonia siliqua*)	–5 °C	unter –10 °C	immergrün; empfindlich gegen Staunässe
Hammerstrauch (*Cestrum aurantiacum, C. elegans*)	–5 °C	unter –12 °C	bei kühler Überwinterung Laub abwerfend
Zwergpalme (*Chamaerops humilis*)	–7 °C	unter –15 °C	Nässe im Blattschopf kann Herzfäule verursachen
Orangenblume (*Choisya ternata*)	–12 °C	unter –15 °C	immergrün und winterblühend; ausgepflanzt mit Winterschutz im Weinbauklima winterhart
Echte Zypresse (*Cupressus sempervirens*)	–13 °C	unter –22 °C	ausgepflanzt im Weinbauklima winterhart
Wollmispel (*Eriobotrya japonica*)	–8 °C	unter –17 °C	immergrün; ausgepflanzt mit Winterschutz im Weinbauklima winterhart
Blaugummibaum (*Eucalyptus gunnii*)	–8 °C	unter –15 °C	immergrün; Gefahr durch Frost-Trockenschäden
Gartenbambus (*Fargesia murielae*)	–23 °C	unter –23 °C	immergrüner, sehr frostharter Gartenbambus
Zimmeraralie (*Fatsia japonica*)	kurzfristig bis –10 °C	unter –15 °C	immergrün; ausgepflanzt mit Winterschutz im Weinbauklima winterhart
Echte Feige (*Ficus carica*)	–12 °C	unter –20 °C	Laub abwerfend; je nach Sorte unterschiedliche Winterhärten; die so genannte Bayernfeige ist in wintermilden Gebieten voll frosthart

Winterhärten-Tabelle (Fortsetzung)

Name	frosthart ohne Schäden bis	überlebt nicht mehr bei	Bemerkungen
Kumquat (*Fortunella japonica, F. margarita*)	kurzfristig bis –10 °C	unter –10 °C	sehr robuste, immergrüne *Citrus*-Verwandte, die allerdings keine längeren Frostperioden übersteht
Fuchsie (*Fuchsia magellanica*)	bis –12 °C	unter –15 °C	Laub abwerfend; einzige Fuchsienart, die mit Winterschutz frosthart ist; treibt nach Frostschäden aus dem Boden neu aus
Dichterjasmin (*Jasminum officinale*)	–12 °C	unter –22 °C	Laub abwerfend; erstaunlich frostharte Kletterpflanze, die in wintermilden Regionen ausgepflanzt werden kann
Kreppmyrte (*Lagerstroemia indica*)	–18 °C	unter –20 °C	Laub abwerfend; ausgewachsene Bäume einzelner Sorten sind im Weinbauklima nahezu frostfest
Echter Lorbeer (*Laurus nobilis*)	–10 °C	unter –15 °C	immergrün; Wurzelballen vor dem Durchfrieren schützen
Lavendel (*Lavandula angustifolia*)	–15 °C	unter –22 °C	immergrün; verwandte Arten (*L. stoechas, L. dentata*) sind weniger frostfest
Neuseeländer Weihnachtsbaum, Eisenholzbaum (*Metrosideros excelsa*)	–3 °C	unter –3 °C	immergrün; die jungen Triebe sind frostanfälliger als ausgereifte
Japanische Faserbanane (*Musa basjoo*)	kurzfristig bis –3 °C	unter –9 °C	wenn die Staude oberirdisch zurückfriert, treibt sie von unten neu aus
Brautmyrte (*Myrtus communis*)	–5 °C	unter –10 °C	immergrün; bei Frost vor Sonnenbestrahlung schützen
Heiliger Bambus (*Nandina domestica*)	–10 °C	unter –15 °C	immergrün; Blätter färben sich bei Frost rötlich; kann im Weinbauklima mit Winterschutz ausgepflanzt werden
Oleander (*Nerium oleander*)	–5 °C	unter –12 °C	immergrün; Wurzelballen vor dem Durchfrieren schützen
Olivenbaum (*Olea europaea*)	kurzfristig bis –10 °C	unter –12 °C	immergrün; nur ältere Exemplare sind robust
Duftblüte (*Osmanthus fragrans*)	–10 °C	unter –16 C	immergrün; ältere Exemplare können mit Winterschutz im Freien überwintern
Blaue Passionsblume (*Passiflora caerulea*)	–15 °C	unter –18 °C	Laub abwerfend; ausgepflanzt mit Winterschutz im Weinbauklima frosthart; oberirdisch friert die Pflanze zurück und treibt im Frühjahr neu aus
Kanarische Dattelpalme (*Phoenix canariensis*)	–5 °C	unter –8 °C	vor stauender Feuchtigkeit im Schopfbereich schützen
Neuseeländer Flachs (*Phormium tenax*)	–5 °C	unter –15 °C	immergrün; je nach Sorte unterschiedlich frosttolerant
Klebsame (*Pittosporum tobira*)	–10 °C	unter –15 °C	immergrün; Wurzelballen vor dem Durchfrieren schützen
Bitterorange (*Poncirus trifoliata*)	–18 °C	unter –18 °C	Laub abwerfend; im Weinbauklima voll frostharte *Citrus*-Verwandte
Granatapfel (*Punica granatum*)	–10 °C	unter –15 °C	Laub abwerfend; Substrat im Winter eher trocken halten

Winterhärten-Tabelle (Fortsetzung)

Name	**frosthart ohne Schäden bis**	**überlebt nicht mehr bei**	**Bemerkungen**
Rosmarin (*Rosmarinus officinalis*)	–7 °C	unter –16 °C	immergrün; je nach Sorte im Weinbauklima auch voll frosthart
Sternjasmin (*Trachelospermum jasminoides*)	–12 °C	unter –20 °C	immergrün,; je kälter er überwintert wird, desto später blüht er im Weinbauklima
Hanfpalme (*Trachycarpus fortunei*)	–12 °C	unter –16 °C	in Weinbauklima frostfeste Palme; Schopf vor stauender Nässe schützen
Mittelmeerschneeball (*Viburnum tinus*)	–10 °C	unter –15 °C	immergrün, winterblühend; ältere Exemplare sind imWeinbauklima ausgepflanzt winterhart
Palmlilie (*Yucca filamentosa, Y. flaccida, Y. glacca*)	–15 °C	unter –22 °C	immergrün; die Art *Y. gloriosa* ist nur bedingt frosthart (bis – 5 °C)

den Räumen trocken sein und die Temperaturen nicht zu hoch liegen. Allein tropische Pflanzen wie Bougainvilleen, Hibiskus und einige Palmen können im Haus wie eine Zimmerpflanze in beheizten Räumen weitergepflegt werden.

Wann und für welche Pflanzen kann Frost gefährlich werden?

Einige Kübelpflanzen vertragen leichte Fröste, manche sogar für kurze Zeit mittelstarke Fröste. Entscheidend ist nicht nur die geografische Herkunft und natürliche Frosthärte der Art, sondern auch der Zustand der jeweiligen Pflanze zum Zeitpunkt der Frosteinwirkung. Sind bei den ersten Nachtfrösten die jungen Triebe schon gut ausgehärtet, fällt der Schaden unter Umständen minimal aus. Bis ins Spätjahr gedüngte Pflanzen haben oft noch bis zum Schluss weiter ausgetrieben. Die weichen Triebspitzen werden dann schnell ein Opfer von Minusgraden. Entscheidend ist auch das Mikroklima, denn an exponierten Standorten und in „Frostfallen“ wie Talsenken, wo sich kalte Luft sammelt, kann es unter Umständen kälter werden als das Thermometer vor Ihrem Fenster zeigt. Ebenso sind abrupt in den Keller fallende Temperaturen für die Pflanzen gefährlicher als langsam eintretender Frost. Generell sind die Wurzeln bei allen Kübelpflanzen, auch den bedingt frostharten, anfälliger für Erfrierungen als die oberirdischen Pflanzenteile. Ausgewachsene Pflanzen sind robuster als Jungpflanzen und Pflanzenindividuen aus heimischer Vermehrung werden mehr Frost vertragen als importierte Gewächse derselben Art und Sorte aus dem Mittelmeerraum. Die Angaben der Frosthärte einzelner Arten in der folgenden Tabelle sind daher als Mittelwert zu verstehen und beruhen auf eigenen Erfahrungen sowie Vergleichswerten aus der Fachliteratur. Doch im Einzelfall kann eine Pflanze auch einmal weniger oder mehr Frostgrade aushalten, ohne Schaden zu nehmen. Frosthart heißt hier übrigens: Die Pflanze überlebt kurzfristige Fröste, aber keinen Dauerfrost, eventuell mit leichten, aber nicht lebensbedrohenden Frostschäden. Ein Rückschnitt der erfrorenen Teile kann im kommenden Frühjahr erfolgen, wenn man sieht, welche Triebe erfroren sind und welche neu austreiben. Nicht in dieser Tabelle aufgeführte Kübelpflanzen vertragen im Zweifelsfall überhaupt keinen Frost und müssen entsprechend geschützt überwintert werden. Siehe dazu auch die Angaben im Porträtteil dieses Buches.

Wie wird richtig überwintert?

Das Einräumen der meisten Kübelpflanzen erfolgt, sobald die mittlere Tagestemperatur unter 10 °C sinkt. In den vielen Regionen ist dies schon im Oktober der Fall. Bei etwas härteren, aber nicht frostfesten Arten wie Agaven, Engelstrompeten, Gewürzrinde etc. wird dann eingeräumt, wenn der Wetterbericht erste Nachtfröste ankündigt. Bedingt frostfeste Arten wie Brautmyrte, Olivenbaum, Oleander und Kreppmyrte werden zu dieser Zeit schon trockener gehalten (das erleichtert auch das Schleppen der Kübel, die dann weniger wiegen) und bei –5 °C eingeräumt. Harte Burschen wie Lorbeer, Hanfpalme oder Palmlilien ziehen erst bei Temperaturen unter –8 bis –10 °C ins Winterquartier. Wenn man bereits ab Mitte August das Düngen einstellt, sind die Triebe der

Pflanzen gut ausgehärtet und weniger anfällig für Schädlingsbefall und Schäden durch leichte Nachtfröste. Vor dem Einräumen werden die Kübel und die Pflanzen gesäubert, alles Verwelkte entfernt und auch die Topfunterseite auf eventuelle Schädlinge (Asseln, Schnecken, Tausendfüßler) kontrolliert. Einige Arten wie Bleiwurz, Wandelröschen und Strauchmargerite können vor dem Einräumen zurückgeschnitten werden. Eine Faustregel besagt, dass der Ort zum Überwintern umso heller sein muss, je wärmer die Temperaturen sind. Alle in Innenräumen überwinterten Kübelpflanzen werden im Laufe des Winters auf Schädlinge und Krankheiten kontrolliert und gelegentlich gegossen. Der Ballen darf (bis auf wenige Ausnahmen wie dem Korallenstrauch) nicht austrocknen, aber auch nicht zu feucht sein, damit keine Fäulnis eintritt. Bei einem Befall mit Grauschimmel kann schlechte Luftzirkulation die Ursache sein.
Das Ausräumen erfolgt spiegelbildlich zum herbstlichen Einräumen. Diejenigen, die zuletzt ins Winterquartier gebracht wurden, ziehen als erste wieder ins Freie und die Sensibelchen erst dann, wenn wirklich kein Frost mehr droht, was in der Regel ab Mitte Mai der Fall ist. Generell sollten alle Kübelpflanzen so kurz wie möglich im Winterquartier bleiben, da über einen längeren Zeitraum sowohl Lichtmangel als auch die Zimmerluft den Pflanzen nicht gut bekommen.
Kontrollieren Sie die Pflanzen zum Zeitpunkt des Ausräumens nochmals gründlich auf Schädlinge, denn gerade im Winterquartier siedeln sich oft Schildläuse an immergrünen Gewächsen an. Man räumt die Pflanzen am besten an Tagen mit bedecktem Himmel ins Freie, damit sie sich an das helle Tageslicht gewöhnen können und nicht gleich einen Sonnenbrand bekommen. Auch echte Sonnenanbeter wie Bougainvilleen, Zistrosen und Granatapfel sollten erst einige Tage zum Akklimatisieren im Halbschatten stehen, bevor man sie in die pralle Sonne rückt.

Überwintern im Haus

Kübelpflanzen, die hell und kühl überwintert werden müssen, können im Herbst vor den ersten Nachtfrösten ins Haus geräumt werden. Ideal sind helle, schwach oder gar nicht geheizte Räume (nicht benutzte Gästezimmer), in denen die Temperatur zwischen 5 und 10 °C beträgt. Auch helle Treppenhäuser oder eine helle, frostfreie Garage sind geeignet. Eine automatische Frostsicherung schützt vor plötzlichen Temperaturstürzen. Am heikelsten sind Kellerräume: Oft bieten sie nicht genug Licht und sind unter Umständen auch zu warm.
Laub abwerfende Kübelpflanzen wie Korallenstrauch, Feige und Granatapfel können auch völlig dunkel überwintert werden. Der Standort darf allerdings nicht zu warm sein, damit sie nicht vorzeitig austreiben.

Nach dem Ausräumen im Frühjahr stellt man auch echte Sonnenanbeter wie Bougainvilleen (hier als Hochstämmchen gezogen) erst einige Tage in den Halbschatten, um sie in der neuen Umgebung zu akklimatisieren.

Rechts: Im Gegensatz zu vielen anderen Kübelpflanzen darf der immergrüne Buchsbaum im Freien überwintern. Bei sehr strengen Frösten wird der Kübel mit Stroh und Sackleinen warm eingepackt, um ein Durchfrieren zu verhindern.

Rechts außen: Eine hübsche Idee: Diese winterliche Bepflanzung eines Kübels mit Zierkohl, weißbuntem Efeu und panaschiertem Salbei übersteht normale Fröste problemlos und überbrückt die kalte Jahreszeit, bis die exotischen Kübelpflanzen aus dem Winterquartier zurückkehren.

Unten: Im Gewächshaus einer Gärtnerei überwinternde Kübelpflanzen finden dort optimale Bedingungen vor.

Im Frühjahr stellt man sie dann wieder heller, wärmer und gießt etwas mehr, um den Austrieb anzuregen. Bei allen im Haus oder in anderen Räumen überwinterten Kübelpflanzen ist eine regelmäßige Kontrolle auf Schädlingsbefall, Fäulnis und Schimmel nötig. Wird die Erde zu trocken, muss vorsichtig gegossen werden. Genauere Angaben dazu für jede einzelne Art finden Sie im Porträtteil dieses Buches.

Überwintern im Freien

Bei relativ frostharten Kübelpflanzen wie Kamelie, Neuseeländer Flachs, Klebsame und Heiligem Bambus sowie allen immergrünen, frostharten Koniferen, vielen Bambusarten und Buchsbaum ist eine Überwinterung im Freien möglich. Am besten gräbt man die Kübel an einer geschützten Stelle im Gartenboden ein, was das Risiko mindert, dass der Wurzelballen durchfriert. Ein Fensterschacht vor dem Kellerfenster, der bei strengen Frösten mit Isoliermaterial abgedeckt werden kann, bietet ebenfalls einen gewissen Schutz. Bei Temperaturen unter –8 °C bekommen die Pflanzen einen „Wintermantel" aus Strohmatten oder Jutesäcken umgehängt. Noppenfolie ist ungeeignet und höchstens für eine sehr kurzfristige Übergangszeit angeraten, da die Pflanzen unter der luftdichten Verpackung zu faulen beginnen. Über eine frostige Nacht hilft manchmal auch einfach eine übergeworfene alte Wolldecke hinweg. Sparrige Pflanzen werden etwas zusammen-

gebunden. Alle im Freien überwinternden Kübelpflanzen werden so spät wie möglich eingepackt, damit sie sich noch abhärten können. Werden sie zu früh mit einem Winterschutz versehen, werden die weichen Triebe umso anfälliger für Frostschäden. Im Frühjahr packt man die Pflanzen so früh wie möglich wieder aus. Kühl überwintert überstehen sie schwache Nachtfröste im Frühjahr problemlos ohne Schutz. Werden die Kübel nicht im Erdboden versenkt, kann man sie auch kurzfristig für die Dauer einer Frostperiode in einem frostfreien Raum unterstellen. Um freistehende Kübel vor dem Durchfrieren zu schützen, verpackt man sie in einen Karton oder eine Kiste, die mit Holzwolle, trockenem Herbstlaub, Torf, Stroh oder Reisig gefüllt wird. Eine Mulchdecke auf der Substratoberfläche schützt zusätzlich.
Die Hauptgefahren bei einer Überwinterung im Freien sind neben plötzlichen Frösten:

- Schneedruck (Gefahr des Abbrechens von Wedeln oder Zweigen)
- Lichtmangel unter der isolierenden „Verpackung" aus Strohmatten o. Ä.
- Fäulnis durch sich stauendes Wasser (besonders die so genannte Herzfäule bei Palmen und Palmlilien)
- Frosttrockenheit, die oft durch Wind noch begünstigt wird

Letztere wird dadurch verursacht, dass immergrüne Pflanzen bei gefrorenem Boden immer noch Feuchtigkeit über die Blätter verdunsten, aber keinen Wassernachschub über die Wurzeln aus dem gefrorenen Boden erhalten. Gefrorene Äste können im Sonnenlicht eines klaren Wintertags plötzlich auftauen und dann platzen. Grünes Laub kann nach einer langen Dunkelphase durch Sonnenbrand braun werden.

„Plant-Hotels" – Überwintern beim Gärtner

Echte Kübelpflanzenfans geraten im Herbst, wenn es Zeit für das Einräumen wird, manchmal in arge Bedrängnis: Über den Sommer haben sich die Pflanzen gut entwickelt, vielleicht sogar Ausmaße erreicht, die für eine Überwinterung im Haus, in frostfreien Garagen oder Kellerräumen oder im Treppenhaus zu groß geworden sind. Vielleicht hat man auch generell zu wenig Platz oder nicht die geeigneten Räume für eine sichere Überwinterung der getopften Sommergäste. In diesem Fall kann man die Dienste professioneller Betriebe in Anspruch nehmen. So genannte „Plant Hotels" und viele Gärtnereien bieten Überwinterungsflächen für Kübelpflanzen an. Gegen eine Gebühr werden die Pflanzen den ganzen Winter über frostfrei und hell untergestellt, wenn nötig gegossen und gepflegt. Auf Wunsch wird auch der Transport übernommen. Die Kosten pro Quadratmeter Stellfläche betragen zwischen 50,– und 100,– Euro. Auf einem Quadratmeter finden je nach Größe der Pflanzen bis zu vier Kübel Platz. Da Kübelpflanzen, besonders große, schön gewachsene Exemplare, recht wertvoll sind, lohnt sich diese Investition in den meisten Fällen.

Am leichtesten lassen sich große Kübelpflanzen mit einer stabilen Sackkarre ins Winterquartier transportieren.

Tipps für den Pflanzentransport

Jedes Jahr die gleiche Plackerei: Im Frühjahr müssen die Kübelpflanzen aus dem Winterquartier ins Freie und im Herbst wieder hineingeschleppt werden. Wohl dem, der

Kübelpflanzen, die sich leicht durch Stecklinge vermehren lassen

Schönmalve (*Abutilon*),
Strauchmargerite (*Argyanthemum frutescens*),
Gelbe Strauchmargerite (*Euryops chrysanthemoides*),
Aukube (*Aucuba japonica*),
Bougainvillee (*Bougainvillea glabra*),
Engelstrompete (*Brugmansia*, syn. *Datura*),
Buchsbaum (*Buxus sempervirens*),
Zylinderputzer (*Callistemon citrinus*),
Kamelie (*Camellia japonica*),
Gewürzrinde (*Cassia corymbosa*),
Kerzenstrauch (*Cassia didymobotrya*),
Roter Hammerstrauch (*Cestrum elegans*),
Gelber Hammerstrauch (*Cestrum aurantiacum*),
Nachtjasmin (*Cestrum nocturnum*),
Zistrose (*Cistus*-Arten),
Pomeranze (*Citrus aurantium*),
Zitrone (*Citrus limon*),
Mandarine (*Citrus reticulata*),
Orange (*Citrus sinensis*),
Tamarillo,
Baumtomate (*Cyphomandra betacea*),
Korallenstrauch (*Erythrina crista-galli*),
Eukalyptus (*Eucalyptus*-Arten),
Echte Feige (*Ficus carica*),
Kumquat (*Fortunella margarita*, *F. japonica*),
Fuchsie (*Fuchsia*-Arten),
Hibiskus (*Hibiscus rosa-sinensis*),
Kreppmyrte (*Lagerstroemia indica*),
Wandelröschen (*Lantana-camara*-Hybriden),
Lorbeer (*Laurus nobilis*),
Lavendel (*Lavandula angustifolia*),
Brautmyrte (*Myrtus communis*),
Oleander (*Nerium oleander*),
Olivenbaum (*Olea europaea*),
Passionsblume (*Passiflora*-Arten),
Klebsame (*Pittosporum tobira*, *P. tenuifolium*),
Bleiwurz (*Plumbago auriculata*),
Bitterorange (*Poncirus trifoliata*),
Granatapfel (*Punica granatum*),
Rosmarin (*Rosmarinus officinale*),
Sternnachtschatten (*Solanum jasminoides*),
Enzian- oder Kartoffelstrauch (*Solanum rantonnetii*),
Costa-Rica-Nachtschatten (*Solanum wendlandii*).
Pepino, Melonenstrauch (*Solanum muricatum*),
Schwarzäugige Susanne (*Thunbergia alata*),
Tibouchinie (*Tibouchina urveillana*),
Sternjasmin (*Trachelospermum jasminoides*),
Mittelmeerschneeball (*Viburnum tinus*)

gesunde Bandscheiben und kräftige Helfer hat! Man muss es sich jedoch nicht unnötig schwer machen.
Hier einige Tipps: Einige Tage vor dem Einräumen im Herbst nicht mehr gießen, damit die Kübel leichter sind. Werden die Pflanzen vor dem Einräumen etwas zurückgeschnitten oder zusammengebunden, sind sie weniger sperrig und leichter zu fassen. Eine Sackkarre mit ausreichend großen, luftbereiften Rädern erleichtert den Transport selbst über Treppenstufen hinweg, besonders wenn man ihn als Einzelperson bewältigen muss. Niedrige Untersetzer mit darunter geschraubten Rädchen gibt es überall im Gartenfachhandel. Sie ermöglichen das Verstellen der Kübelpflanzen während der Saison und erleichtern auch den Transport ins Winterquartier, sofern keine Stufen zu überwinden sind. Zwei Personen braucht man für spezielle, im Gartenfachhandel erhältliche Tragegurte, die um den Kübel gelegt werden. Die variable Größe macht sie für alle Kübel geeignet. Große Kübel, die zu schwer zum Heben sind, können gekippt und über ebene Flächen gerollt werden. In Ausnahmefällen können auch Pflanzen mitsamt dem Wurzelballen ausgetopft und dann Kübel und Pflanze separat transportiert werden. Es ist ratsam, den Wurzelballen dabei fest in einen (Plastik-)Sack einzubinden, damit er nicht auseinander fällt. In großen Orangerien sind die Kübel oft mit Haken oder Ösen versehen, in die zum Transport Tragestangen aus Holz oder Metall eingeführt werden können. Für den Hausgebrauch eignen sich auch Kübel mit festen Griffen. Größere Kübel sollten immer zu zweit transportiert werden. Das ist rückenschonender und auch sicherer, denn ein entgleitender Kübel auf der Treppe wird zu einem gefährlichen Geschoss! Übrigens: Wer die Kübel im Herbst von einem professionellen Überwinterungsbetrieb abholen und sie auch im Frühjahr wieder bringen lässt, kommt um den Stress des Schleppens ganz herum.

Vermehrung von Kübelpflanzen

Es gibt verschiedene Gründe, warum man Kübelpflanzen selbst vermehren möchte: Freunde möchten einen Abkömmling einer besonderen Sorte, die im Handel schwer zu bekommen ist oder die Mutterpflanze ist sparrig und soll über kurz oder lang durch eine jüngere ersetzt werden. Vielleicht bekommt man auch einfach nicht genug von einer besonders geschätzten Art. Die Vermehrung ist bei vielen Arten nicht schwer. Einige lassen sich sortenecht durch Aussaat, andere nur durch Stecklinge vermehren. Welches die beste und einfachste Methode bei der jeweiligen Art ist, erfahren Sie im Porträtteil dieses Buches. Wichtig bei allen Methoden der Pflanzenvermehrung ist hygienisches Arbeitsgerät, saubere

Die Vermehrung von Kübelpflanzen durch Stecklinge bringt Klone hervor, die sowohl alle Wachstumseigenschaften als auch die Blütenfarbe und Blühfreude von der Mutterpflanze bekommen haben.

Anzuchtgefäße, ein gut durchlässiges Substrat und ausreichende Wärme in der Anzuchtphase. Für die Vermehrung besonders wärmebedürftiger Pflanzen empfiehlt sich die Anschaffung einer beheizbaren Unterlage, auf die man die Anzuchtschalen stellt.

Aussaat

Saatgut für die Vermehrung von Kübelpflanzen kann entweder gekauft oder selbst gesammelt werden. Möchte man selbst gesammelten Samen verwenden, muss man darauf achten, dass er gut ausgereift und frisch ist. Einige Kübelpflanzen wie Kumquat, Tamarillo und Passionsblumen (Maracuja) bringen essbare Früchte hervor, die man in Feinkostgeschäften kaufen kann. Normalerweise sind alle Arten durch Aussaat vermehrbar, spezielle Sorten allerdings besser durch Stecklinge. Die Aussaat kann ganzjährig in flachen Schalen mit gut durchlässiger, sterilisierter Aussaaterde bei 22 bis 28 °C erfolgen. Damit eine hohe Luftfeuchtigkeit gewährleistet ist, deckt man die Aussaatschalen mit Klarsichtfolie oder einer Glasscheibe ab. Die Keimung erfolgt in den meisten Fällen sehr langsam und die Ausfallquote ist in der Regel recht hoch. Dennoch lohnt sich ein Versuch. Die Jungpflanzen werden, sobald sie die ersten echten Blätter nach den Keimblättern entwickelt haben, in separate Töpfchen umgesetzt und sehr sorgfältig bei gleich bleibend warmen Temperaturen weiterkultiviert. Haben Sie eine Höhe von 10 bis 15 cm erreicht, kann man sie vorsichtig abhärten, indem man sie anfangs für einige Stunden, später auch länger, ins Freie bringt.

Im ersten Jahr ist eine warme und helle Überwinterung im Haus sinnvoll. Ein gelegentliches Entspitzen im Jugendstadium fördert eine reiche Verzweigung und damit einen buschigeren Wuchs.

Stecklinge

Einfacher und zuverlässiger als die Aussaat ist die Vermehrung von Kübelpflanzen durch Stecklinge. Viele klassische Arten wie Lorbeer, Oleander, Feige oder Brautmyrte lassen sich durch diese Methode einfach und erfolgreich sortenecht vermehren. Die richtige Zeit zum Schnitt der Stecktriebe ist im späten Frühling bis zum Sommer, wenn die jungen Triebe erst halb verholzt sind. Man schneidet etwa 6 bis 10 cm lange Triebspitzen von der Mutterpflanze, die so genannten Kopftriebe, die noch keinen Blütenansatz zeigen, und entblättert das untere Drittel. Große Blätter werden teilweise zurückgeschnitten, um die Verdunstungsfläche zu verringern. Ein scharfes, sauberes Messer verhindert faserige Schnittstellen, die leicht faulen könnten. Das Eintauchen der Schnittstellen in flüssiges oder pudriges Bewurzelungshormon (im Handel z. B. unter dem Namen „Wurzelfix“ erhältlich) fördert das Anwurzeln, es geht aber auch ohne. Die Stecklinge werden in lockeres, feuchtes Substrat (zwei Teile Erde, ein Teil Sand) gesteckt. Bewährt hat sich die Methode, bis zu fünf Kopfstecklinge nebeneinander in ein Töpfchen zu stecken, da nicht alle erfolgreich bewurzeln.

Um die Luftfeuchtigkeit gleichmäßig hoch zu halten, stülpt man entweder ein großes Einmachglas oder eine transparente Plastiktüte (z. B. einen Gefrierbeutel) über die Anzuchttöpfchen. Bei einer Temperatur von 22 bis 25 °C und ausreichend Licht (allerdings keine pralle Sonne) bewurzeln die Stecklinge nach einigen Wochen.

Damit sich keine Schimmelpilze auf den Stecklingen ansiedeln, darf die Abdeckung die Blätter nicht berühren. Wenn die jungen Pflänzchen zu wachsen anfangen, beginnt man

Die weichen Jungtriebe von Buchsbaum lassen sich ganz leicht in Form schneiden. Für eine schöne Kontur sollte dies zweimal jährlich erfolgen.

vorsichtig mit der Abhärtung, indem man zunächst die Abdeckung teilweise entfernt. Trockene Außenluft lässt die Blätter der Jungpflanzen schnell welken, daher muss dieser Prozess mit besonderer Vorsicht erfolgen. Ein Umtopfen sollte erst erfolgen, wenn die Jungpflanzen kräftiger geworden sind und ein richtiges Wurzelsystem entwickelt haben.

Hochstämmchen und Formschnitt

Eine alte Kunst der Gärtner, der Formschnitt von immergrünen Gewächsen wie Buchs, Eiben, Lorbeer und immergrünen Koniferen, kommt in den letzten Jahren wieder zu neuen Ehren. Einst den Höfen von Fürsten vorbehalten schmücken heute in Form geschnittene Kegel, Pyramiden und Kugeln nicht nur formale Vorgärten und Hauseingänge, sondern auch Terrassen, Balkone und Sichtachsen im Garten.
In England hat diese Gartenkunst unter dem Namen „Topiary" begeisterte Anhänger, die ihr Können bis zur Virtuosität gesteigert haben: Figuren wie Pfauen, Schwäne, Eichhörnchen sowie mehrstöckige Pilze und Pagoden sowie spiralförmig geschnittene Spindelbäumchen sind dort keine Seltenheit. Man muss jedoch nicht gleich zum Bildhauer werden. Einfache geometrische Formen sind oft viel reizvoller und passen sich besser den verschiedenen Gartenkonzepten an.
Damit die Gewächse in Form bleiben, schneidet man in der Regel zweimal im Jahr, im Spätfrühjahr und im Spätsommer. Kleinblättrige Arten wie Buchsbaum werden einfach mit der Heckenschere „frisiert". Großblättrige wie Lorbeer schneidet man besser mit einer Rosenschere, da große Blätter bei Immergrünen braune Ränder bekommen, wenn sie durchgeschnitten werden, und dann der ganze Strauch unschön aussieht. Tage mit bedecktem Himmel eignen sich bestens für diese Arbeit, damit die frisch geschorenen Pflanzen nicht in der prallen Sonne verbrennen. Tipp: Hilfreich bei der Formfindung sind Drahtschablonen, die es im Gartenfachhandel gibt.

Hochstämmchen selbst ziehen

Nicht nur Formschnitt liegt bei Kübelpflanzen wieder ganz groß im Trend, auch Hochstämmchen verschiedenster Arten sind geschätzter denn je. Eine Selbstanzucht lohnt sich, da solche Zierstücke zu recht stolzen Preisen gehandelt werden. Sie sind in der Regel teurer als ein vergleichbares normales Gewächs derselben Art, weil es viel Arbeit macht, bis es seine endgültige Form erreicht hat. Wenn Sie dennoch ein Hochstämmchen fertig kaufen möchten, dann achten Sie darauf, dass die Triebe regelmäßig geschnitten wurden, was eine gute Verzweigung und einen dichten Wuchs garantiert. Der Stamm muss gerade, unverletzt und gleichmäßig sein, der Wurzelballen fest und kompakt, damit die Pflanze einen guten Stand hat. Stützstäbe sind durchaus üblich, um die Hochstämmchen zu stabilisieren.
Wenn sich eine Pflanze aber nur dank dieser Krücke aufrecht halten kann, taugt sie nicht viel. Achten Sie auch auf die Topfgröße: Der Kübel sollte immer etwa den halben Durchmesser der Krone haben, damit eine gute Wasser- und Nährstoffversorgung sowie ausreichende Standfestigkeit gewährleistet sind.
Mit etwas Geduld und ein bisschen Geschick kann jeder aus einem normalen Steckling ein Hochstämmchen ziehen. Am besten eignen sich

Die Anzucht von Hochstämmchen, ist zwar etwas langwieriger, lohnt aber durchaus, wenn man dabei solch ein schmuckes Bäumchen wie dieses leuchtend gelbe Wandelröschen erhält.

Kopfstecklinge. Der Haupttrieb wird an einem Stützstab hochgezogen, eventuell vorhandene Seitentriebe an der Basis gekappt. Alle am zukünftigen Stamm ansetzenden Triebe außer dem oberen Haupttrieb werden bis auf wenige Blätter gekappt. Direkt am Stamm ansetzende Blätter bleiben erhalten. Sie dienen für die Zeit des Höhenwachstums als Ernährer und werden immer wieder zurückgeschnitten, damit die Pflanze weiter in die Höhe wächst. Zwei bis drei Jahre Zeit braucht es, bis die Pflanze groß genug ist, damit man mit dem Aufbau der Krone beginnen kann. Wenn die gewünschte Stammhöhe erreicht ist, wird die Spitze oberhalb von etwa fünf Knospen gekappt.

Aus den verbleibenden Knospen sprießen dann neue Triebe, die immer wieder entspitzt werden, sobald sie einige Zentimeter gewachsen sind, damit sie sich erneut verzweigen. Ist die Krone ausgebildet, schneidet man alle so lange verbliebenen Seitentriebe des Stammes ab. Zur Erhaltung einer kompakten Form müssen die Triebe der Krone immer wieder zurückgeschnitten werden. Bei Blütenpflanzen wie Hibiskus, Bleiwurz oder Margeriten dürfen dabei jedoch die Blütenknospen nicht mit ausgeschnitten werden. Eventuell auftretende Seitentriebe oder Wurzelschösslinge müssen ebenfalls immer wieder entfernt werden, um die Form des Hochstämmchens zu erhalten.

Für Hochstämmchen besonders geeignet

Schönmalve (*Abutilon*),
Erdbeerbaum (*Arbutus unedo*),
Strauchmargerite (*Argyranthemum frutescens*),
Engelstrompete (*Brugmansia* syn. *Datura*),
Zylinderputzer (*Callistemon citrinus*),
Hammerstrauch (*Cestrum*),
Baumtomate (*Cyphomandra betacea*),
Kumquat (*Fortunella margarita, F. japonica*),
Fuchsien (*Fuchsia*-Hybriden),
Hibiskus (*Hibiscus rosa-sinensis*),
Kreppmyrte (*Lagerstroemia indica*),
Wandelröschen (*Lantana-camara*-Hybriden),
Echter Lorbeer (*Laurus nobilis*),
Brautmyrte (*Myrtus communis*),
Oleander (*Nerium oleander*),
Olivenbaum (*Olea europaea*),
Bleiwurz (*Plumbago aurantiaca*),
Kartoffelstrauch (*Solanum rantonnetii*),
Mittelmeerschneeball (*Viburnum tinus*)

Zusammen mit einigen hübschen Accessoires kann man Kübelpflanzen mit wenig Aufwand in geschmackvolle Arrangements einbinden.

Rechts: Üppig blühende Hochstämmchen rahmen einen romatischen Sitzplatz ein.

Gestaltungsbeispiele und Pflanzideen

Mit Kübelpflanzen kann man einfach und variabel schöne Stimmungen schaffen.

Kübelpflanzen können schnell zur Leidenschaft werden. Wo erst mal eine steht, wird es nicht lange dauern, bis sich weitere dazugesellen. Wenn man die Ansprüche der Pflanzen an den Standort und die Pflege berücksichtigt, kann eigentlich kaum etwas schief gehen. Schwieriger ist da schon die richtige Zusammenstellung: Was passt optisch zusammen, welche Gewächse lassen sich aufgrund ihrer Pflegeansprüche miteinander kombinieren oder sogar zusammen in ein einziges Pflanzgefäß setzen und wie gestaltet man schöne Arrangements, die wirklich gut harmonieren? Im folgenden Beispielteil werden verschiedene Lösungen für Balkon und Terrasse vorgestellt, die als Anregung gedacht sind und Mut zu eigenen Kreationen machen sollen. Schaffen Sie sich Ihr ganz individuelles Freizeitidyll, denn mit der mobilen Pracht im Kübel ist es leicht, Träume von südlichen Gefilden Wirklichkeit werden zu lassen.

Eingangsgestaltung

Nicht umsonst nennt man den Eingangsbereich eines Hauses auch die Visitenkarte – schon der erste Eindruck zählt. Ein einladend gestalteter Eingang, freundlich und farbenfroh angelegt, heißt Besucher willkommen und macht neugierig auf den übrigen Garten. Ganz gleich, ob es sich (wie so oft bei Hauseingängen) um eine schattige Nordseite handelt oder der Weg von der Gartenpforte bis zur Haustür von der Sonne verwöhnt wird: Auf die richtige Auswahl der Pflanzen und deren geschickte Zusammenstellung kommt es an, ob alles gut wächst und einen harmonischen Eindruck macht. Eine Dauerbepflanzung mit Immergrünen bietet viele Vorteile, vor allem ist sie pflegeleicht, aber leider oft auch etwas langweilig. Ergänzt man sie saisonal durch Kübelpflanzen und bunte Blütenwunder in Schalen und Töpfen, wird aus einem eher belanglosen Eingangsbereich ein attraktiver Vorgarten, der dem ganzen Haus ein neues Gesicht gibt. Briefkasten, Abfalltonne, Klingel, Beleuchtung und nicht zuletzt die Hausnummer müssen nicht als notwendiges Übel betrachtet werden, sondern können in die Gestaltung mit einbezogen werden.

Kübelpflanzen im Vorgartenbereich haben gegenüber einer konventionellen Beetbepflanzung den Vorteil, mobil zu sein. Stellt man sie auf einen Untersetzer mit Rollen, kann man sie einfach und bequem hin- und herrollen – zum Beispiel um zeitweise eine wenig attraktive Müllbox aus Waschbeton zu kaschieren. Auf der Müllbox platzierte Schalen und Töpfe mit aufrechten und hängenden Pflanzen tun ein Übriges, um den Alltag zu verschönern. Führen einige Stufen zur Haustür, sollte man es auf keinen Fall versäumen, einige Kübelpflanzen darauf zu postieren. Oft schützt ein Vordach diese Stufen, sodass der Standort für regenempfindliche Kübelpflanzen geradezu ideal ist. Und da man praktisch täglich daran vorbei geht, kann man auch das Gießen nicht so schnell vergessen.

Saisonale Inszenierungen

Bei der Gestaltung des Eingangsbereichs sollte man die Materialien und Farben des Hauses nicht außer Acht lassen. Zu Klinkerfassaden passt hart gebrannte Terrakotta wunderbar, aber auch leuchtend blau glasierte oder weiß gestrichene Pflanzkübel sehen vor dem braunroten Hintergrund wunderschön aus. Sehr farbenfrohe Bepflanzungen brauchen einen ruhigen Hintergrund, während man bei einer stark farbigen Fassade mit einer Bepflanzung in einem einzigen leuchtenden Farbkontrast enorme Wirkung erzielen kann. Saisonal lassen sich Akzente setzen, indem man zum Beispiel Narzissen, Primeln und andere Frühjahrsblüher in den hinteren Garten auspflanzt und dafür Kübelpflanzen, die das übrige Jahr auf der Terrasse stehen, für ein kurzes Gastspiel auf den Treppenabsatz einlädt. Der Vorteil der Gestaltung mit Kübelpflanzen liegt eindeutig in der Mobilität und den Variationsmöglichkeiten, die sie besonders für den Eingangsbereich

Dieses bunte Potpourri aus Kübelpflanzen und Einjährigen strahlt Lebensfreude aus und signalisiert, dass Besucher herzlich willkommen sind.

Rechts: Der blühende Oleanderstrauch neben der Eingangstür ist Teil einer farbenfrohen, rustikalen Komposition, die etwas über die Persönlichkeit der Hausbewohner verrät.

Unten: Für halbschattige Standorte vor dem Haus eignen sich immergrüne Zwergkoniferen, schwach wachsende Rhododendrenarten und Hortensien als Kübelpflanzen, die man saisonal mit bunten Einjährigen oder dekorativen Accessoires ergänzen kann.

bietet. Selbst wenn kein Beet vor der Haustür Platz hat, kein offener Boden zum Bepflanzen zur Verfügung steht, kann man mit Kübelpflanzen dennoch einen Garten „auf Abruf“ vor den Eingang zaubern, Akzente setzen und immer wieder neue, stimmungsvolle Arrangements schaffen.

Kübel und Töpfe vor dem Haus und auf der Treppe

In den meisten Fällen liegt der Eingang eines Einfamilienhauses auf der schattigen Nord- oder Nordostseite, weil die sonnige Süd- und Westseite der Terrasse vorbehalten wurde. Ein Hauptproblem dieses absonnigen Standorts ist die mangelnde Sonneneinstrahlung, die viele Pflanzen für eine Gestaltung an solch einem „benachteiligten“ Eckchen nicht in Frage kommen lässt. Die meisten Kübelpflanzen lieben, entsprechend ihrer Herkunft, sonnige, warme Standorte. Dennoch gibt es auch Arten, die mit weniger Licht und Wärme gut zurecht kommen oder sogar Schatten lieben. Dazu gehören Aukube, Buchsbaum, Kamelie, Fuchsien und Sternjasmin. Aber auch Brautmyrte, Lorbeer, Mittelmeerschneeball und andere Südländer vertragen halbschattige Standorte, solange sie nicht zugig sind. Außer den typischen Kübelpflanzen kann man zudem noch allerhand andere Stauden, Gehölze, Gräser und Farne an halbschattigen bis schattigen Standorten im Kübel kultivieren. Unter den Koniferen und immergrünen Gehölzen gibt es zahlreiche Zwerge, die sich für Kästen und Kübel eignen (siehe Tabelle

Kübel- und Topfarrangement auf der Treppe:

1 Aukube (*Aucuba japonica* 'Crotonifolia')
2 Schneeflocke (*Bacopa*-Hybride, *Sutera diffusa*)
3 Buchsbaum (*Buxus sempervirens* 'Suffruticosa')
4 Kamelie (*Camellia japonica* 'Nuccio's Gem'; weiße, gefüllte Blüten)
5 Zwerg-Scheinzypresse (*Chamaecyparis obtusa* 'Pygmaea')
6 Orangenblume (*Choisya ternata*)
7 Schirmbambus (*Fargesia nitida*)
8 Fuchsien-Busch (*Fuchsia*-Hybride 'Border Queen'; rosa/violett)
9 Fuchsien-Busch (*Fuchsia*-Hybride 'Love's Reward', rosa/violett)
10 Fuchsien-Hochstamm (*Fuchsia*-Hybride 'Beacon Rot'; rotviolett)
11 Fuchsien-Busch (*Fuchsia*-Hybride 'Ballerina'; rot/weiß)
12 Strauchveronika (*Hebe Andersonii*-Hybride 'Variegata'; gelbgrüne Blätter, lila Blüten)
13 Purpurglöckchen (*Heuchera micrantha* 'Palace Purple'; rotes Laub)
14 Hortensie (*Hydrangea macrophylla*)
15 Edellieschen (*Impatiens-Neuguinea*-Hybride)
16 Männertreu (*Lobelia erinus*)
17 Duftblüte (*Osmanthus* x *burkwoodii*)
18 Lavendelheide (*Pieris japonica* 'Variegata')
19 Lavendelheide (*Pieris japonica* 'Debutante')
20 Japanische Azalee (*Rhododendron obtusum* 'Georg Arends'; rosarot)
21 Japansiche Azalee (*Rhododendron obtusum* 'Schneeglanz'; weiß)
22 Japanische Azalee (*Rhododendron obtusum* 'Blaue Donau'; dunkelviolett)
23 Skimmie (*Skimmia japonica* ssp. *reevesiana*)
24 Zwerg-Lebensbaum (*Thuja occidentalis* 'Smaragd')

auf Seite 92). Einige, darunter die japanischen Azaleen, Lavendelheide und Skimmien blühen sogar sehr attraktiv.
Zu den wenig bekannten, aber sehr reizvollen Exoten, die sich aufgrund ihrer nur bedingten Winterhärte besser im Kübel als im Freiland halten lassen, zählen die Orangenblume und die Duftblüte. Beide bringen im Frühjahr wohlriechende, weiße Blüten hervor. Die Orangenblume blüht an milden, geschützten Standorten im Freien sogar oft den ganzen Winter über bis zum Mai. Pflanzen mit bunt gezeichneten Blättern, etwa die Strauchveronika, die weißbunte Lavendelheide oder die gelb getupfte Aukube ‚Crotonifolia', setzen helle Akzente in der überwiegend dunkellaubigen, immergrünen Bepflanzung. Eine farbenfrohe Bereicherung stellen außerdem schattenverträgliche Einjährige dar, die man im Sommer in Töpfen zwischen die größeren Kübel mischt oder zum Unterpflanzen sparrig gewordener Kübelpflanzen nutzt. Klassische und sehr ausdauernde Blütenwunder für absonnige Standorte sind fleißige Lieschen und ihre größeren Schwestern, die Edellieschen (*Impatiens*-Neuguinea-Hybriden), Männertreu (*Lobelia*), Knollen- und Eisbegonien, Stiefmütterchen und Hornveilchen, hängende und aufrechte Fuchsiensorten, die so genannte Schneeflocke (*Bacopa*-Hybride, *Sutera diffusus*) und auch der Duftsteinrich. Die meisten der für den folgenden Entwurf verwendeten immergrünen Kübelpflanzen können in milden Wintern draußen überdauern. Allein bei starken und länger anhaltenden Frösten sollte man die Kübel vor dem Durchfrieren schützen oder sie für die kälteste Zeit einräumen. Voll frosthart sind Buchsbaum, Scheinzypresse, Schirmbambus, Purpurglöckchen, die Japanischen Azaleen, Skimmie und Lebensbaum und in nicht allzu rauen Lagen auch die Hortensien. Um den Pflegeaufwand durch Gießen zu beschränken, pflanzt man diese Gewächse (wenn möglich) aus. Die Kübelpflanzen mischen sich dann ergänzend und begleitend unter die Dauerbepflanzung.

Terrassengestaltung: Mediterrane Inspirationen

Das sonnigste Eckchen vom Garten ist meist für die Terrasse reserviert, um dort an warmen Frühlings- und Sommertagen die Mittagsstunden zu verdösen oder abends, wenn die Arbeit des Tages getan ist, mit Freunden gemütlich plaudernd zu sitzen. Ganz wie im Urlaub eben. Was liegt näher, als sich dort ein kleines Refugium einzurichten, das an die Lieblingsorte des letzten Sommerurlaubs erinnert, an südfranzösische Natursteinhäuser, toskanische Villen oder spanische Fincas. Damit alles möglichst authentisch wirkt, sind Farben und Materialien natürlich besonders wichtig – statt weißer Kunststoffmöbel, die zwar pflegeleicht und praktisch, aber leider wenig inspirierend sind, wählt man besser Gartenmöbel aus Plantagen-Teak oder solche aus Guss oder Eisen. Mit schönen Stoffen bezogene Auflagen und Tischdecken zaubern ganz einfach schöne Stimmungen. Accessoires, die an den Urlaub im Süden erinnern – vielleicht sogar selbst mitgebrachte Keramik, geflochtene Körbe und ganz individuelle Erinnerungsstücke – können zusammen mit einer Schale frischer Früchte, einem Strauß bunter Sommerblumen oder farbigen Glasobjekten zu kleinen Stillleben komponiert werden. Vor allem aber sind es die Kübelpflanzen, die für eine mediterrane Atmosphäre sorgen. Tatsächlich stammen viele der klassischen Kübelpflanzen aus dem Mittelmeergebiet – Lorbeer, Olivenbaum, Brautmyrte und natürlich die wunderschönen Blütenpflanzen wie Oleander, Zistrosen und Mittelmeerschneeball begegnen einem im Süden auf Schritt und Tritt. In ihrer Heimat wachsen viele dieser Gewächse zu stattlichen Sträuchern oder Bäumen heran. Wer hat nicht schon einmal voller Bewunderung vor einem tausendjährigen Olivenbaum mit seinen knorrigen, ausdrucksstarken Ästen gestanden und voller Bewunderung baumhohe Lorbeersträucher angestaunt? Im Kübel erreichen die meisten dieser Pflanzen nur einen Bruchteil dieser Größe. Glücklicherweise, möchte man sagen, denn wenn bei uns der Sommer einem kalten, nassen Winter weicht, müssen die Gäste aus dem Süden in ein geeignetes Winterquartier gebracht werden, wo sie frostfrei bis zur nächsten Saison aushalten müssen. Umso mehr Spaß macht es dann im Frühjahr, sich mit den getopften Schönheiten neue Arrangements auszudenken und sie mit vielen farbenfrohen Einjährigen zu kombinieren! Auf den folgenden Seiten finden Sie zahlreiche fantasievolle Vorschläge, wie Sie Ihre Terrasse (oder auch Ihren Balkon) in eine mediterrane Urlaubslandschaft verwandeln können!

Ein Hauch von Provence

Flirrendes Sonnenlicht, tanzende Schatten auf dem Erdboden und das sprichwörtliche Graublau der alten, hölzernen Fensterläden – typisch Provence eben. Ein stimmiges Ambiente im klassischen südfranzösischen Stil lässt sich auch auf eine sonnige Terrasse nördlich der Alpen zaubern. Wenige, aber charakteristische Zutaten machen jeden Sommertag zu einem echten Urlaubserlebnis. Entspannen und genießen heißt die Devise, wenn man zwischen duftenden Kräutern und zart pastellfarbenen Blüten seinen Café au lait oder ein Gläschen Pastis schlürft und dabei vielleicht

Neben den typischen mediterranen Pflanzen sind es vor allem die Farben der unmittelbaren Umgebung und der warme, rotbraune Terrakottaton der Pflanzgefäße, die für südliches Flair sorgen.

ein gutes Buch liest oder abends zusammen mit Freunden bei Kerzenschein, Käse und Baguette ein Glas Rotwein trinkt. Wie schön, wenn einem dann der Duft des Sternjasmins und der Rosen um die Nase streicht! Heiter, unprätentiös und leicht sollte die Atmosphäre sein, mit einer Spur Eleganz, aber auch etwas ländlich. Helle, mit kleinen Ornamenten oder Blumen gemusterte Stoffe für Sitzkissen und Tischdecke passen daher besser zu dieser Stimmung als breite Streifenmuster in leuchtenden Farben. Auch die Pflanzgefäße ordnen sich diesem Grundthema unter: Neben den klassischen Terrakottatöpfen finden bepflanzte Schüsseln und Körbe Verwendung. Besonders hübsch sieht es aus, wenn nicht nur auf der Terrasse, sondern auch im übrigen Teil des Gartens größere Kübelpflanzen wie in Form geschnittener Buchsbaum und Lorbeer in weiß gestrichenen „Caisses de Versailles" (viereckige, hölzerne Pflanzkübel mit kleinen Füßchen) aufgestellt werden.

Rosen- und Lavendelduft

Dadurch lassen sich Akzente setzen und Blickachsen betonen. Durch die Korrespondenz mit den Pflanzkübeln auf der Terrasse wird so der Blick gleichzeitig auf das Gesamtbild – vielleicht eine formale Anlage mit Buchsbaum, Säulenwacholder und Kieswegen – gezogen. Als typische Provence-Pflanzen gelten Lavendel, Lorbeer, die zartblütigen Zistrosen mit ihrem würzig duftenden, graugrünen Laub, die legendäre Brautmyrte und natürlich Rosen. Die starkwüchsige, weißlich-rosafarbene Kletterrose ‚Mme. Alfred Carrière' ist eine alte, robuste Sorte, die ausdauernd blüht und herrlich duftet. Sie darf an einer Pergola emporranken, wo sie für Sichtschutz und romantische Stimmung sorgt. Die rosa Sorten der Miniaturrosen passen gut in das Ensemble und lassen sich bestens im Topf kultivieren. Obligatorischer Begleiter ist natürlich der aromatische Lavendel. Durch geschickte Wahl lassen sich stark wachsende Sorten wie ‚Grappenhall' neben die Kletterrose platzieren, während kompaktere wie ‚Munstead' neben den Miniaturrosen und Zistrosen bestehen können. Eine Rarität ist der aparte Schopflavendel, der im Winter mehr Schutz braucht als die anderen Lavendelarten und deshalb in einem separaten Topf gezogen wird. Aromatische Kräuter wie Bergbohnenkraut, Rosmarin und Thymian komplettieren das Duftpotpourri. In unserem Beispiel wurden die Zistrosen, der Lavendel und die Kräuter in ein Beet am Rand der Terrasse ausgepflanzt. Man kann die Pflanzen, um sie im Herbst leichter ins Winterquartier umzusiedeln, in Tontöpfen in die Erde eingraben. So können sie sich den Sommer über selbst mit Feuchtigkeit versorgen und im Herbst problemlos aufgenommen werden, ohne dass man dabei die Wurzeln verletzt. Schon im Herbst eingegrabene Zwiebelblüher wie Narzissen und Netziris setzen im Frühjahr farbige Akzente. Auch sie können in Töpfchen oder Drahtkörbchen gesetzt und eingegraben werden, um sie auf diese Weise vor Wühlmausfraß zu schützen. An milden, sonnigen Vorfrühlingstagen kann man es sich, eingewickelt in eine kuschelige Wolldecke, vielleicht schon im Liegestuhl bequem machen und an den zart duftenden, rosaweißen Blüten des immergrünen Mittelmeerschneeballs und des mitten im Winter blühenden Vorfrühlingsschneeballs erfreuen, die mit etwas Glück an geschützten Standorten den ganzen Winter über blühen. Später, wenn keine Nachtfröste mehr drohen, begleiten zahlreiche Töpfe und Ampeln mit Duftpelargonien, Vanilleblume, Petunien, Ziertabak und Hängeverbenen durch den Sommer.

Die bizarren Blütenköpfchen des Schopflavendels (*Lavandula stoechas*) duften genauso wie das graublaue Laub herrlich würzig. Die Pflanze eignet sich gut als kleine Kübelpflanze, da sie so im Winter besser vor starken Frösten in Sicherheit gebracht werden kann.

Ein Hauch von Provence

1 Buchsbaum (*Buxus sempervirens* 'Suffruticosa')
2 Zistrose (*Cistus* 'Grayswood Pink'; zartrosa)
3 Lack-Zistrose (*Cistus ladanifer*; weiß mit rotbraunem Basalfleck)
4 Weißbunter Efeu (*Hedera helix* 'Silbermöve')
5 Vanilleblume, Sonnenwende (*Heliotropium arborescens*)
6 Netziris (*Iris reticulata* 'Cantab'; blau)
7 Echter Lorbeer (*Laurus nobilis*)
8 Lavendel (*Lavandula angustifolia* 'Hidcote Pink'; rosa)
9 Lavendel (*Lavandula angustifolia* 'Munstead'; blau)
10 Schopflavendel (*Lavandula stoechas*; violett)
11 Hoher Lavendel (*Lavandula* x *intermedia* 'Grappenhall', blau)
12 Duftsteinrich (*Lobularia maritima*; weiß)
13 Brautmyrte (*Myrtus communis*)
14 Alpenveilchennarzisse (*Narcissus cyclamineus* 'Quince')
15 Ziertabak (*Nicotiana* x *sanderae* in Weiß, Rot und Zartrosa)
16 Sauerklee (*Oxalis adenophylla*; rosa)
17 Blaue Passionsblume (*Passiflora caerulea*)
18 Duftpelargonie (*Pelargonium crispum* 'Variegatum'; gelbgerandete Blätter, malvenfarbige Blüten, Zitronenduft)
19 Duftpelargonie (*Pelargonium*-Hybride 'Lady Plymouth'; silbergerandete Blätter, lavendelrosa Blüten, Eukalyptusduft)
20 Duftpelargonie (*Pelargonium*-Hybride 'Mabel Grey'; tief eingeschnittene, raue Blätter, purpurfarbene Blüten, Zitronenduft)
21 Efeupelargonie (*Pelargonium*-Peltatum-Hybriden in Rosa und Weiß)
22 Miniatur-Kletterrose (*Rosa* 'Hermosa'; rosa, strauchiger Busch, bis 1 m)
23 Miniaturrose (*Rosa* 'Meillanda', rosa, buschig, bis 40 cm)
24 Kletterrose (*Rosa* 'Mme. Alfred Carrière'; weiß, bis 6 m)
25 Rosmarin (*Rosmarinus officinalis*)
26 Bergbohnenkraut (*Satureja montana*)
27 Zitronenthymian (*Thymus citriodorus*)
28 Sternjasmin (*Trachelospermum jasminoides*)
29 Wildtulpe (*Tulipa humilis* 'Persian Pearl'; purpurfarben mit gelb-blauer Mitte)
30 Hängeverbene (*Verbena*-Hybride 'Cherie'; purpurfarben)
31 Mittelmeerschneeball (*Viburnum tinus*)
32 Vorfrühlingsschneeball (*Viburnum* x *bodnantense* 'Dawn')

Haben sich die Saisonpflanzen dann im Herbst verabschiedet, übernehmen die Immergrünen wie Buchs und der weißbunte Efeu die Gartengestaltung.
Einjährig sind Vanilleblume, Duftsteinrich, Ziertabak, Efeupelargonie und Hängeverbene. Bei Duftpelargonien lohnt sich meistens der Versuch einer frostfreien Überwinterung.
Ohne Winterschutz im Freien überwintern können Buchsbaum, Weißbunter Efeu, Lavendel (bis auf *L. stoechas*), Bergbohnenkraut, Zitronenthymian, die große Kletterrose, der Vorfrühlingsschneeball und in geschützten Lagen der Mittelmeerschneeball. Bei strengen Frösten müssen vor allem die Kübel der Miniaturrosen vor dem Durchfrieren geschützt werden. Die Zwiebelpflanzen sind ebenfalls voll frosthart. Alle anderen Pflanzen müssen frostfrei überwintert werden.

Terrakotta aus der Toskana

Warme, ockerfarbene Erdtöne zusammen mit dem silbrig-grauen Laub von Oliven sind typisch für die Toskana. Schlanke, graugrüne Zypressen wirken wie Ausrufezeichen in der Landschaft, säumen Wege und Pfade und stehen Wächtern gleich neben altem Gemäuer. Klassische Formen in ausgewogenen Proportionen bestimmen das Ambiente. Apricot- bis ockerfarbene Wände, saft- bis olivgrüne Lamellenfensterläden und ein mit Terrakotta gefliester Boden sind die charakteristischen Zutaten, um aus einer einfachen Terrasse ein toskanisches Paradies zu zaubern. Pflanzen in kostbaren Terrakottakübeln, stilvoll arrangiert mit Sitzmöbeln und Accessoires, sorgen für Flair. Ein Hauch von edler Patina auf den Kübeln gibt die besondere Note (wie man neue Pflanzgefäße künstlich patinieren kann, steht auf Seite 21). Ganz typisch für den Süden sind zahlreiche Töpfe, mit denen jeder Treppenabsatz, jede Brüstung zusätzlich geschmückt wird: Spanisches Gänseblümchen (*Erigeron karvinskianus*), Husarenknopf (*Sanvitalia*), Portulakröschen (*Portulaca grandiflora*), aber auch verschiedene Kräuter, darunter das aromatische Basilikum (*Ocimum basilicum*) in verschiedenen Sorten finden hier ein Sommerquartier. Besonders apart: Das Kleinblättrige Basilikum (*Ocimum basilicum* var. *minimum*)

Terrakotta aus der Toskana

1 Zwergpalme (*Chamaerops humilis*)
2 Zitrone (*Citrus limon*)
3 Blaue Mauritius (*Convolvulus sabatius*)
4 Echte Zypresse (*Cupressus sempervirens*)
5 Spanisches Gänseblümchen (*Erigeron karvinskianus*)
6 Echte Feige (*Ficus carica*)
7 Kumquat (*Fortunella margarita*)
8 Kreppmyrte (*Lagerstroemia indica*)
9 Echter Lorbeer (*Laurus nobilis*)
10 Lavendel (*Lavandula angustifolia* 'Richard Gray'; dunkelviolett)
11 Oleander (*Nerium Oleander*)
12 Basilikum (*Ocimum basilicum*)
13 Olivenbaum (*Olea europaea*)
14 Wilder Majoran (*Origanum vulgare*)
15 Harfenstrauch, Weihrauchpflanze (*Plectranthus coleoides*)
16 Bitterorange (*Poncirus trifoliata*)
17 Portulakröschen (*Portulaca grandiflora*)
18 Rosmarin (*Rosmarinus officinalis*)
19 Küchensalbei (*Salvia officinalis*)
20 Husarenknöpfchen (*Sanvitalia procumbens*)
21 Bergbohnenkraut (*Satureja montana*)
22 Tripmadam (*Sedum reflexum*)
23 Kartoffelstrauch (*Solanum rantonnetii*)
24 Thymian (*Thymus vulgaris* 'Compacta'; helllila)

mit winzigen Blättchen und einem gedrungenen, buschigen Wuchs. Hängende Balkonpflanzen wie der Harfenstrauch (*Plectranthus coleoides*) oder die Blaue Mauritius (*Convolvulus sabatius*) lassen die Konturen von Kübeln, Kästen und Töpfen fließender erscheinen. Die Vielfalt der kleinen, eingetopften Begleiter bildet quasi die Begleitmusik für den Auftritt der großen Stars unter den Kübelpflanzen: Zitrusgewächse, Lorbeer, Feige, Kreppmyrte und Zwergpalme gehören zu den Klassikern, aber ein absolutes Muss für einen italienischen Garten ist natürlich der Oleander.

Terracotta d'Impruneta

Nahezu ein Synonym für Terrakotta-Pflanzgefäße und anspruchsvolle Gartenaccessoires aus gebrannter Erde ist das toskanische Städtchen Impruneta, aus dem die schweren, absolut frostfesten Keramiken für Gärten und Balkons in aller Welt stammen. Achten Sie beim Kauf auf das Gütezeichen echter toskanischer Terrakotta, denn die kostbaren Qualitätsprodukte sind nicht überall im Original zu haben! Die gute Qualität und die Langlebigkeit des Materials rechtfertigt den mitunter recht hohen Preis der Pflanzkübel.

Sicher durch den Winter

Wer beim Überwintern der nicht frostharten Kübelpflanzen mit Platzproblemen zu kämpfen hat, kann sich mit einem Trick behelfen: Die Bitterorange (*Poncirus trifoliata*), eine im Herbst das Laub abwerfende, bedornte Verwandte der Zitruspflanzen, ist auch in unseren Breiten bis –8 °C frostfest und kann daher in wintermilden Regionen problemlos im Freien überwintern, sofern man bei Extremfrösten für einen Schutz sorgt. Die auf die großen, duftenden Blüten folgenden Früchte sind leider nicht genießbar, helfen jedoch, die Illusion von einem kleinen Garten Eden vorzugaukeln. Im Weinbauklima können auch die Echte Zypresse, die Echte Feige und die Kreppmyrte gefahrlos ausgepflanzt werden. Bei den selten auftretenden Extremfrösten schützt sie eine Mulchschicht im Wurzelbereich und ein kurzfristiges Einpacken der oberirdischen Teile in Sackleinen oder ähnliches Material.

Einjährig sind Blaue Mauritius, Spanisches Gänseblümchen, Basilikum, Harfenstrauch, Portulakröschen und Husarenknöpfchen. Ohne Winterschutz im Freien überwintern können Lavendel, Wilder Majoran, Küchensalbei, Bergbohnenkraut, Tripmadam, Thymian und an geschützten Standorten Bitterorange, Kreppmyrte, Zypresse und die Echte Feige. Leichte Fröste (kurzfristig bis –5 °C) vertragen Kumquat, Echter Lorbeer, Oleander, Olivenbaum und Rosmarin. Alle anderen Gewächse müssen absolut frostfrei überwintert werden.

Oben: Im Süden wuchert er fast wie Unkraut: Der Klassiker Oleander bevölkert im Sommer unzählige Balkons, Terrassen und auch öffentliche Plätze. Hier die seltene, zart lachsrosa getönte Sorte 'Petite Salmon'.

Links: Bei hochwertiger Terrakotta aus der Toskana wird ein Herkunftsnachweis in den Rand des Gefäßes eingeprägt.

Spanische Impressionen

Das Temperament Spaniens und den südländischen Charme eines Gartens am Mittelmeer fängt man am besten ein, wenn man die charakteristischen Pflanzen aus dieser Region zu sich nach Hause auf die Terrasse holt – die überschäumende Farbenpracht der Bougainvilleen, fruchtig duftende Orangen- und Zitronenbäume, das so genannte Feuer von Granada (*Lampranthus spectabilis*), Palmen und natürlich Geranien in verschiedenen leuchtenden Farben und Wuchsformen. All diese Pflanzen lieben die pralle Sonne und können gar nicht genug Wärme bekommen. Gut ist daher eine geschützte Terrasse mit südwestlicher Ausrichtung geeignet, die mit eleganten, am besten weiß gestrichenen Gartenmöbeln eingerichtet wird. Typische spanische Töpferwaren wie Weinkrüge, bunt glasierte Schalen und Teller, auf denen Zitrusfrüchte arrangiert werden und ein an die Wand gehängter Strohhut oder ein bemalter Fächer können Urlaubserinnerungen wachrufen. Wenn der Standort nicht zu windig ist, sorgen Ampeln und aufgehängte Körbe mit Efeupelargonien (*Pelargonium-Peltatum*-Hybriden) dafür, dass auch die Wände nicht ohne Blumenschmuck bleiben. Auf die leuchtenden Rot- und Rosatöne der Geranien antworten der granatrot blühende Korallenstrauch und die flammend roten Miniaturrosen im Topf, die voller Leidenschaft stecken und zur Steigerung ihrer Eleganz mit Duftsteinrich unterpflanzt werden können.

Leidenschaftliche Kontraste

Ebenfalls als Unterpflanzung eignet sich beim Korallenstrauch das Spanische Gänseblümchen, das mit etwas Glück mit im Kübel überwintert, und der Reiherschnabel, dessen Blüten an diejenigen der Efeupelargonien erinnern, aber noch zierlicher sind. Unter dem Hochstamm-Rosmarin wirkt er besonders schön. Obwohl Rot- und Purpurtöne bei dieser Gestaltung die Farben der Wahl sind, sollen Gelb- und Orangetöne nicht zu kurz kommen. Die Töpfe mit Gazanien in vielen Orange-, Rosa-, Gelb- und Rottönen wirken lebendig und frech, durchbrechen munter den Farbkanon der dunkleren Töne und heitern das gesamte Bild auf.
Etwas kanarisches Flair bringt der Drachenbaum in das Arrangement. Dieses besonders langlebige Agavengewächs wird bei guter Pflege im Kübel kaum höher als 3 m, braucht gut dränierte Erde und sollte vor Regen geschützt werden, da sich in den Blattrosetten ansammelndes Wasser leicht zu Fäulnis führen kann. Überwintert wird der Drachenbaum frostfrei, aber kühl und hell, damit er auch im nächsten Jahr mit seiner markanten Silhouette zum stimmigen Gesamteindruck beiträgt.

Die Mittagsblume (*Lampranthus*), wegen ihrer leuchtenden Farbe auch „Feuer von Granada" genannt, kann gar nicht genug Sonne bekommen. Die ansonsten anspruchslose Pflanze blüht praktisch ganzjährig, wenn sie im Winter hell und frostfrei steht.

Spanische Impressionen

1 Strauchmargerite (*Argyranthemum frutescens*)
2 Bougainvillee (*Bougainvillea glabra* 'Sanderiana'; purpurrot)
3 Zwergpalme (*Chamaerops humilis*)
4 Zitronenbäumchen (*Citrus limon*)
5 Orangenbäumchen (*Citrus sinensis*)
6 Drachenbaum (*Dracaena draco*)
7 Spanisches Gänseblümchen (*Erigeron karvinskianus* 'Profusion')
8 Korallenstrauch (*Erythrina crista-galli*)
Reiherschnabel (*Erodium cheilanthifolium*)
10 Gazanie (*Gazania*-Hybride 'Chansonnette-Serie'; Blüten in Gelb, Orange, Rosa, Rot)
11 Feuer von Granada, Mittagsblume (*Lampranthus spectabilis*; purpurrot)
12 Duftsteinrich (*Lobularia maritima*; weiß)
13 Efeupelargonie (*Pelargonium-Peltatum*-Hybride 'Tornado-Serie'; lilarosa bis weiße, einfache Blüten)
14 Efeupelargonie (*Pelargonium-Peltatum*-Hybride 'Ville de Paris'; Rot- und Rosatöne)
15 Zonalpelargonie (*Pelargonium-Zonale*-Hybride 'Horizon-Serie'; weiße, rosa bis rote Blüten, gedrungener Wuchs)
16 Zonal-Pelargonie (*Pelargonium-Zonale*-Hybride 'Purple Wonder'; kirschrot, gefüllt)
17 Kanarische Dattelpalme (*Phoenix canariensis*)
18 Miniaturrose (*Rosa* 'Baby Crimson'; rot, kräftig buschig, bis 40 cm hoch)
19 Miniaturrose (*Rosa* 'Babyflor'; silbriges Rosa, gefüllt, kleine Dolden, bis 30 cm hoch)
20 Miniatur-Hochstammrose (*Rosa* 'Zwergkönig 78', blutrot, bis 120 cm hoch)
21 Rosmarin-Hochstämmchen (*Rosmarinus officinalis*)

Einjährig sind Duftsteinrich, Reiherschnabel, Spanisches Gänseblümchen, die Pelargonium-Arten, Gazanien und die Margerite, bei der eine Überwinterung wegen des im folgenden Jahr meist sparrigen Wuchses kaum lohnt. Nicht winterhart und daher frostfrei zu überwintern sind Dattelpalme, Zwergpalme, die Zitrusbäumchen, Mittagsblume, Drachenbaum und die Bougainvillee. Etwas Winterschutz benötigen die Miniaturrosen im Topf und der Rosmarin, der nur in milden Lagen winterfest ist.

Das Paradies auf Erden

Viele der bei uns als Kübelpflanzen so beliebten Gewächse wie Olivenbaum, Lorbeer oder Granatapfel sind uralte Kulturpflanzen aus dem Mittelmeerraum. Sie blicken nicht nur auf eine lange Tradition als Nutz- und Zierpflanzen zurück, sondern haben darüber hinaus für viele der alten Kulturen eine weitergehende Bedeutung als Gewächse mit kultischem Charakter. Der Kranz aus Lorbeerblättern, den man im antiken Griechenland den heimkehrenden Helden aufs Haupt setzte, der bei Hochzeiten verschenkte Granatapfel als Symbol der Fruchtbarkeit und natürlich der Wein, der bei keinem Fest, keinem Ritus fehlen durfte, sei es ein wildes Bacchanal oder ein Gottesdienst – all diese Pflanzen verkörpern auch für uns heute, im 21. Jahrhundert, noch etwas Besonderes. Schon im Alten Testament werden an verschiedenen Stellen Pflanzen erwähnt, die in besonderem Bezug zu den Menschen der damaligen Zeit standen. Im Nahen Osten liegt die Heimat vieler Kulturpflanzen, etwa der Wildformen des Brotgetreides, einiger Hülsenfrüchte und Obstbäume. Die Dattelpalme (*Phoenix dactylifera*) und der Olivenbaum (*Olea europaea*) sind bereits seit etwa 4000 v. Chr. bekannt. Im Land der Bibel wurden Weizen, Gerste, Linse, Erbse, Feige, Olive, Johan-

baum, Haselnuss und Heidekraut, die jedoch im Land der Bibel nicht gedeihen und dort ebenso unbekannt waren wie die meisten biblischen Pflanzen hier. Konnte man sich unter Eichen, Lilien und Mohn auch im Abendland noch etwas vorstellen, so waren Erdbeer- und Johannisbrotbaum, Eselsfeige oder Oleander für die damalige Welt nördlich der Alpen noch völlig fremd. Das hat sich heutzutage zum Glück geändert und man findet kaum noch eine Terrasse ohne Oleander, Lorbeer, Myrte oder andere Kübelpflanzen mit biblischer Vergangenheit. Von manchem Gewächs weiß man über seine Herkunft, bei manchen mag man es ahnen, wieder andere überraschen den Laien, wenn er hört, dass diese Pflanzen tatsächlich schon in der Bibel erwähnt wurden.

Dornengestrüpp und fruchtbare Oasen

In dem Gebiet zwischen östlicher Mittelmeerküste und dem Jordantal, zwischen den Hügeln Galiläas und dem Roten Meer im Süden wuchsen in biblischen Zeiten etwa 2600 Arten von Pflanzen. Wandert man von Nord nach Süd, wird das Land immer trockener. Während im Nordwesten am Berg Karmel bei Haifa auch heute noch, oder besser, wieder üppige Weinberge gedeihen und eine mediterrane Flora mit Zistrosen, Lavendel und anderen würzigen Kräutern sowie unzähligen wilden Blumen das Auge verzaubern, wächst auf der Regenschattenseite an den östlichen Hängen Judäas kaum etwas anderes als Dornengestrüpp und einige Dattelpalmen. Erst das Jordantal bis zum

nisbrotbaum, Dattelpalme und die Sykomor-Feige (Eselsfeige) domestiziert. Aus entfernteren Regionen wurden Granatäpfel, Walnuss, Weinrebe, Äpfel, Maulbeere und Pistazie eingeführt. Sei es als Feldfrüchte oder Nahrungsmittel, sei es als Arzneipflanzen oder als Lieferanten für Öle, Harze und Räucherwerk, das Hauptinteresse an den Pflanzen bezog sich meistens auf die zwei Hauptbereiche Ernährung und Religion/Ritus. Insgesamt werden im Alten Testament 110 Pflanzen namentlich erwähnt – einige davon über hundert Mal, andere nur ein einziges Mal. Durch Übersetzungen der Bibel in europäische Sprachen entstand später allerdings bezüglich der Pflanzennamen einige Verwirrung. Anstelle der hier unbekannten Arten wurden von den Übersetzern damals hiesige Pflanzennamen eingesetzt, etwa Buchs-

Oben: Uralte, knorrige Olivenbäume üben seit jeher eine besondere Faszination auf die Menschen aus. Bis ein hierzulande im Kübel gezogenes Olivenbäumchen solch imposante Ausmaße erreicht, dauert es allerdings Jahrzehnte.

Links: Die markanten Akanthusblätter waren Vorbilder der antiken Säulenkapitelle. Ältere Pflanzen begeistern mit vielen kräftigen Blütenkerzen, die lange halten.

Oben rechts: Granatapfelblüten leuchten in flammendem Rot, bevor sich später ledrige Fruchtkapseln bilden, in denen die granatroten, schmackhaften Kerne heranreifen. Bei uns sind meist Ziersorten im Handel, die üppiger blühen, aber keine genießbaren Früchte hervorbringen.

Nordrand des Toten Meeres ist wieder fruchtbar (in Jeremia 12.5 werden die „Dickichte des Jordan" erwähnt). Dort findet man unter anderem dichte Gebüsche aus Oleandersträuchern. Wer einmal aus der kargen judäischen Wüste kommend die Oase von En-Gedi betreten hat, der kann sich vorstellen, welche Eindrücke damals die Vorstellung der Menschen vom Paradies geprägt haben: Sprudelnde Quellen, an Felsen herabstürzende Wasserfälle und schattige Schluchten im ständig warmen Klima ermöglichen an einem von der Außenwelt abgeschirmten Ort eine fast tropische Vegetation, die fast wie ein Garten Eden wirkt. Vögel zwitschern, große Schmetterlinge flattern durch blühende Haine und lassen sich auf duftenden Blumen nieder. Weiden und Kassien, Tamarisken, Lorbeer und Oleander, Lavendel, Wermut und Wilde Malven verzaubern die Sinne.

Durch das Studium der überlieferten Texte sowie die sorgfältige Beobachtung der Natur konnten zahlreiche in der Bibel erwähnte Pflanzen neu identifiziert werden. Ein Team von Landschaftsschützern hat in jüngerer Zeit in Israel, in der Nähe von Lod, einen „Biblischen Landschaftsschutzpark" angelegt, der besichtigt werden kann. In diesem Park, Neot Kedumin, wurden zahlreiche Pflanzen zusammengetragen, um aus einer verwüsteten Ödnis das Bild von einer Landschaft neu zu schaffen, wie sie zu biblischen Zeiten einmal gewesen sein muss. Beim Wandern durch diesen Park entdeckt man zahlreiche Gewächse wieder, die man zuhause vielleicht auf der Terrasse oder dem Balkon im Kübel pflegt. Wenn man sie dort in ihrer ursprünglichen Umgebung sieht, bekommt man eine Ahnung davon, warum Palmen und Olivenbäume, Lorbeer, Zypressen und Myrte noch immer eine solche Faszination auf die Menschen ausüben können. In verschiedenen Botanischen Gärten und einigen Klöstern Europas gibt es inzwischen auch kleine Abteilungen mit „Bibelpflanzen". Eine der schönsten befindet sich im Botanischen Garten der Universität Hamburg im Stadtteil Klein-Flottbek, der 1997 in Zusammenarbeit mit dem Botanischen Garten Jerusalem neu gestaltet wurde. Neben Kübelpflanzen wie Oliven, Palmen und Granatäpfeln findet man dort auch alte Getreidesorten, Kräuter und Nutzpflanzen sowie einjährige Wildblumen aus Israel.

Terrassengestaltung mit Pflanzen aus der Bibel

Wer sich auf der Terrasse oder dem Balkon einen kleinen Garten Eden schaffen möchte, kann dazu auf die wichtigsten Pflanzen aus der Bibel zurückgreifen. Neben den vielen großen Bäumen des Heiligen Landes wie der Libanonzeder, der Tabor-Eiche oder der Terebinthe, die man kaum im Kübel kultivieren wird, gibt es zahlreiche „biblische" Pflanzen, die sich nicht nur hervorragend in Töpfen und Kübeln halten lassen, sondern auch wirklich attraktiv und bereichernd für die Gestaltung sind. Im 5. Buch Mose, Kapitel 8, Vers 7 bis 8 heißt es: „Denn der Herr, dein Gott, führt dich in ein gutes Land, darin Bäche und Brunnen und Seen sind, die an den Bergen und in den Auen fließen. Ein Land, darin Weizen, Gerste, Weinstöcke, Feigenbäume und Granatäpfel wachsen, ein Land, darin es Ölbäume und Honig gibt." Der Auslegung nach bezeichnet Honig in diesem Fall die Früchte der Dattelpalme. Von diesen sieben Pflanzenarten, mit denen das Land gesegnet wurde, sind alle, bis auf zwei ausgesprochene Nutzpflanzen, nämlich Weizen (*Triticum durum*) und Gerste (*Hordeum vulgare*), die man sich wohl kaum als Kübelpflanzen auf den Balkon oder die

Terrasse holen möchte, für die Topfkultur geeignet. Den echten Wein kann man sogar auspflanzen, denn es gibt zahlreiche Sorten, die auch in relativ rauen Lagen noch gedeihen und Früchte hervorbringen.

Blüten und Früchte wie am Hofe Salomons

Im Weinbauklima sind Feigenbäume ebenfalls winterhart und können ausgepflanzt beachtliche Ausmaße erreichen. Wer sie im Kübel hält, kann den Wuchs durch regelmäßigen Rückschnitt von Krone und Wurzelbereich im Zaum halten und dennoch Früchte ernten. Die echte Dattelpalme wird für die Kultur im Kübel schnell zu groß, daher sollte man sich überlegen, ob man

Das Paradies auf Erden

1 Bärenklau (*Acanthus hungaricus*, syn. *A. balcanicus*)
2 Wermut (*Artemisia absinthium*)
3 Johannisbrotbaum (*Ceratonia siliqua*)
4 Zistrose (*Cistus creticus*)
5 Safran, Herbstkrokus (*Crocus sativus*)
6 Kugeldistel (*Echinops ritro*)
7 Echte Feige (*Ficus carica*)
8 Ginster (*Genista lydia*)
9 Ysop (*Hyssopus officinalis*)
10 Echter Lorbeer (*Laurus nobilis*)
11 Madonnenlilie (*Lilium candidum*)
12 Apfelbaum (*Malus sylvestris*)
13 Wilde Malve (*Malva sylvestris*)
14 Maulbeerbaum (*Morus nigra*)
15 Brautmyrte (*Myrtus communis*)
16 Oleander (*Nerium oleander*)
17 Olivenbaum (*Olea europaea*)
18 Dattelpalme (*Phoenix dactylofera*)
19 Granatapfel (*Punica granatum*)
20 Rose (*Rosa macrantha*)
21 Mittelmeerschneeball (*Viburnum tinus*)
22 Wein (*Vitis vinifera*)

nicht besser auf die Kanarische Dattelpalme ausweicht, die darüber hinaus auch leichter im Handel zu bekommen ist. Unverzichtbar dagegen sind der Echte Lorbeer, die Myrte, der Olivenbaum und der Granatapfel. Für den Blumenschmuck sorgen Zistrosen, Oleander, die echte Rose und die Madonnenlilie. Statt der im Nahen Osten heimischen Phönizischen Rose (*Rosa phoenicia*) wurde für unser Beispiel eine im Aussehen sehr ähnliche, leichter im Handel erhältliche Rose, nämlich *Rosa macrantha* gewählt. Einfacher als die rein weiße Madonnenlilie lassen sich übrigens die in unzähligen Sorten im Handel angebotenen Asia-Lilien-Hybriden im Topf kultivieren. Im Herbst, zum Abschluss der Saison, zeigt der Echte Safran seine schmucken Blüten. Die Zwiebeln dieser kostbaren, winterharten Rarität sollte man dafür aber rechtzeitig in die Erde gesetzt haben. Bevor die ersten Nachtfröste kommen, räumt man besonders empfindliche Pflanzen wie den Johannisbrotbaum und die Palmen ein. Etwas Frost vertragen Zistrose, Feige, Lorbeer, Maulbeerbaum, Brautmyrte, Oleander, Olivenbaum, Granatapfel und Mittelmeerschneeball. Alle anderen Arten können, wenn man sie in rauen Lagen mit einem Winterschutz versieht, im Freien überwintern.

Kübelpflanzen mit asiatischem Flair

Die Länder des Fernen Ostens sind uns in den vergangenen Jahren immer näher gekommen, seit es so leicht ist, mit dem Flugzeug innerhalb weniger Stunden um die halbe Welt zu reisen. Manch einer entdeckt auf seiner Fahrt in den Osten den Zauber, den sich im Wind wiegender Bambus auf das Gemüt ausüben kann. Immer wirkt er leicht und heiter und obwohl ein Bambusgebüsch dicht und undurchdringlich sein kann, macht es eher den Eindruck, als könnte man die schlanken Halme mit einer Handbewegung beiseite schieben. Auch wenn es sich eigentlich nur um ein Gras handelt, verkörpert Bambus dennoch eine ganz eigene Philosophie – man pflanzt ihn nicht nur zur Zierde an, er wird in seinen Heimatländern auch zur Ernährung, für Gebrauchsgegenstände und sogar als Baumaterial verwendet. Viele Arten und Sorten sind bekannt, vom zwergwüchsigen *Sasa pygmaea*, dessen Halme kaum 10 cm hoch werden und der auch als Rasenersatz gepflanzt wird über die mittelhohen Arten, etwa den weit verbreiteten Gartenbambus *Fargesia murielae*, bis hin zu solchen Riesen wie *Phyllostachys flexuosa*, die eine Höhe von 10 m erreichen können. Im Kübel werden die meisten Arten in der Regel nicht so monströs, ihr Ausbreitungsdrang in die Breite ist jedoch enorm. Unterirdische Ausläufer schieben sich in alle Richtungen vor, nutzen jeden Spalt, um hindurchzuwachsen und können sich sogar durch Folien und leichte Kunststofftöpfe bohren. Daher sollte man bei Ausläufer bildenden Arten darauf achten, Pflanzgefäße mit starken Seitenwänden zu wählen und in Gruppenpflanzungen nur solche Bambusarten integrieren, die horstig bleiben, damit man lange Freude an seinem privaten Bambushain hat.

Links: Besonders schön sehen Bambusarten wie *Hibanobambusa tranquillans* 'Shiroshima' mit weißbunt panaschierten Blättern aus. Da diese Arten meistens nicht so winterhart wie die grünblättrigen sind, eignen sie sich gut für große Kübel, die frostfrei überwintert werden.

Unten: Die je nach Art periodisch auftretenden Bambusblüten sehen nicht besonders attraktiv aus und sind ein deutliches Zeichen dafür, dass die blühende Pflanze bald abstirbt. Kaufen Sie daher nur solche Pflanzen, von denen der Händler sicher weiß, dass sie in den nächsten Jahren nicht blühen werden.

Bambusarten für Balkon und Terrasse

In der nachfolgenden Tabelle werden Arten vorgeschlagen, die in normalen Wintern frosthart sind, wobei allerdings an exponierten Standorten (z. B. windige Ecken oder ungeschützte Balkone) die Kübel

Bambusarten, die sich für Kübel eignen

Art	Wuchshöhe	Halme	Eigenschaften
Gartenbambus (*Fargesia murielae*)	2 bis 4 m	erst weißlich bemehlte, später gelbgrüne Triebe, lanzettliche, leuchtend grüne Blätter	wächst horstig ohne Ausläufer; Triebe seitlich verzweigt; sehr winterfest
Schirmbambus (*Fargesia nitida*)	2 bis 4 m	erst weißlich bemehlte, später purpurfarbene Triebe, kleine, dunkelgrüne Blätter, graziler Habitus	leicht überhängender Wuchs; sehr frosthart; eher für halbschattige als für sonnige Standorte
Goldrohrbambus (*Phyllostachys aurea*)	2 bis 4 m	grüne Triebe, schmal lanzettliche, gelblich bis goldgrüne Blätter	frosthart, braucht aber leichten Winterschutz; Ausläufer treibend
Unrund, Gelbfurchenbambus (*Phyllostachys aureosulcata*)	2 bis 5 m	raue, bräunlichgrüne Triebe mit gelben Rinnen, mittelgrüne, lanzettliche Blätter	sehr frosthart; Ausläufer bildend; lockerer Wuchs; die Sorte ‚Spectabilis' hat dicke, gelbe Triebe mit grünen Rinnen
Schwarzrohrbambus (*Phyllostachys nigra*)	2 bis 5 m	schlanke, erst grüne, im Alter glänzend schwarze Triebe; zahlreiche lanzettliche, dunkelgrüne Blätter	sehr frosthart; kaum Ausläufer treibend
Dicht-Buschbambus (*Pleioblastus chino*)	0,5 bis 2 m	grüne bis rötlich schimmernde Triebe mit mittelgrünen Blättern	sehr frosthart; Ausläufer treibend; verträgt Rückschnitt
Zwerg-Buschbambus (*Pleioblastus pygmaeus*)	0,4 bis 0,5 m	mittelpurpur, oben abgeflachte Triebe mit prupurfarbener Spitze; lanzettliche, mittelgrüne, behaarte Blätter	sehr frosthart; dichte, kleine Gebüsche bildend; die Unterart *P. p.* var. *distichus* hat unbehaarte Blätter und wird bis 1 m hoch
Buschbambus (*Pleioblastus variegatus*)	0,75 bis 1 m	grüne bis rötlichgrüne Triebe, dunkelgrüne, weiß gestreifte, behaarte Blätter	sehr frosthart; dicht wachsend
Pfeilbambus (*Pseudosasa japonica*)	2 bis 3 m	erst olivgrüne, später blassbeigefarbene Triebe; lange und breite, dunkelgrüne Blätter mit gelber Rippe	sehr frosthart; Ausläufer treibend, straff aufrechter Wuchs
Farnbambus (*Sasa disticha*)	0,2 m	grüne Triebe, farnähnliches Laub	sehr frosthart; niedriger Wuchs, z. B. als Unterpflanzung in größeren Kübeln
Waldbambus, Palmwedelbambus (*Sasa palmata*)	2 m	grüne Halme, breites Laub mit markanten Blattnerven	sehr frosthart; üppige Büsche; passt auch gut zu Wassermotiven
Kleinblättriger Bambus (*Thamnocalamus microphyllus*)	3 m	grüne Triebe mit feinblättrigem Laub	frosthart, braucht aber leichten Winterschutz; schön als Solitär im Kübel
Thamnocalamus tesselata	2 bis 4 m	in der Sonne rot leuchtende Halme, blaugrüne, lange Blätter	frosthart, braucht aber leichten Winterschutz; schön als Solitär im Kübel

mit einer isolierenden Ummantelung aus Stroh und Sackleinen und einer Mulchschicht vor dem Durchfrieren geschützt werden sollten. Wenn man bereit ist, die Bambuskübel im Winter an einen hellen, temperierten Ort zu schleppen oder gar über einen beheizten Wintergarten verfügt, ist die Auswahl an Arten und Sorten um ein Vielfaches größer. Dann kann man auch so aparte Sorten wie *Bambusa tuldoides* ‚Ventricosa' „Buddha's Belly" pflanzen, dessen einzelne Stängelelemente (Internodien) wie der Bauch einer asiatischen Buddhastatue aufgebläht sind. Manche Bambusarten (*Fargesia murielae, Pseudosasa japonica*) haben in den vergangenen Jahren geblüht. Das Phänomen der Bambusblüte tritt bei jeder Art nur einmal etwa alle hundert Jahre auf, aber alle Exemplare einer Art blühen dann zur gleichen Zeit. Die Blüte erstreckt sich über einen Zeitraum von einigen Monaten, bei manchen Pflanzen etwas zeitversetzt um wenige Jahre. In der Regel sterben die Pflanzen nach der Blüte ab. Fragen Sie daher beim Kauf einer Bambuspflanze nach, ob die betreffende Art in den kommenden Jahren blühen wird oder ob sie,

Rechts: Die reizvollen Palmfarne, die trotz ihres Namens weder mit den Palmen noch mit den Farnen verwandt sind, gehören zu einer der ältesten Pflanzengruppen der Erde. Sie gedeihen gut in Kübeln und brauchen einen geschützten, hellen, luftfeuchten Standort. Man überwintert sie hell bei 15 bis 18 °C.

Unten: Besonders attraktive Blüten hat die Passionsblume *Passiflora incarnata*. Sie ist nicht ganz so starkwüchsig wie ihre Schwester, die Blaue Passionsblume, und verträgt leichte Fröste.

wie bei vielen *Fargesia-murielae*-Exemplaren, aus Samen von Exemplaren gezogen wurden, die bereits geblüht haben und erst in etwa hundert Jahren wieder blühen werden. Bambuspflanzen sind recht teuer und es wäre schade, wenn Ihnen die ansonsten sehr robusten und langlebigen Gewächse nur kurze Zeit Freude bereiten würden!

Ein Bambushain im Kübel

Ganz leicht und heiter wirkt Bambus, wenn der Wind in den hellgrünen, lanzettförmigen Blättern spielt. Die langen Halme auch der höheren Arten sind dabei sehr standfest und bilden einen lichten Sichtschutz. Die meisten Arten sind sehr pflegeleicht, brauchen nur regelmäßig gegossen und selten gedüngt zu werden. Am besten pflanzt man sie in relativ große Kübel mit Einheitserde, der man etwas Langzeitdünger beimischt. Eine Dränageschicht aus Blähton oder zerschlagenen Blumentöpfen sorgt dafür, dass sie keine nassen Füße bekommen, was sie nämlich überhaupt nicht mögen. Die immergrünen Gräser brauchen allerdings auch im Winter gelegentliche Wassergaben, da sie ganzjährig Wasser verdunsten. Frostfeste Arten können an geschützten Standorten im Freien überwintern, wobei starke Fröste manchmal zum Zurückfrieren der oberirdischen Teile führen können. Im Frühjahr wird dann zurückgeschnitten, was trocken geworden ist. Die Pflanzen treiben aus dem Wurzelwerk bald wieder aus.

Unterschiedliche Arten immergrüner Bambusgräser mit verschiedenen Wuchsformen und Blattgrößen wirken schon ohne Begleiter abwechslungsreich und interessant. Einige blühende Kübelpflanzen oder solche mit aparten Blättern können die Wirkung jedoch noch steigern. Im Halbschatten fühlen sich die Aukube mit den goldgelb gesprenkelten Blättern und der Palmfarn am wohlsten. Dort, wo es am schattigsten ist, haben noch einige Töpfe mit verschiedenen Funkien Platz. Viel Sonne dagegen vertragen Hibiskus, Hanfpalme und die Passionsblume. Letztere kann man, sofern man sie in einen separaten Topf pflanzt, damit sie nicht mit dem Bambus in Konkurrenz um Wasser und Nährstoffe treten muss, in den Bambus hineinranken lassen.

Ein Bambushain im Kübel

1 Schlafbaum (*Albizia julibrissim*)
2 Aukube (*Aucuba japonica* 'Crotonifolia')
3 Japanischer Palmfarn (*Cycas revoluta*)
4 Zyperngras (*Cyperus longus*)
5 Schirmbambus (*Fargesia nitida*)
6 Hibiskus (*Hibiscus rosa-sinensis*)
7 Tannenwedel (*Hippuris vulgaris*)
8 Mittelgroße Blaublattfunkie (*Hosta sieboldiana* 'Elegans')
9 Kleine Funkie (*Hosta sieboldii* 'Snowflakes')
10 Mittelgroße Weißrandfunkie (*Hosta*-Hybride 'Shade Fanfare')
11 Japanische Sumpfschwertlilie (*Iris laevigata* 'Variegata')
12 Zwergseerose (*Nymphaea* x *helvola*)
13 Passionsblume (*Passiflora incarnata*)
14 Schwarzrohrbambus (*Phyllostachys nigra*)
15 Wassersalat (*Pistia stratiodes*)
16 Zwerg-Buschbambus (*Pleioblastus pygmaeus*)
17 Waldbambus (*Sasa palmata*)
18 Kleinblättriger Bambus (*Thamnocalamus microphyllus*)
19 Sternjasmin (*Trachelospermum jasminoides*)
20 Hanfpalme (*Trachycarpus fortunei*)

Ein Wassermotiv steigert das asiatische Flair

An heißen Sommertagen erfrischt ein Miniaturteich mit einigen dekorativen Gewächsen wie Japanischer Wasserschwertlilie, Zwergseerose, Tannenwedel und Zyperngras die Luft am Sitzplatz. Der Wassersalat, der zwar „Salat" heißt, aber nicht essbar ist, bildet hübsche kleine Rosetten, die frei an der Wasseroberfläche schwimmen. Besonders schön wirken die leuchtend blau glasierten, asiatischen Tonkübel als Miniaturteiche, die es in vielen verschiedenen Größen im Handel gibt. Sie sind zudem standfest und frosthart, sofern sie das entsprechende Siegel (meist im Innenrand eingeprägt) tragen. Das nicht frostharte Zyperngras und der Wassersalat müssen im Winter in ein Becken im Haus umziehen. Die Seerose verträgt nur schwache Fröste und sollte zur Sicherheit auch kühl, aber frostfrei überwintert werden. Tannenwedel und Iris sind frosthart, allerdings sollte man sehr kleine Kübel bei starken Frösten lieber einige Tage einräumen, um sie vor dem Durchfrieren zu schützen. Aber noch ist es Sommer und solange die Saison dauert, gibt es immer wieder Gelegenheiten, neue Stimmungen zu schaffen. Bunte Batiktücher, die man gegen zu starke Sonnenstrahlen zu einem Baldachin aufspannt, bemalte Papierschirme oder Papiergirlanden mit bunten Fischen zaubern eine heitere, tropische Stimmung rund um den Sitzplatz auf der Terrasse und lassen sich auch ohne viel Mühe für nur wenige Stunden arrangieren. Abends sorgen zahlreiche Teelichter oder kleine elektrische Lichterketten für den Außenbereich dafür, dass man nicht im Dunkeln sitzt. Ein paar Räucherstäbchen, ersatzweise auch Duftkerzen, vertreiben die Mücken und zaubern, zusammen mit dem betörenden Duft des Sternjasmins, asiatisches Flair herbei.

Blüten für die Herbstsaison

Wenn die Hitze des Sommers langsam weicht und die feuchte Herbstluft alle Farben samtig macht, gewähren dichte, goldgelbe, kupferfarbene und rote Chrysanthemenbüsche in Kübeln dem Arrangement noch einmal ein spektakuläres Comeback. So kann man trotz der langsam sinkenden Tagestemperaturen noch die einen oder anderen schönen Mittagsstunden auf der Terrasse verbringen, bevor man sich für den Winter von dem lauschigen Plätzchen verabschiedet. Nicht frostfeste grüne Begleiter ziehen in dieser Zeit, wo die Nachttemperaturen unter 10 °C sinken und die ersten Nachtfröste drohen, in ihr Winterquartier um. Da viele andere der verwendeten Pflanzen, besonders aber die Bambusarten immergrün sind, kann man auch an grauen Wintertagen bei einem Blick durch die Fenster vom sanften Rascheln der Bambusrohre im lauen Sommerwind träumen ...
Alle Pflanzen dieses Arrangements sind mehrjährig und können je nach Geschmack durch bunte Einjährige beliebig ergänzt werden. Nicht winterhart sind Palmfarn, Zyperngras, Hibiskus, Sternjasmin und Wassersalat. Die Passionsblume, die Hanfpalme, die Zwergseerose und der Schlafbaum sind in milden Lagen bedingt winterhart; um kein Risiko einzugehen, sollte man sie aber frostfrei überwintern. In normalen Lagen völlig frosthart sind *Thamnocalamus*, Aukube und die Funkien. Bei starken Frösten ist jedoch ein Winterschutz angebracht, damit die Kübel nicht durchfrieren. Eine obenauf gepackte Mulchschicht schützt zusätzlich. Alle übrigen Bambusarten sind in normalen Wintern völlig frosthart, ebenso der Tannenwedel und die Wasserschwertlilie.

Zarte Blüten im Halbschatten

Es muss nicht immer pralle Sonne sein, damit Blüten sprießen. Auch halbschattige Standorte haben ihre Vorzüge und bieten beste Voraussetzungen für interessante, kontrastreiche Bepflanzungen. Dieses Arrangement vertraut weniger der Wirkung üppiger Blütenpracht, sondern setzt vor allem auf die Ausstrahlung der verschiedenen Blattstrukturen und -farben. Einzelne Blütenpflanzen setzen, je nach Saison, zusätzliche Akzente. Durch die frühe Blütezeit des Winterjasmins und der Kamelien, die oft schon Ende Februar ihre Knospen öffnen, beginnt das Jahr auf der Terrasse mit einem großartigen Auftakt. Mit etwas Glück geht die Blütensaison nahtlos mit der weißbunt beblätterten Lavendelheide und den immergrünen Japanischen Azaleen weiter. Die recht spät austreibenden Funkien können, da sie in relativ kleinen Kübeln wachsen, problemlos aus dem Hintergrund nach vorne gerückt werden, wenn sie an Attraktivität gewonnen haben. Für Funkienfans immer wieder faszinierend ist der Moment des Austriebs, wenn sich innerhalb weniger Tage die frischgrünen Triebe voller Entfaltungsdrang aus der Erde schieben und langsam zu perfekt geformten Blättern entrollen.

Hortensien im Kübel

Fast gleichzeitig setzen die Hortensien Blüten an, die eigentlich nur farbige Hochblätter sind. Die eigentlichen Blüten sitzen unscheinbar in der Mitte jedes kleinen Röschens. Bei leicht saurem Pflanzsubstrat

Die immergrünen Japanischen Azaleen (*Rhododendron-obtusum*-Hybriden) blühen im Frühjahr oft so reich, dass man kaum noch die Blätter der Pflanzen sieht.

werden die Blüten blau, sonst bleiben sie rosa. Im Gartenfachhandel gibt es speziell für Hortensien ein Düngepräparat auf Aluminiumsulfat-Basis, das für blaue Blüten sorgt. Dort, wo die Terrasse am sonnigsten ist, finden Schönmalve und Klebsame ihren Standort. Sie sehen auch als Solitärpflanzen gut aus und brauchen keine Begleiter im Hintergrund. Wählt man dazu noch besonders schöne Kübel, dann stellen sie einen echten Hingucker dar. Holz passt sehr gut zu diesem Ensemble, da die gesamte Gestaltung etwas asiatisch inspiriert ist. Teakholz aus Plantagenwirtschaft oder ein anderes witterungsbeständiges Holz eignet sich sowohl für die Möbel als auch für den Fußboden, der aus einer Beplankung oder aus Lattenrosten bestehen kann.

Zarte Blüten im Halbschatten

1 Schönmalve (*Abutilon*-Hybride)
2 Aukube (*Aukuba japonica*)
3 Kamelie (*Camellia japonica* 'Charles Cobb'; gefüllte, rote Blüten)
4 Kamelie (*Camellia japonica* 'Dr. Burnside'; halbgefüllte, rote Blüten)
5 Kamelie (*Camellia japonica* 'Hagoromo'; magnolienförmige, zartrosa Blüten)
6 Schirmbambus (*Fargesia nitida*)
7 Lanzenfunkie (*Hosta lancifolia*)
8 Schneefederfunkie (*Hosta undulata* 'Albo-marginata')
9 Große Weißrandfunkie (*Hosta x fortunei* 'Patriot')
10 Hortensie (*Hydrangea macrophylla*)
11 Winterjasmin (*Jasminum nudiflorum*)
12 Lavendelheide (*Pieris japonica* 'Little Heath')
13 Klebsame (*Pittosporum tobira* 'Variegatum')
14 Lorbeerkirsche (*Prunus laurocerasus*)
15 Japanische Azalee (*Rhododendron-obtusum*-Hybride 'Eisprinzessin'; weiß)
16 Japanische Azalee (*Rhododendron-obtusum*-Hybride 'Rosinetta'; rosa)
17 Japanische Azalee (*Rhododendron-obtusum*-Hybride 'Königstein'; purpurviolett)
18 Skimmie (*Skimmia japonica*)
19 Sternjasmin (*Trachelospermum jasminoides*)

Nach Geschmack und Belieben können schattenverträgliche Sommerblumen wie Edellieschen (*Impatiens*-Neuguinea-Hybriden), Knollenbegonien (*Begonia* x *tuberhybrida*), Fuchsien (*Fuchsia*-Hybriden), Männertreu (*Lobelia erinus*) oder Schneeflocke (*Bacopa*-Hybriden, *Sutera diffusus*) die Terrasse zusätzlich beleben. Diese Gestaltung mit zahlreichen immergrünen Gewächsen wie Kamelien, Bambus, Aukube, Lavendelheide, Japanischen Azaleen, Lorbeerkirsche und Skimmie hat neben der interessanten Strukturwirkung der Blätter den großen Vorteil, dass die meisten dieser Kübelpflanzen ganzjährig auf der Terrasse verbleiben können. Bei Lorbeerkirsche und Aukube kann man in milden Regionen auf die Kübelkultur verzichten und sie auspflanzen. Nur in Gegenden mit sehr kalten Wintern sollte man die erwähnten immergrünen Kübelpflanzen für die kältesten Tage dieser Jahreszeit einräumen, damit sie keinen Schaden nehmen.

Prärie und Steppe – Gestaltungsideen für besonders trockene Standorte

Damit es auf der Terrasse üppig grünt und blüht, brauchen die Pflanzen Wasser. Kübelpflanzen können sich nicht selbst mit diesem lebensnotwendigen Gut versorgen. Deshalb muss im Sommer so manche Kanne Wasser geschleppt werden, was das Kreuz ziemlich strapazieren kann. Manche der Kübelpflanzen sind wahre Schluckspechte, andere dagegen eher genügsam. Wer eine vollsonnige Terrasse sein eigen nennt, ist gut beraten, sich bei den Gedanken über die Bepflanzung auch vom Aspekt der Pflegeleichtigkeit lenken zu lassen. Als Vorbild kann man sich trockene Standorte in der Natur wählen, etwa Steppengebiete und niederschlagsarme Zonen, in denen die Sonneneinstrahlung aber konstant hoch ist. Aus den ariden Zonen von Ländern wie Mexiko oder Spanien, Wüsten und Halbwüsten wie dem Negev, der Namib oder der Sahara stammen einige schöne, an Trockenheit angepasste Pflanzen, die sich gut für die Kultur im Kübel eignen.

Diese Pflanzen haben sich darauf eingestellt, entweder mit wenig Wasser über die Runden zu kommen oder gelegentlich längere Trockenphasen zu überdauern, ohne dabei Schaden zu nehmen.

Clevere Sonnenkinder

Manchen Gewächsen sieht man ihre Genügsamkeit geradezu an – sie haben kleine, harte, von einer Wachsschicht oder von flaumigen Härchen überzogene Blätter oder können in dickfleischigen, sukkulenten Blättern Wasser über längere Zeit speichern. Typische Vertreter dieser Richtung sind die Palmlilien (*Yucca*), der Olivenbaum, Zistrosen und die sukkulenten Agaven. Andere wirken eigentlich ganz normal, grünen, blühen und erfreuen das Herz des Hobbygärtners, haben aber eine erstaunliche Ausdauer, wenn man sie einmal vergisst zu gießen. Dazu gehören zum Beispiel die Feige, die sich auf geringere Wassergaben mit schwächerem Wachstum einstellt und die Schmucklilien, die zwar empfänglich für reichliche Wassergaben sind, aber für Trockenzeiten in ihren dicken Wurzeln Wasser speichern können. Auch der Klebsame (*Pittosporum*) und die Prinzessinnenblume (*Tibouchina*) sind recht genügsam, was man ihnen nicht unbedingt ansieht. Solche wenig nachtragenden Kübelpflanzen sind ideal, um sehr sonnige, daher oft recht trockene Terrassen zu schmücken.

Siesta mexicana: Einfach mal abschalten und in der Hängematte dösen!

Wie wäre es, einfach einmal die Seele über Mittag baumeln zu lassen, bevor es weiter geht mit der Arbeit? An warmen Sommertagen sollte man sich an den Gepflogenheiten

Heiße, sonnige Standorte sind ideal für solche Sonnenkinder wie die Agaven. Besonders hübsch sind Sorten mit hell gestreiften Blättern.

Siesta mexicana

1 Agave (*Agave americana*)
2 Gelbbunte Agave (*Agave americana* 'Marginata')
3 Engelstrompete (*Brugmansia*-Hybride 'Exotica Pink'; weiß/rosa)
4 Engelstrompete (*Brugmansia*-Hybride 'Goldrausch'; zartgelb)
5 Gewürzrinde (*Cassia corymbosa*)
6 Roter Hammerstrauch (*Cestrum elegans*)
7 Zigarettenblümchen (*Cuphea ignea*)
8 Monterey-Zypresse (*Cupressus macrocarpa*)
9 Gelbes Gänseblümchen (*Dyssodia tenuiloba*, syn. *Chrysanthemum tenuiloba*)
10 Schönranke (*Eccremocarpus scaber*)
11 Spanisches Gänseblümchen (*Erigeron karvinskianus* 'Profusion')
12 Wolfsmilch (*Euphorbia characias* ssp. *wulfenii*)
13 Walzenwolfsmilch (*Euphorbia myrsinitis*)
14 Aufrechte Wolfsmilch (*Euphorbia rigida*)
15 Flanellstrauch (*Fremontodendron californicum*)
16 Feigenkaktus (*Opuntia phaeacantha*)
17 Portulakröschen (*Portulaca grandiflora* 'Calypso'-Serie; Mischung strahlender Farben)
18 Husarenknöpfchen, Mexikanisches Goldrandblümchen (*Sanvitalia procumbens*)
19 Stundentenblume (*Tagetes-Patula*-Hybriden 'Disco Orange'; orange)
20 Studentenblume (*Tagetes-Tenuifolia*-Hybriden 'Lulu'; braunrot/orange)
21 Priesterpalme (*Washingtonia filifera*)
22 Palmlilie (*Yucca filamentosa*)
23 Palmlilie (*Yucca flaccida* 'Golden Sword')
24 Spanischer Dolch (*Yucca gloriosa* 'Nobilis')

Rechts oben: Der Feigenkaktus *Opuntia phaeacantha* ist relativ frosthart, vorausgesetzt, er steht in gut durchlässiger Erde.

Rechts unten: Ausgepflanzte Palmlilien (*Yucca*) brauchen in sehr kalten Wintern etwas Frostschutz. Wichtig ist vor allem eine gute Dränage, damit die Pflanzen nicht faulen.

der Bewohner heißer Länder ein Beispiel nehmen. Sie schließen einfach gegen Mittag die Ladentür, klappen den Laptop zu und treten auf die Bremse. Statt zu schwitzen, wird in aller Ruhe ein kleines Mittagessen verzehrt, ausgiebig geplaudert und gern auch ein Stündchen gedöst. Erst gegen vier Uhr nachmittags, wenn die größte Hitze des Tages vorbei ist, geht es weiter im Text, um dann am Abend wieder fröhlich auf Terrasse oder Veranda zusammenzusitzen, bis die Nachtluft kühler wird.
Eine nach Süden oder Südwesten ausgerichtete sonnige Terrasse oder ein Atriumgarten, der die Sonne einfängt, bieten die ideale Ausgangssituation für ein mexikanisch inspiriertes Ruhefleckchen. Passend zum Thema dekoriert man mit leichten, geflochtenen Gartenmöbeln oder knallbunten Holzstühlen, Töpferwaren und natürlich einer Hängematte. Wer Kakteen auf der Fensterbank hat, lässt sie am besten den Sommer über nach draußen umziehen, (siehe dazu auch Seite 94, „Sommergäste – Gestalten mit Zimmerpflanzen, die im Sommer nach draußen umziehen“). Wird es um die Mittagszeit zu sonnig, spenden eine Markise oder ein Sonnenschirm Schatten. Besonders schön ist so ein Sitzplatz, wenn er abends auch beleuchtet werden kann. Neben Windlichtern bieten sich dafür in den Boden gesteckte Gartenfackeln an.

Begleitpflanzen am Terrassenrand

Die Bepflanzung des Beetes am Rand der Terrasse ist so gestaltet, dass sie fast ohne Pflege auskommt und auch extreme Trockenphasen nahezu unbeschadet übersteht. Eine Schicht mittelgroben Kieses simuliert nicht nur ein wüstenartiges Ambiente und unterdrückt das Aufkommen von Unkräutern, sondern wirkt auch wie eine Mulchschicht und verhindert, dass zu viel Feuchtigkeit aus dem Boden verdunstet. So genannte Kiesgärten kommen daher vor allem in klimatisch problematischen Regionen, wo es wenig regnet, immer mehr in Mode. Begleitet wird die karge, aber sehr reizvolle Flora von verschiedenen Kübelpflanzen mittelamerikanischer Herkunft, von denen die meisten ziemlich wenig Wasser zum Gedeihen brauchen. Allein die für eine mittelamerikanische Stimmung so wichtigen typischen Engelstrompeten sind sehr durstig und brauchen auch reichlich Nährstoffe, damit sie ihre unglaublich üppigen Blüten entfalten. Die Gewürzrinde ist weniger anspruchsvoll, sollte aber nie ganz austrocknen. Wer also keine Zeit oder Lust hat, diese durstigen Gesellen ständig zu gießen, verzichtet lieber auf sie, denn zu schade wäre es, wenn man sich von den Pflanzen gegängelt und unter Druck gesetzt fühlte.

Staunässe vermeiden

Bei allen für diese Gestaltung verwendeten Kübelpflanzen sollte auf jeden Fall eine gute Dränage aus Blähton oder alten, zerschlagenen Tontöpfen am Gefäßboden dafür sorgen, dass sich (zum Beispiel bei längeren Regenperioden) keine Staunässe im Topf bildet. Erstaunlicherweise vertragen die meisten

mexikanischen Gewächse nicht nur brandheiße Sommertage mit viel Trockenheit, sondern auch leichte Fröste. Priesterpalme, Flanellstrauch, Monterey-Zypresse und die Gewürzrinde brauchen erst relativ spät den Weg ins Winterquartier anzutreten. Voll frosthart sind *Yucca filamentosa* und *Yucca flaccida*, ebenso der Feigenkaktus. Sie können deshalb ausgepflanzt überwintern und bekommen nur bei Extremfrösten vorübergehend einen Winterschutz in Form eines Mäntelchens aus Sackleinen oder Ähnlichem. Die Wolfsmilchgewächse stammen zwar nicht aus Mittelamerika, passen aber aufgrund ihres Aussehens und ihrer Standortansprüche hervorragend in das Ensemble. Sie sind voll frosthart und können ohne Schutz problemlos ausgepflanzt überwintern. Die Agaven, der Rote Hammerstrauch und die Engelstrompeten mögen allerdings überhaupt keinen Frost und müssen rechtzeitig eingeräumt werden, um Schäden zu vermeiden. Aber bevor es so weit ist, sollten Sie die stimulierende Atmosphäre erst einmal einen schönen, sonnigen Sommer lang richtig genießen. Und wenn die Sonne einmal ausbleibt, dann leuchten die Studentenblumen, das Husarenknöpfchen und das Gelbe Gänseblümchen um die Wette, sodass kein Schatten aufs Gemüt fällt. Übrigens sind auch alle einjährigen Sommerblumen in diesem Arrangement ziemlich anspruchslos und vertragen es durchaus, wenn man sie nicht täglich gießt.
Einjährig sind Zigarettenblümchen, Gelbes Gänseblümchen, Spanisches Gänseblümchen, Portulakröschen, Husarenknöpfchen und die Studentenblumen. Nicht winterhart und daher frostfrei zu überwintern sind die Agaven, Engelstrompeten, Gewürzrinde, Hammerstrauch, Monterey-Zypresse, Schönranke, Flanellstrauch, Priesterpalme und der Spanische Dolch. In normalen Wintern an nicht ungewöhnlich rauen Standorten sind die Wolfsmilchgewächse, der Feigenkaktus und die Palmlilien *Yucca filamentosa* und *Y. flaccida* winterhart.

Südseeträume

Einmal um die ganze Welt reisen und Entdeckungen machen wie einst Kapitän Cook oder Charles Darwin – wer hat nicht als Kind davon geträumt? All die abenteuerlichen Beschreibungen der ungewohnten Flora und Fauna, der tropischen Fülle und des Liebreizes so mancher Blüten und Früchte! Die Pflanzensammler des 18. und 19. Jahrhunderts brachten von ihren Expeditionen in die Südsee, nach Südamerika und Australien zahlreiche fremdländische Pflanzen mit nach Europa zurück, die dann in beheizten Glashäusern bestaunt und studiert wurden. Inzwischen sind aus manchen, wie etwa dem Hibiskus, der Bougainvillee oder der Strelitzie, weltweit verbreitete, beliebte Zierpflanzen für Haus und Garten geworden. Wenn auch bei uns das Klima keine ganzjährige Kultur dieser exotischen Gewächse im Garten zulässt, so können wir sie doch als Kübelpflanzen halten und uns wenigstens in den Sommermonaten an den farbenprächtigen und überschwänglichen Blüten erfreuen. Voraussetzung dafür ist jedoch meistens ein geschützter Standort mit nicht zu extremen Temperaturen, damit die empfindlichen Kübelpflanzen weder vom Wind zerzaust

Die raschwüchsige, rankende *Podranea ricasoliana*, die oft mit der verwandten *Pandorea jasminoides* verwechselt wird, entwickelt bei genügend Wärme an einem sonnigen Standort hinreißende Trompetenblüten, die an tropischer Üppigkeit kaum zu überbieten sind. Die Pflanze muss frostfrei überwintert werden.

Oben: Blütenfülle garantiert: Die aparte Kombination von violettem Nachtschatten (*Solanum rantonnetii*) und der kletternden Trompetenblume (*Campsis radicans*) ist unschlagbar. Voraussetzung ist allerdings ein warmes, sonniges Plätzchen an der Terrasse.

Unten: Wie mit orangeroter Farbe betupft sehen die Blüten der Sorte ‚Picasso' des Indischen Blumenrohrs aus. Die wüchsige Rhizompflanze braucht vor allem viel Wasser und Dünger, um prächtig zu gedeihen.

oder umgeworfen werden noch in der heißen Mittagssonne verbrennen.
An ganz extremen Standorten, wo sich Sonne und Hitze im Sommer stauen und von Betonwänden oder gar Glasfronten oder Metallverkleidungen reflektiert werden, könnten die meisten tropischen Pflanzen versagen, weil ihre weichen, üppigen Blätter schnell verbrennen und ihre zarten, großen Blüten im Nu verwelken. Für solche sommerlichen „Hitzefallen" bietet sich eine Gestaltung mit robusten, hitzeverträglichen Gewächsen vom fünften Kontinent an. Australien schenkt uns zahlreiche interessante, sehr hitzeverträgliche Pflanzen wie den Zylinderputzer, den Känguruhbaum oder die Keulenlilie. Sie sind sowohl als Einzelstücke im Kübel eine Zierde als auch in Kombination untereinander in einem größeren Arrangement und vertragen meistens nicht nur die Hitze des Sommers hervorragend, sondern stecken auch die ersten schwachen Nachtfröste meist noch gut weg. Trotzdem sollte man es nicht darauf ankommen lassen und sie lieber rechtzeitig einräumen, bevor das Thermometer unter null Grad fällt. Wem also der Sinn nach etwas Ausgefallenem steht, der sollte selbst einmal zum Entdecker werden und es mit Kübelpflanzen versuchen, die von der Südhalbkugel unseres Globus stammen. Sie zaubern wirklich exotisches Flair auf die Terrasse, den Balkon und in Atriumgärten.

Üppige Blütenpracht aus den Tropen

In den Tropen ist es nicht nur das ganze Jahr über warm, hier fallen in der Regel auch gleichmäßig über das Jahr verteilt ausreichend Niederschläge, sodass sich eine üppige Vegetation entwickeln kann. Von den tropischen Regionen Südamerikas über Hawaii bis nach Südostasien findet man eine ganze Reihe attraktiver Pflanzen, die man auch bei uns im Kübel halten kann, sofern man ihnen im Sommer einen warmen, geschützten Standort auf der Terrasse und im Winter ein frostfreies, helles Plätzchen zum Überwintern anbieten kann. Manche dieser tropischen Pflanzen wie das Blumenrohr, die Prinzessinnenblume und die Bougainvillee können gar nicht genug Wärme und Sonne bekommen. Andere wie Paradiesvogelblume, Hibiskus und Passionsblume vertragen pralle Sonne nur für kurze Zeit. Buntnesseln, die wegen ihrer apart gemusterten Blätter und nicht wegen der eher unscheinbaren Blüten gepflanzt werden, fühlen sich an heißen Sommertagen im Halbschatten wohler als in der Sonne. Werden hohe und niedrige Kübelpflanzen geschickt arrangiert, dann findet sich für jede von ihnen der passende Standort.

Die Wahl von Standort und Begleitern

Die Kultur in Kübeln macht es leicht, je nach Witterung und Sonnenstand das Arrangement neu

Üppige Blütenpracht aus den Tropen

1 Katzenschwanz, Nesselschön (*Acalypha hispaniolae*)
2 Schmucklilie (*Agapanthus africanus* 'Blue Giant')
3 Schlafbaum (*Albizia julibrissim*)
4 Bougainvillee (*Bougainvillea glabra* 'Sanderiana')
5 Blaues Gänseblümchen (*Brachycome multifida*)
6 Indisches Blumenrohr (*Canna-indica*-Hybride 'Picasso'; gelb mit orange-roten Punkten)
7 Kerzenstrauch (*Cassia didymobotrya*)
8 Buntnessel (*Coleus-Blumei*-Hybriden, syn. *Solenostemon scutellarioides* 'Rainbow-Mischung')
9 Blaue Mauritius (*Convolvulus sabatius*)
10 Tamarillo, Baumtomate (*Cyphomandra betacea*)
11 Zierbanane (*Ensete ventricosum*)
12 Vanilleblume (*Heliotropium arborescens*)
13 Hibiskus (*Hibiscus rosa-sinensis*)
14 Duftsteinrich (*Lobularia maritima*)
15 Blaue Passionsblume (*Passiflora caerulea*)
16 Wunderbaum, Rizinus (*Ricinus communis*)
17 Sternnachtschatten (*Solanum jasminoides*)
18 Kartoffelstrauch, Enzianblüte (*Solanum rantonnetii*)
19 Paradiesvogelblume, Strelitzie (*Strelitzia reginae*)
20 Prinzessinnenblume, Tibouchinie (*Tibouchina urveilleana*)
21 Niedrige Kapuzinerkresse (*Tropaeolum majus* 'Nanum' Whirlybird-Mischung)

Rechts oben: Zwei, die besonders gut zusammenpassen: Die violette Vanilleblume und gelborange Studentenblumen. Die intensive Farbigkeit dieses Ensembles ist frappierend.

Rechts unten: Der Wunderbaum besitzt eine unglaubliche Wuchskraft. Die einjährig gezogene Pflanze braucht reichlich Nährstoffe und viel Wasser. Da der Samenansatz giftig ist, sollten die kugeligen, stacheligen Früchte ausgebrochen werden, wenn sie in Reichweite von Kindern liegen.

zusammenzustellen. Allein der Hibiskus mag es nicht besonders, wenn man ihn abrupten Standortwechseln aussetzt. Dann wirft er – wie um seinem Protest mehr Gewicht zu geben – kurzerhand die Blüten ab. Halten Sie ihn deshalb immer bei relativ konstanter Luftfeuchte und Sonneneinstrahlung zwischen 18 und 28 °C, dann blüht er zuverlässig und mit etwas Glück das ganze Jahr über. Alle Kübelpflanzen tropischer Herkunft brauchen regelmäßig und reichlich Wasser und Nährstoffe, wobei allerdings darauf geachtet werden muss, dass keine Staunässe entsteht. Eine Unterpflanzung höherer Sträucher im Kübel mit Bodendeckern vermindert die Verdunstung und sorgt darüber hinaus für einen üppigeren Gesamteindruck. Gut eignet sich dafür der anspruchslose Duftsteinrich aus dem Mittelmeerraum oder das aus Australien stammende Blaue Gänseblümchen. Bei Arten mit roten und gelben Blüten und üppigem Blattwerk (etwa Indischem Blumenrohr oder dem Wunderbaum) sieht auch die niedrige Kapuzinerkresse aus Südamerika hübsch aus, besonders dann, wenn sie die Konturen der aufrecht wachsenden Kübelpflanzen durch ihren leicht hängenden Wuchs weicher macht. Der rasch wachsende, innerhalb einer Saison recht stattlich werdende Wunderbaum kann, da er meistens einjährig gezogen und nicht überwintert wird, auch gleich in die Erde ausgepflanzt werden. Man sät die Pflanze entweder im zeitigen Frühjahr im Haus bei mindestens 20 °C aus (die Samen keimen besser, wenn man sie eine Nacht in Wasser quellen lässt) oder setzt ab Mitte Mai gekaufte Pflanzen, sobald keine Nachtfröste mehr drohen. Besonders schön ist die Sorte ‚Carmencita' mit leuchtend roten Blüten und

Samenständen und dunkelbraunen Blättern.

Zu einem solch üppigen, farbenfrohen Ambiente passen Teakholzmöbel aus Plantagenwirtschaft im Kolonialstil hervorragend, aber auch robuste Flechtmöbel aus Rattan oder Korb sind denkbar. Seit einigen Jahren erleben auch die „Lusty Loom"-Flechtmöbel eine Renaissance. Diese aus einer Art verzwirnter Papierkordel geflochtenen, erstaunlich haltbaren Möbel sind eine Erfindung des Amerikaners Marshall Burns Lloyd und waren in den 20er und 30er Jahren des vergangenen Jahrhunderts ein echter Renner. Mit etwas Glück finden Liebhaber dieser eleganten Kreationen noch historische Exemplare auf Trödelmärkten oder im Antiquitätenhandel. Erfreulicherweise werden diese kostbaren Möbel seit etwa 20 Jahren wieder produziert und sind über Fachhändler erhältlich (Adresse siehe Anhang).

Hart im Nehmen – Australische Schönheiten für die Terrassengestaltung

Kübelpflanzen, die aus den tropischen Gebieten Australiens, etwa dem Nordosten des fünften Kontinents stammen, können ohne weiteres auch in den vorangegangenen Entwurf eines tropischen Ensembles integriert werden und umgekehrt, so etwa die aparte, rankende *Pandorea jasminoides*, die in Wintergärten oder im Sommer auch im Kübel auf der Terrasse an einem Dreifuß oder Spalier gedeiht. Anders sieht es mit den Gewächsen Südostaustraliens, Tasmaniens und Neuseelands aus. Zum großen Teil herrscht dort eine Art maritimes Klima, das relativ ausgeglichen und sogar recht feucht ist. Dennoch kann es im Winter auch einmal frieren und oft auch sehr windig sein. Entsprechend ist die Vegetation dieser Regionen robust, was sie für unsere Breiten zu guten Kübelpflanzen für Balkon und Terrasse sowie für unbeheizte Wintergärten macht. Die zahlreichen Sorten der Strauchveronika (*Hebe*) sind typische Vertreter dieser Vegetationsgemeinschaft. In den heißeren, trockeneren Gebieten Australiens, dem so genannten Outback, gedeihen wiederum ganz andere Pflanzen. Sie sind darauf angewiesen, extrem hohe Temperaturschwankungen zwischen Tag und Nacht auszuhalten. Nicht leicht, möchte man meinen. Und wen wundert es, wenn sich diese Gewächse dann auch entsprechend spröde geben. Sie versprühen einen rauen Charme und haben schmale, harte, meist blaugraue Blätter, was ihnen einen sparrigen, etwas dürren Ausdruck verleiht. Überraschenderweise sind viele von ihnen erstaunlich durstig. So brauchen zum Beispiel Zylinderputzer, Eukalyptus und die gelb blühenden Akazien, die bei unseren Floristen als „Mimosen" angeboten werden, viel Wasser und leicht saures Pflanzsubstrat, um zu gedeihen. Wichtig ist dabei eine gute Dränage, damit die Wurzeln nicht zu faulen beginnen.

Pflanzen aus „Downunder"

Will man die strauchartigen Gewächse unterpflanzen, dann sollte man es mit dem Blauen Gänseblümchen versuchen, einem aus dem australischen Grasland stammenden, zierlichen Korbblütler. Dort, wo

Oben: Als charmanter Begleiter zur Unterpflanzung eignet sich das Blaue Gänseblümchen mit seinem feingefiederten Laub.

Unten: Der immergrüne, sehr robuste Neuseeländische Weihnachtsbaum (*Metrosideros excelsa*) ist ein typisches Gehölz aus Neuseeland. Bei uns blüht der etwas Kalk vertragende Baum, der auch Eisenholzbaum genannt wird, im Frühsommer leuchtend rot.

Australische Schönheiten für die Terrassengestaltung

1 Blaues Gänseblümchen (*Brachycome multifida*)
2 Zylinderputzer (*Callistemon citrinus*)
3 Känguruhbaum (*Casuarina equisetifolia*)
4 Keulenlilie (*Cordyline australis*)
5 Eukalyptus, Blaugummibaum (*Eucalyptus globulus*)
6 Kennedya (*Kennedya coccinea*)
7 Neuseeländer Weihnachtsbaum (*Metrosideros excelsa*)
8 Neuseeländer Flachs (*Phormium tenax* 'Tricolor')
9 Podranea (*Podranea ricasoliana*)
10 Klebsame (*Pittosporum undulatum*)

man es nicht auf tropische Blütenfülle und üppiges, saftig grünes Blattwerk abgesehen hat, kann eine „australische Ecke" mit Zylinderputzer, Keulenlilie und Känguruhbaum durchaus ihren Reiz haben. Der Neuseeländische Weihnachtsbaum, der sich in seiner Heimat tatsächlich an Weihnachten über und über mit roten Blüten schmückt, blüht in Europa im Juni/Juli, da dann die Temperaturbedingungen dem Klima entsprechen, das an Weihnachten auf der Südhalbkugel herrscht. Aus Stecklingen vermehrte Exemplare kommen früher zur Blüte als Sämlinge und bleiben auch deutlich kleiner und kompakter. Diese aparte Pflanze, auch unter dem Namen „Eisenholzbaum" bekannt, macht übrigens als Solitär in einem schmucken Kübel eine gute Figur und eignet sich ebenso hervorragend für unbeheizte Wintergärten. Sie ist sehr robust und anspruchslos, verträgt im Sommer auch einmal eine kurze Durststrecke und sogar kalkhaltiges Wasser, darf aber nie ganz austrocknen. Überwintert wird diese dekorative Kübelpflanze hell bei 5 bis 10 °C. Besonders die jungen Triebe sind sehr frostempfindlich, weshalb man die Pflanze rechtzeitig ins Winterquartier räumen sollte.

Pioniere mit bizzarem Wuchs

Gerade in Verbindung mit moderner, kompromissloser Architektur, bei der viel Glas, Beton, aber auch Metallflächen aus Aluminium Verwendung finden, wirken die oft bizarr gewachsenen Sträucher australischer Provenienz besonders reizvoll. Man sollte sie aber sparsam einsetzen, damit sie voll zur Wirkung kommen. Ein rechteckiger, etwa kniehoher Holzkasten, in dem die einzelnen Pflanzkübel versteckt werden, kann an der Oberfläche mit Kies abgedeckt werden. Auf diese Weise entsteht eine in sich geschlossene, außergewöhnliche Miniatur-Landschaft, die besonders gut für heiße Südterrassen geeignet ist, wo die Sonnenwärme von großen Glasflächen oder Mauern zusätzlich reflektiert wird und für extreme Temperaturen sorgt. Als Dekoration machen sich eine skurril geformte, wettergegerbte Wurzel und einige Steinbrocken oder große Flusskiesel gut. Eine großartige Wirkung als Strukturpflanze hat auch der Neuseeländer Flachs, dessen schwertähnliche Blätter straff senkrecht aus dem Kübel herauswachsen. Hier bietet sich eine Anbindung an die Architektur des Hauses an: Die Sorte *Phormium tenax* ‚Tricolor' bringt dreifarbige Blätter hervor. Stellt man einen großen Kübel voll mit diesem ausdrucksstarken Gewächs vor eine in intensiven Farben gestrichene und ansonsten kahle Wand, ist die Wirkung enorm. Natürlich mag es manchem gewagt erscheinen, eine Hauswand neben der Terrasse einfach in einem leuchtenden Purpurviolett zu streichen, aber beim Arrangieren mit diesen außergewöhnlichen Gewächsen muss man einfach etwas Pioniergeist zeigen – genauso, wie ihn in den vergangenen Jahrhunderten jene bewiesen, die in neue Welten vorgedrungen sind und für uns unter anderem diese wundervollen Pflanzen entdeckt haben!

Zum Anbeißen schön – Kübelpflanzen mit Nutzwert

Kaum ein Feinschmecker unter den Balkon- und Terrassengärtnern möchte auf lukullische Genüsse verzichten, nur weil vielleicht kein „richtiger" Garten zur Verfügung steht. Zwischen die großen Pflanzgefäße mit den klassischen Kübelpflanzen passen immer einige Töpfe mit würzigen Kräutern. Selbst in Balkonkästen lassen sich manche

Oben: Die Keulenlilie (*Cordyline australis*) erinnert von der Wuchsform her an Palmlilien (*Yucca*), entwickelt aber einen hohen, schlanken Stamm. Blüten erscheinen nur selten und wenn, dann bei alten Pflanzen. Die rotbraune Sorte 'Atropurpurea' der sonnenliebenden Kübelpflanze sieht besonders schön aus.

Links: Im Frühsommer zeigen sich die leuchtend roten, bizarren Blüten des Zylinderputzers. Wirklich reich blühen nur Abkömmlinge der reinen Art, Bastarde hingegen können launisch sein.

Bei ausreichender Sonnenwärme reifen Zitrusfrüchte auch bei uns aus – vorausgesetzt man hat ein helles, frostfreies Winterquartier für die tropischen Schönheiten.

Gemüse wie Radieschen, runde Möhren oder herabhängende Ampeltomaten anpflanzen. Pflücksalat oder kleinwüchsige „Single-Kopfsalate", Rukola (Salatrauke) und Schnittpetersilie können mit Balkonblumen eine reizvolle Nachbarschaft im Pflanzgefäß eingehen. Wer etwas mehr Platz hat, kann sogar Gurken, Zucchini oder Tomaten im Kübel ziehen. Viele speziell für Balkone geeignete Sorten sind inzwischen im Handel erhältlich. Nach und nach halten dort auch echte Exoten unter den Nutzpflanzen Einzug. Neben Lorbeer, Olive und Feige kann man inzwischen sogar Maracuja, Erdbeerbaum und Tamarillos für die Kübelkultur kaufen. Für diese Gewächse ist die Kultur im Kübel sogar ideal, weil man ihnen den ganzen Sommer über ideale Vegetationsbedingungen schaffen, sie vor dem kalten europäischen Winter aber rechtzeitig in Sicherheit bringen kann. Voraussetzung ist allerdings, dass man sich um die „Miniatur-Plantage" kümmert, denn die meisten Gemüsepflanzen, besonders aber die tropischen, sind recht anspruchsvoll in Bezug auf die Wasserversorgung.

Auch ein Augenschmaus

Wer öfter mal unterwegs ist, sollte besser auf die robusten Vertreter aus der großen Kräuterfamilie ausweichen: Rosmarin, Thymian, Bohnenkraut und Salbei zum Beispiel sind weit weniger pflegebedürftig als solche Balkongemüse wie Zwergtomaten oder Buschgurken. Auch bei mäßiger bis stiefmütterlicher Pflege sind verholzende Kräuter kaum umzubringen. Bei allem Nutzen, welchen die meisten der Gemüsepflanzen und Kräuter haben, sollte man den dekorativen Aspekt nicht aus den Augen verlieren: Reife, rote Tomaten, blühender Salbei, purpurfarbenes Basilikum, immergrüner Rosmarin oder rotbunte Salatsorten mit krausen Blättern (‚Lollo rosso') bieten nicht nur Gaumenkitzel, sondern sind bei guter Pflege fast zu schön, um sie aufzuessen ... Damit die Nutzpflanzen auch wirklich gesund sind, sollte man ausschließlich organische Dünger (und diese nur in Maßen) verwenden und keine chemischen Pflanzenschutzmittel einsetzen.

Tropische Früchtchen selber ziehen

Die Tropen – wie ein Zauberwort löst dieser Begriff Assoziationen an üppige Urwälder voller Schlingpflanzen und verschwenderisch duftender Blüten aus, aber auch an weiße Strände mit Kokospalmen und Körben voller farbenfroher, süßer Früchte. Aber wo, außer in der Fantasie, findet man diese Paradiese, die so fern vom grauen, feuchtkalten, europäischen Winter erscheinen? In der Realität lassen sich die Tropen geografisch genau bestimmen. Sie bilden einen breiten Ring zu beiden Seiten des Äquators. Charakteristisch sind hohe Niederschlagsmengen und ganzjährig sehr warme Temperaturen, sodass die Pflanzen in diesen Regionen keine Vegetationspause einlegen. Pro Jahr sind zwei bis drei Ernten möglich, da es keine Trockenzeit gibt. Nördlich und südlich der Tropen schließen sich die Subtropen an, eine Klimazone, in der die mittlere Temperatur auch in den kältesten Monaten nicht unter 15 °C sinkt. Weite Teile im Süden der USA, Teile Südostasiens und auch der mediterrane Raum zählen zu den subtropischen Gebieten. In diesen Regionen gedeihen noch zahlreiche „tropische" Pflanzen, die wir hier, nördlich der Alpen, nur als Kübelpflanzen kennen.

Früchte aus aller Welt

Typische tropische Fruchtpflanzen sind natürlich Bananenstauden, Papaya- und Mangobäume sowie die Kokosnuss. Eine Kultur dieser recht großen Nutzpflanzen kommt im Kübel kaum in Betracht und sollte botanischen Gärten vorbehalten bleiben. Allein die Kübelkultur der Kanaren-Banane ist vielleicht einen Versuch wert, obwohl es fraglich bleibt, ob die Pflanzen bei uns im Freiland zur Fruchtreife gelangen. Dennoch gibt es einige tropische Fruchtpflanzen, die ohne allzu großen Aufwand den Sommer über im Kübel auf dem Balkon oder der Terrasse wachsen und unter guten Bedingungen auch reife Früchte hervorbringen können. Dazu zählen natürlich die Zitrusbäumchen (*Citrus*), aber auch die Japanische Wollmispel (*Eriobotrya japonica*), der Erdbeerbaum (*Arbutus unedo*), dessen Früchte für Likör, Wein und Konfekt verwendet werden, sowie der Johannisbrotbaum (*Ceratonia siliqua*) und die Echte Feige (*Ficus carica*). Als kletternde Kübelpflanze lässt sich die aus Brasilien stammende, essbare Passionsblume *Passiflora edulis*, auch als Maracuja bekannt, mit etwas Geschick auf Balkon und Terrasse ziehen, vorausgesetzt man bietet ihr ein Spalier oder eine andere Rankhilfe an, damit sie in die Höhe klettern kann.

Man ersteht entweder Jungpflanzen oder zieht sie aus Saatgut selbst heran. Die aus gekauften Maracuja-Früchten gesammelten Kerne keimen leicht, wenn man sie bei 20 bis 25 °C aussät. Überwintert wird die frostempfindliche Pflanze kühl, frostfrei und hell. Ebenfalls kletternd wächst die Kiwi (*Actinidia chinensis*), die im Weinbauklima voll winterhart ist und daher in milden Lagen ausgepflanzt werden kann. Gesunde, ältere Exemplare dieser ursprünglich in Asien beheimateten Pflanze schaffen es, bis zu 6 m lange Triebe zu entwickeln. Im Herbst reifen die bekannten Kiwifrüchte, die jedoch etwas nachreifen müssen, bevor man sie genießen kann. Eine inzwischen aus unseren Gärten kaum wegzudenkende Kletterpflanze aus dem tropischen Amerika ist der Kürbis (*Cucurbita pepo*) mit seinen vielen Ausformungen, der als einjährige Rankpflanze

Oben: Kapuzinerkresse stammt aus Südamerika, was man an den temperamentvollen Farben der Blüten unschwer erkennen kann. Blätter und Blüten verleihen Salaten scharf-würzigen Pep, die unreifen Samen kann man als Kapernersatz einlegen.

Feigenbäumchen fruchten schon in jüngeren Jahren, wenn sie veredelt wurden.

Tropische Früchtchen selber ziehen

1 Kiwi (*Actinidia chinensis*)
2 Erdbeerbaum (*Arbutus unedo*)
3 Bougainvillea (*Bougainvillea glabra* 'Sanderiana')
4 Indisches Blumenrohr (*Canna-Indica-Hybriden*)
5 Spanischer Pfeffer, Baumchili (*Capsicum frutescens*)
6 Johannisbrotbaum (*Ceratonia siliqua*)
7 Zitrone (*Citrus limon*)
8 Mandarine (*Citrus reticulata*)
9 Miniatur-Speisekürbis (*Cucurbita pepo* 'Baby Bear'; orange Früchte)
10 Tamarillo, Baumtomate (*Cyphomandra betacea*)
11 Japanische Wollmispel (*Eriobotrya japonica*)
12 Echte Feige (*Ficus carica*)
13 Hibiskus (*Hibiscus rosa-sinensis*)
14 Aztekisches Süßkraut (*Lippia dulcis*)
15 Luffa-Gurke (*Luffa acutangula*)
16 Tomate (*Lycopersicon lycopersicum*)
17 Kanaren-Banane (*Musa acuminata*)
18 Blaue Passionsblume (*Passiflora caerulea*)
19 Maracuja (*Passiflora edulis*)
20 Andenbeere, Kapstachelbeere (*Physalis edulis*)
21 Tomatillo (*Physalis ixocarpa*)
22 Pepino, Melonenstrauch (*Solanum muricatum*)
23 Kapuzinerkresse (*Tropaeolum majus*)

(ausgepflanzt im Freiland) angebaut wird. Für Balkon und Terrasse eignen sich kleinfrüchtige Sorten wie die Miniaturkürbisse 'Baby Bear' oder die Ufo-Zucchini 'Patty Green Tint F1', die ab Ende Mai ausgepflanzt werden können. Den Kürbisgewächsen ganz ähnlich ist die exotische Luffa-Gurke (*Luffa esculentus*), eine einjährige Kletterpflanze aus Südostasien. Entweder isst man die jungen, unreifen, gurkenähnlichen Früchte oder man lässt sie ausreifen und bis zum Verwelken der Blätter im Herbst an der Pflanze. Wäscht man das Fruchtfleisch dann aus, bleibt ein trockener Schwamm aus Faserbündeln zurück, den man zur Körperpflege benutzen kann. Die Pflanze wird jedes Jahr neu aus Samen herangezogen.

Früchte für den Rohverzehr und zum Kochen

Aus der Familie der Nachtschattengewächse stammt der Pepino oder Melonenstrauch (*Solanum muricatum*). Die Pflanze ist in allen Teilen bis auf ihre großen, melonenähnlichen Früchte giftig. Die ausgereift außen opalweiß-violetten, innen butterfarbenen Früchte werden geschält und roh verzehrt. Sie schmecken süßlich pikant, ähnlich einer Melone, und können auch so verwendet werden. Ebenfalls ein Nachtschattengewächs ist die so genannte Baumtomate (*Cyphomandra betacea*), die einen mehrjährigen, verholzenden Strauch, ähnlich dem der Engelstrompeten bildet. Die saftigen Früchte schmecken tomatenartig. Mit ihren großen Blättern ist sie eine dekorative Kübelpflanze, die entweder ganzjährig im Wintergarten oder im Sommer auf der Terrasse im Freien stehen kann.
Zwei recht ungewöhnliche Fruchtpflanzen sind die Tomatillo oder „Grüne Tomate" (*Physalis ixocarpa*) und die Andenbeere oder Kapstachelbeere (*Physalis edulis*). Die Tomatillo bildet grüne bis orangerote, tomatenähnliche Früchte, die man verkochen, aber auch zum Bereiten einer Konfitüre benutzen kann. Die Früchte der violetten Variante erreichen die Größe einer mittleren Tomate und passen gut in Gemüseeintöpfe, etwa ins südfranzösische Ratatouille. Die aus der gleichen Familie stammende Andenbeere liefert köstliche, von einer papierarti-

gen Hülle umgebene, kirschgroße Früchte, die man roh als Dessert oder Nascherei zwischendurch genießen kann. Man kultiviert die Pflanzen genauso wie Tomaten in humusreichem, feuchtem Substrat, geizt aber die Seitentriebe nicht aus. Neben diesen durchaus exotisch anmutenden Gewächsen stammen manche vertraute Kulturpflanzen, etwa die verschiedenen Paprikaarten und -sorten (*Capsicum annuum, C. frutescens*) oder die Tomaten (*Lycopersicon lycopersicum*) ebenfalls aus tropischen Breiten. Bei unserem Beispiel wurden sie zusammen mit *Physalis* am Rand der Terrasse ausgepflanzt, man kann aber sowohl *Physalis* als auch Tomaten im Kübel ziehen, wenn man keinen Garten hat. Zusammen mit etwas ausgefalleneren, kübeltauglichen Nutzpflanzen und einigen ergänzenden Zierpflanzen aus den Tropen und Subtropen lässt sich daher auf Balkon oder Terrasse mit etwas Geschick ein kleines tropisches Paradies zaubern, in dem einem die Früchte sozusagen in den Mund wachsen.

Tomaten, Gurken & Co. – Gartengemüse als Kübelpflanzen

Wie im Schlaraffenland fühlt man sich, wenn man knackige Salate, würzige Kräuter und aromatische Tomaten im Kübel direkt auf dem Balkon oder der Terrasse wachsen sieht. Mit jedem Tag, an dem die Pflanzen der Erntereife näher kommen, wächst der Appetit und mit ihm die Ungeduld. Natürlich wird man auf dem beschränkten Raum, der einem Kübelgärtner zur Verfügung steht, nicht genug Gemüse ernten, um eine ganze Familie damit versorgen zu können, aber als gesunden, jederzeit (auch nach Ladenschluss und am Wochenende) erreichbaren Notvorrat für gestresste Singles, die selten zum Einkaufen kommen, lohnt sich die Anlage eines kleinen Gemüsegartens im Kübel zur Selbstversorgung durchaus. Neben der sofortigen Verfügbarkeit direkt vor der Balkontür besticht die Pflegeleichtigkeit eines solchen Mini-Gemüsegartens: Außer Gießen braucht man kaum etwas zu machen, denn Schnecken finden nur in Ausnahmefällen den Weg auf den Balkon und in die Salatköpfe und auch Unkräuter halten sich in Grenzen, weshalb man

Oben: Statt viele einzelne Töpfe auf der Terrasse zu verteilen, kann man Kräuter und Gemüse auch im Hochbeet ziehen. Das umfangreichere Bodenvolumen lässt Experimente zu und hat den Vorteil, dass die Erde nicht so schnell austrocknet wie in Einzelgefäßen.

Rechts: Tomaten lassen sich in Kübeln auch auf Balkon und Terrasse ziehen. Außer den bekannten runden Sorten gibt es zahlreiche aromatische Züchtungen wie beispielsweise die winzigen, sehr aromatischen Johannisbeertomaten, die einen Versuch lohnen.

sich das Hacken und Jäten sparen kann. Werden dabei Gemüse und Kräuter miteinander kombiniert und vielleicht noch um die eine oder andere hübsche Blütenpflanze ergänzt, kann man sich mit einem zugleich schmuckvollen wie auch praktischen Topfgarten den ganzen Sommer über bis zu den ersten Nachtfrösten vergnügen. Als schmückende und nützliche einjährige Blütenpflanzen eignen sich zum Beispiel die rankende Kapuzinerkresse, deren Blätter, Blüten und Früchte essbar sind, oder die Sammetblumen (*Tagetes*), die durch ihren Duft Wurzelnematoden (Älchen) vertreiben. Auch die altbekannte Ringelblume ist ein charmanter Begleiter, deren orangegelbe Blütenblätter Salate effektvoll verzieren können.

Links: Eine nahezu unschlagbare Kombination: Tomaten und Basilikum. Das Kleinblättrige Basilikum (*Ocimum minimum*) macht im Topf eine besonders gute Figur.

Unten: Die kleinen, roten Früchtchen des Baumchilis sind tatsächlich so scharf, wie sie aussehen. Wie alle Paprikaarten liebt Chili

Manche wollen hoch hinaus

Die kletternden Arten, zum Beispiel Stangen- und Feuerbohnen, Minikürbis und die kletternde Zucchini-Neuzüchtung 'Black Forest' sorgen dabei für Sichtschutz und, wo nötig, auch für Schatten. Werden die Tomaten an ihren Rankstäben entsprechend hoch gezogen, können auch sie einen Sichtschutz bilden. Allerdings brauchen solche langen Lulatsche dann auch mehr Wasser, als wenn man die Pflanzen nach dem vierten Blütenansatz kappt. Eigentlich lassen sich alle Tomatensorten problemlos in ausreichend großen Kübeln ziehen, sofern sie genug Wasser und Nährstoffe bekommen. Es gibt jedoch auch spezielle Sorten für die Kultur im Kübel, die kompakt wachsen, keine Stütze brauchen und dennoch eine reiche Ernte meist kirschgroßer, saftig-süßer Früchte versprechen. Ebenfalls klein bleiben Spezialzüchtungen, etwa die Prunkbohne 'Hestia', die lediglich etwa 40 cm hohe Büsche bildet und die Salatgurke 'Bush Cham', die besonders gut im Kübel gezogen werden kann, weil sie keine langen Ranken entwickelt. Auberginen sollte man am besten immer in einem eigenen Kübel ziehen. Sie sind aufgrund ihres hohen Wärme- und Nährstoffbedarfs und ihres dekorativen Laubes eigentlich typische Kübelpflanzen und fühlen sich in unseren Breiten auf einem sonnigen Balkon wahrscheinlich sogar wohler als im Garten. Wie schön, das man am Ende des Sommers überdies auch noch die schmackhaften Früchte ernten und für die mediterrane Küche verwenden kann!

Von den meisten Gemüsearten stehen für den Balkongarten geeignete, schwach wachsende oder anders angepasste Sorten zur Verfügung. Ein Anbau der meisten Kohlarten lohnt aufgrund ihres enormen Nährstoff- und Platzbedarfs auf einem Balkon nicht. Mehr schmückend als lohnend ist daher auch

Kopfsalate für Singles

Für den kleinen Hunger, besonders aber für Singles, eignen sich Kopfsalatsorten, die klein bleiben. Attraktive neue Züchtungen sind unter anderem: 'Little Gem' aus der Romana-Gruppe mit roten und grünen Sorten sowie 'Attico', der grüne, kräftige Salatherzen bildet und resistent gegen Falschen Mehltau ist. Weitere kleine Sorten: 'Delight', 'Baby Star', 'Bambi' (rotbunt) und 'Red Star' (rotblättrig).

der Toskanische Palmkohl, der als Solitär in einem eigenen Kübel dekorative, trichterförmige Rosetten bildet. Man kann ihn mit Duftsteinrich oder anderen zierenden Polsterbildnern unterpflanzen, was den ganzen Sommer über ein schönes Bild ergibt. Geerntet wird der Kohl nach und nach, indem man von unten immer wieder einzelne Blätter abschneidet. Im Winter, wenn die Topfbeete kahl sind, kann farbiger Zierkohl in Weiß, Grün und Violett den Balkon schmücken. Zusammen mit Steckreisig oder winterharten Immergrünen und ein paar weihnachtlichen Accessoires kann man auf diese Weise die Zeit bis zur nächsten Gemüsesaison überbrücken.

Wo bekommen man Samen und Jungpflanzen

Die verschiedenen Gemüsesorten bekommt man entweder als Jungpflanzen bei einer ortsansässigen Gärtnerei (besonders Salat-, Tomaten- und Auberginensetzlinge) oder man sät sie selbst rechtzeitig aus. Eine Vorkultur im Zimmer oder unter Glas ab Mitte März, bei empfindlicheren Arten auch später, sorgt für einen früheren Erntebeginn. Inzwischen hat auch der Fachhandel auf die steigende Nachfrage nach Balkongemüse reagiert. Manche Samenhändler bieten fertig präparierte Saatbänder speziell für Balkongemüse an, die eine Mischung aus Runden Möhren, Radieschen und Pflücksalat oder eine Mischung verschiedener Küchenkräuter enthalten. Dies macht eine Aussaat geeigneter Sorten im Balkonkasten besonders leicht.
Damit der Gemüsegarten auf dem Balkon im Frühjahr nicht so lange verwaist aussieht, empfiehlt sich eine Vorkultur ab Ende März/Anfang April mit Gartenkresse und Radieschen, die dann bereits geerntet und verspeist sind, wenn die Wärme liebenden Tomaten, Gurken und Bohnen nach den Eisheiligen (Mitte Mai) ausgepflanzt werden können. Vergessen Sie nicht, Ihre Lieblingskräuter wie Schnittlauch, Basilikum, Bohnenkraut und Thymian in Töpfen, möglichst an die sonnigsten Stellen, zwischen die Kübel zu stellen!

Gute und schlechte Nachbarn

Viele Balkongemüse für Kästen und Kübel lassen sich nicht nur gut in Einzelgefäßen anbauen, sie harmonieren zum Teil auch hervorragend miteinander und manche Nachbarschaften steigern sich gegenseitig zu Höchstleistungen. Folgende Tabelle gibt Auskunft darüber, wer sich mit wem verträgt und daher in Mischkultur gepflanzt werden kann und welche Nachbarn sich nicht ausstehen können, daher am besten separat gepflanzt werden:

Gute und schlechte Nachbarschaften für Balkongemüse

Gemüseart	**Gute Nachbarn**
Bohnen	Gurken, Zucchini, Radieschen, Salate, Tomaten, Bohnenkraut
Gurken	Bohnen, Dill, Basilikum, Paprika, Salate
Kopf- und Pflücksalate	Bohnen, Gurken, Möhren, Radieschen, Tomaten, Zwiebelgewächse (auch Schnittlauch), Dill, Bohnenkraut
Möhren	Dill, Salate, Tomaten, Zwiebelgewächse (auch Schnittlauch), Kresse, Radieschen, Sammetblumen (*Tagetes*)
Paprika	Petersilie, Radieschen, Salate
Radieschen	Bohnen, Salate, Tomaten, Kresse, Möhren
Tomate	Bohnen, Paprika, Radieschen, Salat, Möhren, Basilikum, Petersilie, alle Zwiebelarten (auch Schnittlauch), Ringelblumen (*Calendula*)
Zucchini	Basilikum, Bohnen, alle Zwiebelarten (auch Schnittlauch)
Gemüseart	**Schlechte Nachbarn**
Bohnen	andere Hülsenfrüchte, z. B. Erbsen sowie alle Zwiebelpflanzen (*Allium*), also auch Schnittlauch
Gurken	Radieschen, Tomaten, Zucchini
Kopf- und Pflücksalate	Petersilie, Kresse
Radieschen	Gurken, alle Zwiebelarten (*Allium*), also auch Schnittlauch
Tomaten	Gurken
Salat	Petersilie
Zucchini	Gurken

Tomaten, Gurken & Co.

1 Schnittlauch (*Allium schoenoprasum*)
2 Toskanischer Palmkohl ‚Nero di Toscana tardivo' (*Brassica oleracea*)
3 Ringelblume (*Calendula officinalis*)
4 Gewürzpaprika 'Cheyenne Long slim' (*Capsicum annuum*; scharfe, rote, bis 12 cm lange Schoten)
5 Baumchili (*Capsicum frutescens*; 45 cm hoch, buschig, kleine rote Chili-Schoten)
6 Salatgurke 'Bush Champion' (*Cucumis sativus*)
7 Kletterzucchini 'Black Forest' F1-Hybride (*Cucurbita pepo*)
8 Minikürbis 'Baby Bär' (*Cucurbita pepo*; kleine, orange, 12 bis 15 cm große Kürbisse)
9 Runde Möhren 'Pariser Markt 4' (*Daucus carota*)
10 Rukola, Salatrauke (*Eruca sativa*)
11 Pflücksalat ‚Amerikanischer Brauner' (*Lactuca sativa*; bildet keine Herzen, lange Erntezeit)
12 Pflücksalat 'Lollo rossa' (*Lactuca sativa*)
13 Duftsteinrich (*Lobularia maritima*)
14 Ampeltomate 'Pendulina' (*Lycopersicon lycopersicum*)
15 Buschtomate 'Balkonstar' (*Lycopersicon lycopersicum*)
16 Cocktailtomate 'Firefly' (*Lycopersicon lycopersicum*)
17 Johannisbeertomate (*Lycopersicon lycopersicum*)
18 Gelbe Tomate 'Yellow Pearshaped' (*Lycopersicon lycopersicum*)
19 Zwergtomate 'Minibel' (*Lycopersicon lycopersicum*)
20 Genueser Basilikum (*Ocimum basilicum*)
21 Schnittpetersilie 'Grüne Perle' (*Petroselinum crispum*)
22 Feuerbohne 'Bicolor' (*Phaseolus coccineus*)
23 Prunkbohne 'Hestia' (Buschtyp) (*Phaseolus vulgaris*; bis 30 cm hoch, weiß-rote Blüten)
24 Stangenbohne 'Blauhilde' (*Phaseolus vulgaris*; violette Blüten und Schoten)
25 Radieschen 'Frühwunder' (*Raphanus sativus*; schnell entwickelnd, auch für Zwischenkultur)
26 Rosmarin (*Rosmarinus officinalis*)
27 Bergbohnenkraut (*Satureja montana*)
28 Aubergine 'Black Beauty' (*Solanum melongena*)
29 Sammetblume (*Tagetes-patula*-Hybriden)
30 Thymian (*Thymus vulgaris*)
31 Kapuzinerkresse (*Tropaeolum majus*)

Der Kräutergarten im Kübel

Die Auswahl an Küchenkräutern und Aromapflanzen für Balkon und Terrasse ist riesengroß. Ganz gleich, ob man einen sonnigen oder schattigen Standort mit Nützlichem bepflanzen möchte – es finden sich für jede Situation geeignete Kräuter. Dabei spielt es kaum eine Rolle, ob Sie die Kräuter einzeln in Töpfe setzen oder größere Pflanzgefäße dazu nutzen, um aus verschiedenen Arten eine Art Potpourri zusammenzustellen. Besonders schön sieht es natürlich aus, wenn Kräuter, Gemüse und Blumen zusammengepflanzt oder in einzelnen Kübeln direkt nebeneinander platziert werden. So lässt sich das Angenehme mit dem Nützlichen sehr reizvoll verbinden. Bei unserem Beispiel wurden verschiedene Kräuter in großzügig bemessenen Abständen in die Bal-

Der Kräutergarten im Kübel

1 Schnittlauch (*Allium schoenoprasum*)
2 Zitronenstrauch (*Aloysia triphylla*)
3 Estragon (*Artemisia dranunculus*)
4 Polsterglockenblume (*Campanula portenschlagiana*)
5 Kapernstrauch (*Capparis spinosa*)
6 Spanischer Pfeffer, Baumchili (*Capsicum frutescens*)
7 Lorbeerblättrige Zistrose (*Cistus laurifolius*)
8 Blaue Mauritius (*Convolvulus sabatius*)
9 Hängenelke (*Dianthus caryophyllus*)
10 Currykraut (*Helichrysum italicum*)
11 Ysop (*Hyssopus officinalis*)
12 Echter Lorbeer (*Laurus nobilis*)
13 Lavendel (*Lavandula angustifolia* 'Grappenhall')
14 Aztekisches Süßkraut (*Lippia dulcis*)
15 Duftsteinrich (*Lobularia maritima*)
16 Zitronenmelisse (*Melissa officinalis*)
17 Brautmyrte (*Myrtus communis*)
18 Basilikum (*Ocimum basilikum*)
19 Afrikanisches Basilikum (*Ocimum kilimandscharium*)
20 Majoran (*Origanum majorana*)
21 Origano, Dost (*Origanum vulgare*)
22 Duftgeranie (*Pelargonium* 'Fragrans Variegatum'; weißbunte Blätter, nach Kiefern duftend)
23 Duftgeranie (*Pelargonium quercifolium* 'Fair Ellen'; duftet kräftig-würzig)
24 Duftgeranie (*Pelargonium scabrum* 'Mabel Grey'; duftet nach Zitrone)
25 Miniaturrose (*Rosa* 'Bubikopf'; zartrosa)
26 Miniaturrose (*Rosa* 'Lavender Jewel', rosaviolett)
27 Miniaturrose (*Rosa* 'Schneeweißchen'; weiß, gefüllt)
28 Rosmarin-Hochstämmchen (*Rosmarinus officinalis*)
29 Salbei (*Salvia officinalis* 'Berggarten')
30 Heiligenkraut (*Santolina chamaecyparissus*)
31 Bergbohnenkraut (*Satureja montana*)
32 Tripmadam (*Sedum reflexum* syn. *S. rupestre*)
33 Zitronenthymian (*Thymus citriodorus*)
34 Thymian (*Thymus vulgaris*)
35 Kapuzinerkresse (*Tropaeolum majus*)

konkästen gesetzt und können nach Geschmack noch mit bunten Sommerblühern ergänzt werden. Andere, winterharte Kräuter fanden zusammen mit der relativ winterharten Lorbeerblättrigen Zistrose einen Platz in einem großen Kübel, in dem sie zu besonders frostigen Zeiten vorübergehend eingeräumt werden können.
Die meisten in der Küche verwendeten Kräuter stammen aus dem Mittelmeerraum und dem Vorderen Orient. Dementsprechend lieben sie die Wärme besonders und brauchen einen stets gut dränierten, eher kalkigen als sauren Boden ohne Staunässe. Mischen Sie unter die handelsübliche Einheitserde daher nicht zu wenig lehmige Gartenerde, Quarzsand und etwas Algenkalk.

Einjährige und mehrjährige Kräuter und Aromapflanzen

Mehrjährige Kräuter:

Duftnessel (*Agastache mexicana*), Schnittlauch (*Allium schoenoprasum*), Schnittknoblauch, Knolau (*Allium tuberosum*), Eberraute (*Artemisia abrotanum*), Wermut (*Artemisia absinthium*), Estragon (*Artemisia dranunculus*), Beifuß (*Artemisia vulgaris*), Bergminze (*Calamintha grandiflora*), Fenchel (*Foeniculum vulgare*), Johanniskraut (*Hypericum perforatum*), Ysop (*Hyssopus officinalis*), Lavendel (*Lavandula angustifolia*), Liebstöckel (*Levisticum officinalis*), Zitronenmelisse (*Melissa officinalis*), Pfefferminze (*Mentha x piperta*), Ährenminze (*Mentha spicata*), Oregano, Dost (*Origanum vulgare*), Rosmarin (*Rosmarinus officinalis*), Sauerampfer (*Rumex acetosa*), Weinraute (*Ruta graveolens*), Salbei (*Salvia officinalis*), Pimpinelle (*Sanguisorba minor*), Bergbohnenkraut (*Satureja montana*), Tripmadam (*Sedum reflexum*, syn. *S. rupestre*), Zitronenthymian (*Thymus citriodorus*), Thymian (*Thymus vulgaris*)

Einjährige Kräuter:

Dill (*Anethum graveolens*), Kerbel (*Anthriscus cerefolium*), Borretsch (*Borago officinalis*), Ringelblume (*Calendula officinalis*), Koriander (*Coriandrum sativum*), Currykraut (*Helichrysum italicum*), Gartenkresse (*Lepidium sativum*), Kamille (*Matricaria chamomilla*), Basilikum (*Ocimum basilikum*), Kleinblättriges Basilikum (*Ocimum minimum*), Majoran (*Origanum majorana*), Petersilie (*Petroselinum crispum*), Sommerportulak (*Portulaca oleracea* ssp. *sativa*), Winterportulak, Postelein (*Montia* syn. *Claytonia perfoliata*), Einjähriges Bohnenkraut (*Satureja hortensis*), Kapuzinerkresse (*Tropaeolum majus*)

Nicht winterharte, mehrjährige Kräuter:

Zitronenstrauch (*Aloysia triphylla*), Kapernstrauch (*Capparis spinosa*), Spanischer Pfeffer, Baumchili (*Capsicum frutescens*), Echter Lorbeer (*Laurus nobilis*), Aztekisches Süßkraut (*Lippia dulcis*), Afrikanisches Basilikum (*Ocimum kilimandscharium*), Duftgeranie (*Pelargonium graveolens*)

Zu mediterranen Kräutern passt unglasierte Terrakotta am besten.

Mitte: Eine der winterhärtesten Zistrosenarten ist die Lorbeerblättrige Zistrose, die im Alter einen verholzenden Strauch bildet.

Unten: Von Duftgeranien gibt es zahlreiche Sorten mit unglaublich variationsreichen Düften – von Zitrone über Rose bis hin zu Schokolade und Zimt wird jeder Geschmack bedient. Dafür nimmt man gern in Kauf, dass die Blüten weit weniger spektakulär ausfallen als bei den Balkongeranien.

Das Aroma, für das meist ätherische Öle in den Pflanzen verantwortlich sind, entwickelt sich an sonnigen Standorten besonders gut. Damit sich die Kräuter gut verzweigen und reichlich aromatische Blätter entwickeln, kneift man immer wieder die Triebspitzen aus. Bei Basilikum, allen Minzearten, Schnittlauch und Sauerampfer werden auch die Blütenansätze immer wieder ausgebrochen, damit sich die Pflanzen nicht mit der Fortpflanzung verausgaben und danach vergreisen. Bei den anderen Kräuterarten stört eine Blütenbildung nicht oder ist zum Teil, wie beim Lavendel, sogar erwünscht.

Kräuter für den Schatten

Für halbschattige bis schattige Standorte eignen sich vor allem Petersilie, Schnittlauch, Pfefferminze und Liebstöckel. Auch der Sauerampfer gedeiht problemlos in absonniger Lage. Andere Kräuter gehen nicht ein, entwickeln aber deutlich weniger Aromastoffe und Blüten. Die beliebte Pfefferminze treibt ganz munter Ausläufer, weshalb man ihr einen großzügig bemessenen Topf zuweisen sollte. Mit den Jahren verkahlt sie von innen. Dann nimmt man die Pflanze heraus, zerteilt sie und setzt die einzelnen Teilstücke wieder ein. Die sehr stark wachsende Liebstöckelpflanze, wegen ihres typischen Aromas auch als „Maggikraut" bezeichnet, braucht ebenfalls einen großen Topf.
Zu den bekannten einjährigen Küchenkräutern und den mehrjährigen, die mit einem Winterschutz des Wurzelballens gegen das Durchfrieren im Freien (zum Beispiel in großen Balkonkästen oder Pflanzkübeln) überwintern können, dürfen sich nicht winterharte, aber mehrjährige Würz- und Aromapflanzen wie Lorbeer, Duftpelargonie, Aztekisches Süßkraut und der Zitronenstrauch (*Aloysia triphylla*) gesellen. Ein wunderschönes Ensemble entsteht, wenn man Miniaturrosen, Brautmyrte, das graulaubige Heiligenkraut und Zistrosen mit den Kräutertöpfen kombiniert. Polsterartige Blütenpflanzen wie Duftsteinrich, Polsterglockenblume, Hängenelken oder Blaue Mauritius ergänzen aufrecht wachsende Kräuter und Hochstämmchen. Voraussetzung für eine erfolgreiche Partnerschaft sind jedoch vergleichbare Standortansprüche.

Wenn wenig Platz ist: Schmückende Kübelpflanzen, die klein bleiben

Viele Kübelpflanzen brauchen Platz. Sie wirken besonders schön, wenn sie in Gruppen zusammenstehen, sich frei und ohne räumliche Einschränkung entwickeln können und noch genug Raum bleibt, um Gartenmöbel aufzustellen und schmückende Accessoires einzubeziehen.

Die Wattakakaschlinge hat kleine, duftende Blüten. Die rankende Pflanze wird hell und frostfrei überwintert.

Auf kleinen Balkonen von wenigen Quadratmetern, wie sie bei vielen Appartements üblich sind, haben die meisten traditionellen Kübelpflanzen nicht genug Platz. Oleander, Lorbeer oder Feige, die als kleiner Ableger oder zierliche Topfpflanze ihren Weg auf den Single-Balkon finden, wachsen innerhalb weniger Jahre zu veritablen Bäumchen heran, die dann den gesamten zur Verfügung stehenden Raum einnehmen. Wer dann noch einen Sitzplatz einrichten möchte, gerät in Bedrängnis. Die Lösung dieses Platzproblems sind klein bleibende, langsam wachsende Kübelpflanzen, die durch Schnittmaßnahmen zusätzlich in Schach gehalten werden können. Klassische Vertreter solcher Balkonzwerge für sonnige Standorte sind zum Beispiel viele mediterrane Kräuter, die mit ihrem Duft und Aroma verwöhnen.

Kleine Schmuckstücke

Ebenso reizvoll wie große Kübelpflanzen sind klein bleibende Blüten- und Blattschmucksträucher wie Spindelstrauch und Strauchveronika, die getopft kaum die Größe ihrer ausgepflanzten Verwandten erreichen sowie Miniaturrosen, die in jüngster Zeit eine Renaissance erleben. Die oft recht starkwüchsigen Zitrusbäumchen werden hier von ihrer klein bleibenden Verwandten, der Kumquat, vertreten. Mit etwas Glück reifen die ovalen Früchtchen sogar in unserem Klima aus und können mit der Schale verzehrt werden. Mehrjährige Kletterpflanzen wie Passionsblume, Sternjasmin oder die duftende Wattakakaschlinge sowie einjährige Schlinger wie die exotisch anmutende Mina-Prachtwinde helfen, den kostbaren Platz noch geschickter auszunutzen. Sie wachsen einfach in die Höhe statt in die Breite, können am Geländer oder an einem Spalier an der Wand emporranken und sorgen trotz wenig Blattmasse für üppigen Blütenschmuck. Damit der Balkon nicht mit allzu vielen Pflanzgefäßen zugestellt wird, kann ein Teil der Pflanzen (zum Beispiel viele Kräuter, aber auch manche Kletterpflanze) in den Balkonkästen wachsen oder hängend in Ampeln und „Hanging Baskets" gezogen werden. Hübsch sieht eine Kombination aus weißbuntem Gundermann und der hängenden Polsterglockenblume in einer Ampel aus, die beide robust und mit Winterschutz mehrjährig sind. Sie sorgen für optische Fülle, ohne viel Platz wegzunehmen. An besonders sonnigen Plätzen fühlt sich in einer Ampel der gelb blühende Hornklee (*Lotus maculatus*) von den Kanarischen Inseln wohl. Er darf allerdings nie austrocknen. Denkbar sind auch die einjährigen, kleinblütigen Zwergpetunien (Million-Bells-Petunien, 'Terracotta'-Serie).

Pausenlos schön

Achten Sie darauf, nur Arten zu pflanzen, die den ganzen Sommer über entweder als Dauerblüher oder durch schmückendes Laub attraktiv sind – Arten wie zum Beispiel Topflilien, die nur wenige Wochen blühen, aber dann lange Zeit relativ unansehnlich herumstehen, nehmen nur Platz weg. Auch Pflanzen mit Dornen oder spitzen Blättern wie Agaven oder Yucca-Arten, an denen man sich beim Vor-

Balkongestaltung mit Kübelpflanzen, die klein bleiben

1 Polsterglockenblume (*Campanula poscharskyana*)
2 Elfensporn, Doppelsporn (*Diascia*-Hybride 'Salmon Supreme'; lachsrosa)
3 Spindelstrauch (*Euonymus fortunei* 'Variegatus')
4 Kumquat (*Fortunella margarita*)
5 Weißbunter Gundermann (*Glechoma hederacea* 'Variegata')
6 Strauchveronika (*Hebe* x *andersonii* 'Irene'; violette Blüten)
7 Vanilleblume (*Heliotropium arborescens*)
8 Lavendel (*Lavandula angustifolia* 'Hidcote Blue')
9 Schopflavendel (*Lavandula stoechas*)
10 Hornklee (*Lotus maculatus*)
11 Duftpelargonie (*Pelargonium graveolens*)
12 Mina-Prachtwinde (*Quamoclit lobata*, syn. *Ipomoea lobata*)
13 Miniaturrose (*Rosa* 'Schneeweißchen'; weiße Blüten)
14 Rosmarin (*Rosmarinus officinalis*)
15 Buntblättriger Salbei (*Salvia officinalis* 'Tricolor')
16 Heiligenkraut (*Santolina chamaecyparissus*)
17 Schneeflocke (*Sutera diffusus, Bacopa*-Hybride)
18 Sammetblume (*Tagetes-tenuifolia*-Hybride 'Lulu'; gelb)
19 Schwarzäugige Susanne (*Thunbergia alata*)
20 Zitronenthymian (*Thymus citriodorus* 'Villa Nova'; gelb gerandetes Laub)
21 Kapuzinerkresse (*Tropaeolum peregrinum;* gelb)
22 Kapuzinerkresse (*Tropaeolum tuberosum* 'Ken Aslet'; orangerot)
23 Eisenkraut (*Verbena*-Hybride 'Tapien'; rosa und blauviolette Blüten)
24 Wattakakaschlinge (*Wattakaka sinensis,* syn. *Dregea sinensis*)

beilaufen verletzen könnte, haben nichts auf einem kleinen Balkon zu suchen. Allein die Miniaturrosen sind erwünscht, wenn man sie entsprechend sicher – zum Beispiel als Tischschmuck – platziert. Einjährige Sommerblumen, darunter die feingliedrigen Kapuzinerkressen *Tropaeolum peregrinum* und *T. tuberosum* ergänzen das muntere Völkchen der Kübelpflanzen und haben den großen Vorteil, kein Winterquartier zu brauchen. Wenn man bei der Bepflanzung darauf achtet, auch immergrüne, frostharte Gewächse (siehe Tabelle auf Seite 92) in die Kübel zu setzen, dann ist der Balkon sogar im Winter noch attraktiv und lädt an milden Sonnentagen zur Mittagspause im Freien ein.

Balkongestaltung mit winterharten Kübelpflanzen

Die meisten Kübelpflanzen, die in unseren Breiten zu Gast sind, vertragen kaum oder gar keinen Frost. Das bedeutet, dass sie im Winter irgendwo untergebracht werden müssen, wo ihnen Minustemperaturen nichts anhaben können. Nicht jeder verfügt allerdings über ein helles Treppenhaus, ein ungeheiztes Gästezimmer oder gar einen Wintergarten. Als Alternative kommen daher nur frostfeste Pflanzen infrage, die im Winter an Ort und Stelle im Freien bleiben können. Manch einer möchte sich auch die Mühe des Kübelschleppens im Frühjahr und Herbst ersparen und wünscht sich aus diesem Grund eine Bepflanzung mit frostharten, ausdauernden Gewächsen. Noch schöner, wenn diese dazu auch noch immergrün sind, also sogar im Winter einen attraktiven Anblick bieten. Im Grunde ist das kein Problem, denn es gibt eine reiche Auswahl an zwergwüchsigen Koniferen, immergrünen und Laub abwerfenden Sträuchern, die ausgepflanzt voll frosthart sind. Nur ist ein Kübelgarten eben doch kein ganz normaler Garten und deshalb gibt es einige Kleinigkeiten zu beachten: Voraussetzung dafür, dass die Pflanzen ganzjährig im Freien bleiben können, sind zunächst einmal wirklich frostfeste Gefäße. Damit die Wurzelballen der Pflanzen nicht schon bei geringen Frösten durchfrieren, empfiehlt es sich, möglichst große Kübel zu verwenden. Sie haben darüber hinaus den großen Vorteil, im Sommer das Wasser besser speichern zu können. Bei der Auswahl der Pflanzen kommt es darauf an, robuste Arten und Sorten auszuwählen. Mitunter sind manche Arten, die im Freiland ausgepflanzt voll frosthart sind, im Kübel etwas anfälliger für Frostschäden. Der Grund kann zum einen in dem exponierten Standort liegen, wenn zum Beispiel Wind und Frost auf einem Balkon ungehindert angreifen können, zum anderen hängt es mit der eingeschränkten Nährstoffversorgung und dem knappen Wurzelraum im Kübel zusammen, dass die Pflanzen weniger widerstandsfähig sind. Der kälteempfindlichste Teil der Pflanzen ist der Wurzelballen. Wenn der gesund ist und gut geschützt wird, dürfte es bei den für unser Beispiel verwendeten Pflanzen keine Probleme bei der Überwinterung geben. Doch nicht nur der Winter kann den Pflanzen gefährlich werden, auch im Sommer können Hitze und Trockenheit den Pflanzen zusetzen. Gesunde, gut ernährte und regelmäßig bewässerte Pflanzen sind robuster als vernachlässigte Stiefkinder, die unter Umständen zwar zu Überlebenskünstlern werden können, aber dann meist einen kümmerlichen Eindruck machen. Wer öfter mal das Gießen vergisst oder viel auf Reisen ist, sollte daher schon beim Pflanzen einen Langzeitdünger einbringen und über die Installation einer automatischen Bewässerungsanlage nachdenken.

Was bedeutet voll frosthart

Mit „voll frosthart“ werden in der Regel Pflanzen bezeichnet, die in durchschnittlich kalten Wintern

Oben: Mit Japanischen Azaleen und Zwergrhododendren kommt im Frühjahr Farbe in den Kübelgarten.

Links: Im Prinzip lassen sich fast alle Koniferen auch im Kübel kultivieren, wie diese Zeder beweist. Am schönsten und pflegeleichtesten sind jedoch kompakt wachsende, zwergige Sorten, die speziell für Balkon und Kübel gezüchtet wurden.

Immergrüne Zwerge für Kübel und Kästen

Name	Höhe x Breite	Standort	Bemerkungen
Zwerg-Balsamtanne (*Abies balsamea* 'Nana')	1 x 1 m	sonnig in humoser, normaler bis leicht saurer Erde	kurznadelig, kompakte Gestalt
Buchsbaum (*Buxus sempervirens* 'Suffruticosa')	1 x 1,5 m	sonnig, halbschattig bis schattig, nicht zu trocken	ideal für Formschnitt; langsam wachsend
Faden-Scheinzypresse (*Chamaecyparis pisifera* 'Filifera Nana Aurea')	1 x 1,5 m	sonnig in feuchter, neutraler bis leicht saurer Erde	gelbgrüne, fadenförmige Triebe
Kugel-Scheinzypresse (*Chamaecyparis obtusa* 'Pygmaea')	1 x 1,5 m	sonnig in feuchter, neutraler bis leicht saurer Erde	rundlicher Wuchs, grüne Blätter, die sich bei Kälte rotbraun verfärben
Strauchveronika (*Hebe pinguifolia*)	0,5 x 0,7 m	sonnig bis halbschattig in feuchter, neutraler bis leicht alkalischer Erde	aparter Zwergstrauch mit ovalen, blaugrünen Blättern; leichter Winterschutz nötig
Zwergwacholder (*Juniperus communis* 'Echiniformis)'	0,5 x 0,5 m	sonnig bis halbschattig in gut durchlässiger, sandiger Erde	kugelförmige Gestalt, dunkelgrüne Nadeln, sehr langsam wachsend
Zwergwacholder (*Juniperus pfitzeriana* ‚Armstrongii')	1 x 1 m	sonnig bis halbschattig in gut durchlässiger Erde	weiche, grüngelbe Nadeln
Zwerg-Säulenwacholder (*Juniperus communis* 'Compressa')	0,8 x 0,45 m	sonnig bis halbschattig in gut durchlässiger, sandiger Erde	graugrüne Nadeln, säulenförmig, leichter Winterschutz nötig
Kriechwacholder (*Juniperus horizontalis* 'Glauca')	0,3 x 1 m	sonnig bis halbschattig in gut durchlässiger, sandiger Erde	intensiv blaugraue Nadeln; flach bleibend, schwach wachsend
Igelfichte (*Picea abies* 'Echiniformis')	0,6 x 0,6 m	sonnig in feuchter, neutraler bis leicht saurer Erde	dichtwüchsig, dunkelgrün benadelt
Kugelfichte (*Picea abies* 'Mariae-Orffiae')	0,6 x 0,6 m	sonnig in feuchter, neutraler bis leicht saurer Erde	kugelig, sehr zierlich
Lavendelheide (*Pieris japonica* 'Debutante')	1 x 1 m	sonnig bis schattig in feuchter, saurer Erde	kompakt bleibende Sorte mit weißen Blütentrauben
Lavendelheide (*Pieris japonica* 'Little Heath')	0,6 x 0,6 m	sonnig bis schattig in feuchter, saurer Erde	zwergige Sorte mit weiß gerandeten Blättern
Zwerg-Drehkiefer (*Pinus contorta* 'Spaan's Dwarf'	0,75 x 0,75 m	sonnig in humoser Erde	gewundener Stamm, offener Wuchs
Zwerg-Bergkiefer (*Pinus mugo* 'Pumilo')	0,5 x 1 m	sonnig in humoser Erde	dicht verzweigt, gedrungener Wuchs
Zwerg-Kugelkiefer *Pinus densiflora* 'Alice Verkade')	0,75 x 1 m	sonnig in humoser Erde	kugelig mit hellgrünen Nadeln
Japanische Azalee *Rhododendron-obtusum*-Hybriden)	0,5 bis 1 m	schattig, halbschattig bis sonnig in feuchter, saurer Erde	kompakte, kleinblättrige, im Frühjahr mit Blüten übersäte, immergrüne Azaleen
Zwerg-Rhododendron *Rhododendron-Yakushimanum*-Hybriden)	0,8 x 1,5 m	sonnig bis halbschattig in feuchter, saurer Erde	sehr schöne Blütenpflanzen in vielen Sorten mit allen Blütenfarben außer Gelbtönen
Skimmie (*Skimmia-japonica*-Hybriden)	0,75 x 0,75 m	halbschattig bis schattig in feuchter, humoser Erde	sehr langsam wachsend; die meisten Sorten sind zweihäusig
Zwerg-Kugellebensbaum (*Thuja occidentalis* 'Golden Globe')	1 x 1 m	sonnig bis halbschattig in feuchter, humoser Erde	kugeliger Wuchs, goldgelbe Nadel
Zwerg-Lebensbaum (*Thuja occiden-talis* 'Smaragd')	1 x 0,8 m	sonnig bis halbschattig in feuchter, humoser Erde	konischer Wuchs, hellgrünes Laub
Zwerg-Lebensbaum (*Thuja occiden-talis* 'Caespitosa')	0,3 x 0,4 m	sonnig bis halbschattig in feuchter, humoser Erde	kissenartiger Wuchs, feingliedriges Laub
Zwerg-Lebensbaum (*Thuja orientalis* 'Aurea Nana')	0,6 x 0,6 m	sonnig bis halbschattig in feuchter, humoser Erde	rundlicher Wuchs, gelbgrünes Laub, das sich im Winter bronze färbt

Balkongestaltung mit winterharten Kübelpflanzen

1 Roter Schlitzahorn (*Acer palmatum-dissectum* 'Atropurpureum')
2 Grüner Schlitzahorn (*Acer palmatum dissectum* 'Viride')
3 Buchsbaum-Kugel (*Buxus sempervirens*)
4 Faden-Scheinzypresse (*Chamaecyparis pisifera*) 'Filifera Nana Aurea'
5 Zwergmispel (*Cotoneaster microphyllus*)
6 Elfenbeinginster (*Cytisus* x *kewensis*)
7 Schneeheide (*Erica carnea* 'March Seedling'; rosa)
8 Spindelstrauch (*Euonymus fortunei* 'Variegatus')
9 Scheinbeere (*Gaultheria procumbens* 'Wintertime'; weiß)
10 Weißbunter Efeu (*Hedera helix* 'Silbermöve')
11 Efeu (*Hedera helix* 'Pedata')
12 Winterjasmin (*Jasminum nudiflorum*)
13 Zwerg-Lebensbaum (*Thuja occidentalis*) ‚Smaragd'
14 Kriechwacholder (*Juniperus horizontalis* 'Glauca')
15 Sternmagnolie (*Magnolia stellata*)
16 Lavendelheide (*Pieris japonica* 'Variegata')
17 Knüppelkiefer (*Pinus mugo* 'Pumilo')
18 Azalee (*Rhododendron* Knap-Hill-Hybride 'Hotspur Orange'; orange)
19 Japanische Azalee (*Rhododendron-obtusum*-Hybride 'Rosalind'; rosa)
20 Skimmie (*Skimmia japonica*)
21 Zwerg-Lebensbaum (*Thuja occidentalis* 'Tiny Tim')

über kurze Perioden Temperaturen bis etwa –18 °C oder knapp darunter aushalten. Es gibt allerdings auch Gegenden, etwa höher gelegene Regionen der Mittelgebirge und das Voralpenland, aber auch Teile Sachsens und Thüringens, wo es im Winter regelmäßig kälter wird. Dort werden in fast jedem Winter Temperaturen von –25 °C und darunter erreicht, was für die meisten immergrünen, winterharten Kübelpflanzen doch etwas zu viel ist. Sie verabschieden sich dann auf Nimmerwiedersehen. Solche Extremfröste richten weniger Schaden an, wenn man die Pflanzen nah an die Hauswand rückt und sie für die kälteste Zeit mit Stroh und Sackleinen einwickelt. Bei sonnigem Wetter und Frost müssen alle immergrünen Gewächse vor Trockenschäden geschützt werden. (Mehr Informationen zum Winterschutz finden Sie im Kapitel I).
Für unser Beispiel wurde eine pflegeleichte, ganzjährig attraktive Bepflanzung für einige große Kübel entworfen. Einzelne kleinere Töpfe lassen aufgrund der größeren Mobilität – sie sind wegen des geringen Gewichts leichter zu verstellen – gewisse Variationen zu. Die Laub abwerfenden Gehölze sehen im Winter besonders schön aus, wenn man sie mit Miniatur-Lichterketten und zur Weihnachtszeit vielleicht auch mit Kugeln und anderem Weihnachtsschmuck dekoriert. Für Blüten sorgen im Frühjahr der Elfenbeinginster, die Sternmagnolie und vor allem die Azaleen. Die hier verwendeten *Rhododendron*-Sorten gelten als besonders frostfest. Auch die Blüten von Immergrün, Lavendelheide und Schneeheide sorgen für Abwechslung. Das Frühjahr wird noch bunter, wenn man rechtzeitig im Herbst Zwiebeln von Krokussen, Narzissen und Tulpen in die Kübel steckt. Im Sommer können dann Töpfe und Kübel mit einjährigen Sommerblühern die immergrüne Bepflanzung aufpeppen, bis sich im

Herbst die Ahornbäumchen in ihr leuchtendes Herbstgewand hüllen und die Saison mit den schwefelgelben Blüten des Winterjasmins ausklingt.

Sommergäste – Zimmerpflanzen, die im Sommer nach draußen umziehen

Es müssen nicht immer Oleander, Bougainvillee oder Korallenstrauch sein. Viele Pflanzen, die im Winterhalbjahr die Wohnung zieren, können den Sommer über ins Freie umziehen. Mit Zimmerpflanzen auf Balkon und Terrasse können Sie besonders exotische Gestaltungen verwirklichen und zugleich dem Platzproblem begegnen, wenn Sie für große Kübelpflanzen kein Winterquartier haben. Da die meisten Zimmerpflanzen im Freiland eher halbschattige bis schattige Standorte bevorzugen, sind sie wertvolle Lückenfüller für absonnige Bereiche. Blattschmuckpflanzen wie Buntnesseln, Zimmeraralie oder Zimmerlinde werten halbschattige Ecken auf und stark wachsende Arten wie Grünlilien und Tradeskantien können Balkonkästen in absonnigen Lagen bereichern. Schöne Einzelstücke, zum Beispiel im Spätsommer blühende Gardenien, bieten auf dem Gartentisch einen Blickfang. Sonnenliebende Zimmerpflanzen wie Brautmyrte, Yucca und Geldbaum leben im Freien richtig auf und sammeln neue Kräfte für das Winterhalbjahr im Zimmer. Eine besonders pfiffige Idee ist es, Kakteen in einer Miniatur-Wüstenlandschaft zu präsentieren. Dazu versenkt man die einzelnen Kakteen jeweils in ihren Töpfchen in ein Sandbeet oder ein größeres Becken mit Sand. Für die stacheligen Gesellen ist eine gute Dränage lebenswichtig, daher muss Wasser immer gut ablaufen können. Wenn Sie gießen, dann am besten mit kalkfreiem (Regen-)Wasser. Zwischen die Kakteen kann man Steine, knorrige, sonnengebleichte Wurzeln und andere Accessoires arrangieren. In einem Kies- oder Steppenbeet können auf diese Weise winterharte Exoten wie Palmlilien (*Yucca filamentosa, Y. flaccida*) und Feigenkakteen (*Opuntia fragilis, O. phaeacan-*

Oben: Ein richtiges kleines Wüstenstillleben kann man mit Kakteen und Sukkulenten inszenieren, die man im Sommer zusammen mit ihrem Topf in Beete mit sandiger Erde eingräbt.

Links außen: Klivien können im Alter zu prachtvollen Exemplaren heranwachsen und fühlen sich, nachdem sie im Frühjahr geblüht haben, an einem halbschattigen Standort im Freien besonders wohl.

Links: Obwohl er mit seinen spitzen Stacheln aussieht wie ein Kaktus, gehört der Christusdorn zu den Wolfsmilchgewächsen. Er kann im Sommer problemlos nach draußen umgesiedelt werden.

Topfpflanzen, die im Sommer nach draußen dürfen

Welche Zimmerpflanzen im Sommer nach draußen umziehen dürfen, hängt immer etwas von der individuellen Situation, also vom Zustand der Pflanzen und dem jeweiligen Standort ab. Die folgenden Angaben sollen Anregungen geben, sind jedoch nicht verbindlich. Was in einem Fall gut funktioniert, kann in einem anderen schief gehen – beobachten Sie die Reaktion der Pflanzen auf das „Auswildern" besonders in den ersten Tagen aufmerksam und schützen Sie sie vor zu abrupten Veränderungen der Umgebung.
Nach den Eisheiligen (Mitte Mai) können folgende Zimmerpflanzen gefahrlos nach draußen umgesiedelt werden:

Kakteen und andere Sukkulenten:

Kakteen:
Blattkakteen (*Epiphyllum*-Hybriden),
Korallenkakteen (*Rhipsalis* und *Lepismium*),
Osterkakteen (*Rhipsalidopsis*-Hybriden),
Weihnachtskakteen (*Schlumbergia*-Hybriden),
Säulenkakteen (*Cereus*),
Warzenkakteen (*Mammiliaria*),
Igelkakteen (*Echinocactus*) und Verwandte.

Sukkulenten:
Wüstenrose (*Adenium obesum*),
Rosettenbäumchen (*Aeonium*),
Agaven (*Agave*-Arten),
Aloe und Verwandte (*Aloe*-Arten, *Haworthia, Gasteria*),
Elefantenfuß (*Beaucarnea recurvata*),
Geldbaum (*Crassula ovata*),
Echeverienarten (*Echeveria*),
Christusdorn (*Euphorbia*-Hybriden),
Brutblatt (*Kalanchoe*-Arten),
Madagaskarglöckchen (*Kalanchoe*-Hybriden),
Bogenhanf, Sanseverie (*Sanseveria trifasciata*),
Dickblatt (*Sedum*-Arten)

Kalthauspflanzen:
Schönmalve (*Abutilon*-Hybriden),
Zimmertanne (*Araucaria heterophylla*),
Aukube, Goldorange (*Aucuba japonica*),
Zimmerhopfen (*Beloperone guttata*),
Kamelien (*Camellia japonica, C. sasanqua*),
Zwergpalme (*Chamaerops humilis*),
Grünlilie (*Chlorophytum comosum*),
Zitrusgewächse (*Citrus*),
Klivie, Riemenblatt (*Clivia miniata*),
Buntnesseln (*Coleus-Blumei*-Hybriden, syn. *Solenostemon scutellarioides*),
Keulenlilie (*Cordyline*),
Kalifornische Zypresse, Zimmerzypresse (*Cupressus macrocarpa*),
Safranwurz, Gelbwurzel (*Curcuma alismatifolia*),
Palmfarn, Sagopalme (*Cycas revoluta*),
Alpenveilchen (*Cyclamen persicum*),
Orchideen (*Cymbidium*-Arten),
Zyperngras (*Cyperus*),
Drachenbaum (*Dracaena*),
Zierbanane (*Ensete*-Arten),
Weihnachtsstern (*Euphorbia pulcherrima*),
Zimmeraralie (*Fatsia japonica*),
Kumquat (*Fortunella margarita*),
Gardenie (*Gardenia jasminoides*),
Ruhmeskrone (*Gloriosa rothschildiana*),
Australische Silbereiche (*Grevilla robusta*),
Efeu (*Hedera*-Arten),
Hibiskus (*Hibiscus rosa-sinensis*),
Ritterstern, Amaryllis (*Hippeastrum*),
Kentiapalme (*Howeia belmoreana, H. fosteriana*),
Hortensie (*Hydrangea macrophylla*),
Jakobinie (*Jacobinia carnea*),
Jasmin (*Jasminum officinale, Jasminum polyanthum, Jasminum sambac*),
Muehlenbeckie (*Muehlenbeckia adpressa*),
Banane (*Musa*-Arten),
Brautmyrte (*Myrtus communis*),
Passionsblume (*Passiflora*-Arten),
Duftgeranien (*Pelargonium*-Arten),
Edelpelargonien (*Pelargonium*-Grandiflorum-Hybriden),
Geranie, Zonalpelargonie (*Pelargonium-Zonale*-Hybriden),
Dattelpalme (*Phoenix canariensis*),
Hirschzungenfarn (*Phyllitis scolopendrium*),
Harfenstrauch, Weihrauchpflanze (*Plectranthus*),
Zimmerbambus (*Pogonatherum paniceum*),
Primeln (*Primula*),
Steckenpalme, Rutenpalme (*Rhapis*)
Zimmerazalee, Indische Azalee (*Rhododendron-simsii*-Hybriden),
Sabalpalme (*Sabal minor*),
Bubiköpfchen (*Soleirolia soleirolii*),
Zimmerlinde (*Sparmannia africana*),
Paradiesvogelblume, Strelitzie (*Strelitzia reginae*),
Henne mit Küken (*Tolmiea menziesii*),
Tradeskantie, Zebrakraut (*Tradescantia zebrina* u. a.),
Zwergorange, Calamondine (*x Citrofortunella microcarpa*),
Efeuaralie (x *Fatshedera lizei*),
Palmlilie (*Yucca elephantipes, Y. aloifolia*),
Zimmerkalla, Schlangenwurz (*Zantedeschia aethiopica*)

Nicht fürs Freiland geeignete Zimmerpflanzen:
Schamblume (*Aeschynanthus*),
Kolbenfaden (*Aglaonema*-Hybriden),
Tropenwurz (*Alocasia*-Arten),
Anthurien (*Anthurium*-Hybriden),
Schiefblatt (*Begonia-boweri*-Sorten, *Begonia glabra, Begonia limmingheana, Begonia masoniana, Begonia metallica, Begonia-Corallina*-Hybriden, *Begonia-Rex*-Hybriden),
Buntwurz, Kaladie (*Caladium-Bicolor*-Hybriden),
Korbmaranthe (*Calathea*),
Losbaum (*Clerodendrum thomsoniae*),
Kroton, Wunderstrauch (*Codiaeum variegatum*),
Kaffeebäumchen (*Coffea arabica*),
Dieffenbachie (*Dieffenbachia*-Hybriden),
Dipladenie (*Dipladenia sanderi*),
Gummibaum-Arten (*Ficus*-Arten),
Heliconie (*Heliconia*-Arten),
Wachsblume (*Hoya carnosa, H. bella*),
Medinille (*Medinilla magnifica*),
Fensterblatt (*Monstera*),
Goldähre (*Pachystachys lutea*),
Orchideen (*Phalaenopsis*),
Baumfreund (*Philodendron*),
Kanonierblume (*Pilea*),
Usambaraveilchen (*Saintpaulia ionantha*),
Purpurtute (*Syngonium*) sowie alle tropischen Pflanzen, die eine hohe Luftfeuchtigkeit und konstante Temperaturen um oder über 20 °C zum Gedeihen brauchen und keine Schlechtwetterperioden überstehen würden.

tha, O. polyacantha, O. erinacea var. *utahensis*) mit nicht winterharten Kakteen zu einem eindrucksvollen Ensemble kombiniert werden.

Wann dürfen Zimmerpflanzen nach draußen umziehen

Die meisten halbwegs robusten Zimmerpflanzen können ab Mitte Mai ausgeräumt werden, wenn die Nachttemperaturen um 15 °C betragen. Dies ist auch ein guter Zeitpunkt, die Pflanzen umzutopfen. Größere Pflanzgefäße bieten den Wurzeln mehr Raum zur Entwicklung und speichern mehr Wasser. Die Gefahr des Austrocknens ist nicht so groß, auch wenn man einmal das Gießen vergessen hat. Am besten platziert man die Zimmerpflanzen zunächst an einem halbschattigen Standort im Freien, damit sie sich an das wesentlich hellere Licht und die frische Luft gewöhnen können. Eine direkte Konfrontation mit der Sonne könnte einen Sonnenbrand oder sogar den Totalverlust der Pflanze zur Folge haben. Solche Gewächse, die Sonne gut vertragen – dazu gehören zum Beispiel alle Kakteen, Zitrusbäumchen, Drachenbaum, Keulenlilie und alle *Pelargonium*-Arten – können nach einigen Tagen der Eingewöhnung an einen vollsonnigen Standort umziehen. Andere Arten wie Kamelien, Palmfarn, Alpenveilchen und Azaleen mögen es lieber halbschattig und frischer. Sie sollten nie der prallen Sonne oder austrocknenden Winden ausgesetzt werden. Wind kann ebenfalls für viele Zimmerpflanzen, besonders für solche mit großen Blättern wie Banane und Zimmerlinde, eine Gefahr darstellen. Die Blätter könnten zerfetzt und die Pflanzgefäße umgeweht werden. In Schlechtwetterperioden mit tagelangem Dauerregen, aber auch bei einem heftigen Platzregen müssen die Pflanzen vor zu viel Nässe geschützt werden, damit sich nirgends Wasser staut, weder in Blattrosetten noch im Topfuntersatz. Wenn man einige Tage verreist und ein Nachbar nur gelegentlich mit der Gießkanne vorbeischaut, sollte man die Pflanzen daher besser unter ein Vordach rücken, um sie vor dem Regen zu schützen. Lassen Sie die Töpfe nicht in den Untersetzern stehen. Es könnte sonst passieren, dass die Pflanzen während Ihrer Abwesenheit „ertrinken“, weil überschüssiges Wasser nicht ablaufen kann. Gedüngt wird in der Regel 14-tägig. Auch gegen Ende des Som-

Links: Zu den anspruchslosesten Zimmerpflanzen, die im Sommer auch im Freien kaum Probleme machen, gehören die Blattkakteen (*Epiphyllum*-Hybriden). In Sonne und Halbschatten entwickeln sich im Laufe des Sommers an den hängenden Trieben spektakuläre Blüten.

Unten: Seit einigen Jahren werden Buntnesseln, denen lange ein verstaubtes Image anhaftete, wieder populär. Die vielen Farbvarianten machen die Zucht zu einer abenteuerlichen Beschäftigung.

Sommergäste – Zimmerpflanzen, die im Sommer nach draußen umziehen

1 Schönmalve (*Abutilon*-Hybride)
2 Agave (*Agave victoriae-reginae*)
3 Kamelie (*Camellia japonica*)
4 Säulenkaktus (*Cereus*)
5 Grünlilie (*Chlorophytum comosum*)
6 Klivie, Riemenblatt (*Clivia miniata*)
7 Buntnessel (*Coleus-Blumei*-Hybriden)
8 Geldbaum (*Crassula ovata*)
9 Zyperngras (*Cyperus*)
10 Echeverie (*Echeveria laui*)
11 Igelkaktus (*Echinocactus*)
12 Blattkaktus (*Epiphyllum*; rote Blüten, hängender Wuchs)
13 Fuchsie (*Fuchsia*-Hybride)
14 Gardenie (*Gardenia jasminoides*)
15 Edellieschen (*Impatiens*-Neuguinea-Hybride)
16 Warzenkaktus (*Mammillaria*)
17 Feigenkaktus (*Opuntia polyacantha*)
18 Feigenkaktus (*Opuntia erinacea* var. *utahensis*)
19 Duftpelargonien (*Pelargonium*-Hybriden)
20 Zimmerazalee (*Rhododendron-simsii*-Hybride)
21 Sabalpalme (*Sabal minor*)
22 Purpur-Tradeskantie (*Tradescantia pallida*)
23 Riesenpalmlilie (*Yucca elephantipes*)
24 Palmlilie (*Yucca flaccida*)
25 Zimmerkalla (*Zantedeschia aethiopica*)

mers kann, anders als bei den „echten" Kübelpflanzen, weiter gedüngt werden, da die Pflanzen im Winter keine Vegetationspause einlegen, sondern im Zimmer weitergepflegt werden. Achten Sie auf Schädlinge! Besonders nach dem Ausräumen im Frühjahr sind die weichen Triebe der Zimmerpflanzen ein gefundenes Fressen für Blattläuse, Schnecken und andere Übeltäter. Vor dem Einräumen im Herbst, das wegen der ab September oft schon recht kalten Nächte nicht zu spät erfolgen sollte, werden die Pflanzen nochmals gründlich auf Schädlinge kontrolliert. Das verhindert, dass man Ungeziefer mit in die Wohnung holt und womöglich noch andere Zimmerpflanzen befallen werden. Nach einem Sommer im Freien haben sich die Pflanzen meistens prächtig entwickelt, sind kräftiger und widerstandsfähiger als die „Stubenhocker", die im Zimmer geblieben sind, und belohnen den Aufenthalt in der Sommerfrische mit gesundem Laub und besonders üppiger Blüte.

Mit Kübelpflanzen den Wintergarten gestalten

Kübelpflanzen eignen sich genauso für die meisten Wintergärten wie für Terrasse und Balkon. Ganz gleich, ob es sich um ein einfaches Anlehn-Gewächshaus, eine verglaste Veranda oder einen luxuriösen und geräumigen Glasanbau in moderner Passivbauweise mit Sonnenenergienutzung handelt, Kübelpflanzen sind als wichtige Gestaltungselemente und Klimaverbesserer in Wintergärten unverzichtbar. Besonders seit dem vergangenen Jahrzehnt erfreuen sich Wintergärten wieder steigender Beliebtheit. Viele Bauherren planen gleich von Anfang an einen Wintergarten mit ein. Dementsprechend drängen immer mehr Anbieter von speziellen Konstruktionsmaterialien und Zubehör auf den Markt, sodass es kaum Mühe machen dürfte, den richtigen Partner für die Planung und Ausführung einer individuellen Wintergartenkonstruktion zu finden. Für Wintergärten gibt es die unterschiedlichsten Nutzungen – angefangen von der überdachten Allwetterterrasse über ein zusätzliches Wohn- und Spielzimmer bis hin zu gewerblich genutzten Verkaufsflächen und Büroräumen oder gar tropisch inspirierten Badezimmern. Doch nicht jeder Wintergarten bietet die gleichen Klimabedingungen. Grundsätzlich werden drei Typen von Wintergärten unterschieden. Im ersten, dem kühlen Wintergarten, wird im Winter nur schwach geheizt, damit die Minimaltemperatur gerade über dem Gefrierpunkt bleibt. In solch einem winterkühlen Wintergarten können Kübelpflanzen, die eine Ruhephase durchmachen müssen, gut überwintert werden. Ideal ist eine Kombination von immergrünen und Laub abwerfenden Gehölzen. Dennoch sind winterkühle Wintergärten keine Eiskammern, denn an sonnigen Wintertagen kann es auch in solch einem Wintergarten angenehm warm werden, sodass man es sich mit einem Buch darin gemütlich

Oben: In beheizten Wintergärten und Glasanbauten blühen manche Kübelpflanzen wie zum Beispiel Hibiskus praktisch ganzjährig.

Rechts: Palmen sind ideale Kübelpflanzen für kühle bis temperierte Wintergärten. Sie ziehen im Sommer auch gern nach draußen um. Ältere, große Pflanzen wird man aber wohl kaum noch transportieren mögen.

machen kann. Ganz verfrorene Naturen kuscheln sich einfach in eine Wolldecke ein.

Temperierte Wintergärten

Im zweiten Typus, dem temperierten Wintergarten, ist die Temperatur stets ausgeglichen, starke Schwankungen werden durch gute Isolation und die Heizung vermieden. Solch ein Wintergarten ist sicher frostfrei, nie sinkt die Temperatur unter 5 °C. Mediterrane, immergrüne Gewächse wie Zitrusbäume oder Palmen, die im Winter nicht zu kalt stehen sollten, aber auch Kakteen und andere Sukkulenten und Pflanzen aus subtropischen Regionen wie Australien, Neuseeland und dem südlichen Afrika fühlen sich in solchen Wintergärten wohl.
Im dritten Typus, der auch als Wohn-Wintergarten bezeichnet werden kann, herrschen stets angenehme Temperaturen von mindestens 18 °C, in der Regel aber wesentlich mehr. Im Sommer können die Temperaturen in solch einem Wintergarten schon mal deutlich über 30 °C steigen. Hier fühlen sich sowohl die klassischen Zimmerpflanzen als auch allerlei tropische Warmhauspflanzen wohl. Für klassische Kübelpflanzen, die im Sommer im Freien stehen und im Winter eine Ruhephase durchmachen müssen, sind solche stets warmen Wintergärten allerdings weniger geeignet.

Heizung, Lüftung und andere technische Feinheiten

Wintergärten reagieren durch die spezielle Konstruktion – große Glasflächen und meist eine nach Süden ausgerichtete Lage – besonders sensibel auf eine Veränderung des Außenklimas. Schon einige Stunden Sonne treiben die Temperaturen auch im Winter abrupt in die Höhe, während in einer eisigen Nacht die Heizanlage kaum schnell genug reagieren kann, um empfindliche Temperaturstürze auszugleichen. Deshalb ist es wichtig vom Beginn der Planung bis zur Ausführung mit einem Fachbetrieb zusammenzuarbeiten, der alles über die richtige Isolierung, Heizsysteme, Belüftung und Schattierung weiß.
Selbst im einfachsten Typus, dem winterkühlen Wintergarten, sollte es effektive Möglichkeiten zur Heizung, Belüftung und Schattierung geben. Wird der Wintergarten beheizt, bedeutet das noch lange nicht, dass es überall gleich warm wird. Denken Sie bei der Bepflanzung daran, dass die Bereiche an der Hauswand deutlich wärmer sind als die Bereiche, die an die Glasfronten stoßen. Frost kriecht außerdem nah an den Außenwänden am Boden entlang, sodass empfindliche Bodendecker erfrieren können, während höhere Pflanzen schadlos davonkommen. Wichtig ist auch eine automatische Nachtabsenkung der Temperatur, damit die Pflanzen nicht unter Stress geraten. Eine automatisch gesteuerte Belüftungsanlage sorgt auch bei Abwesenheit der Besitzer dafür, dass die Temperatur im Wintergarten immer im gewünschten Bereich bleibt.

Pflanzen brauchen Luftfeuchtigkeit

In Abhängigkeit von der Temperatur ist die Luftfeuchtigkeit in wärmeren Wintergärten normalerweise auch höher als in winterkühlen oder temperierten Wintergärten. Als Richtwert gilt bei einer Raumtemperatur von 18 bis 25 °C für warme Wintergärten eine relative Luftfeuchtigkeit von 55 bis 56 Prozent. Neben einer Heizanlage und einem Minimum-Maximum-Thermometer gehört in einen gut ausgerüsteten Wintergarten daher auch ein Hygrometer, mit dem man die Luftfeuchtigkeit misst. Tropische Pflanzen, die mehr Luftfeuchtigkeit brauchen, kann man regelmäßig besprühen. Bequemer sorgt ein automatischer Luftbefeuchter für eine konstant hohe Luftfeuchtigkeit, wobei die Verdunster den Zerstäubern und Verdampfern vorzuziehen sind. Wird die Luft zu feucht, können vermehrt Pilz- und Bakterienkrankheiten auftreten, ist die Luft zu trocken, kommt es zu Spinnmilbenbefall und Blattspitzen und Blattränder werden schnell braun.
Obwohl man den Eindruck hat, in einem Wintergarten sei es immer taghell, variiert die Lichtintensität abhängig von Jahreszeiten und Witterungseinflüssen doch erheblich. Im Sommer kann die Beleuchtungsintensität bis zu 100 000 Lux betragen, während im Winter manchmal nur 10 000 Lux erreicht werden – und das dann auch nur für eine viel kürzere Zeit pro Tag. Das durch die Glasflächen dringende Licht heizt die Luft im Wintergarten stark auf. Deshalb ist es wichtig, dass eine Möglichkeit zur Schattierung besteht. Man kann sowohl von außen wie von innen verschiedene Systeme als Sonnenschutz anbringen. Bewährt haben sich Sonnenrollos, die über Fotozellen automatisch gesteuert werden. Solche Systeme funktionieren auch bei Abwesenheit der Besitzer und verhindern einen Hitzestau oder ein Verbrennen der Pflanzen. Sie können zugleich einen Sichtschutz nach außen bilden. Eine Bepflanzung der Außenbereiche des Wintergartens mit Laub abwerfenden Bäumen ist ebenfalls sinnvoll – so schattieren die Baumkronen im Sommer den

Wintergarten und lassen im Winter, wenn die Gehölze kahl sind, das Sonnenlicht ungehindert passieren. Eine weitere Möglichkeit sind Laub abwerfende Kletterpflanzen an der Außen- oder Innenseite des Wintergartens. Solch ein Sonnenschutz hat allerdings den Nachteil, nicht spontan regulierbar zu sein.

Beim Bewässern auf die Wasserqualität achten

Für die automatische Bewässerung der Pflanzen im Wintergarten stehen verschiedene Systeme zur Verfügung, die schon in ab Seite 26 vorgestellt wurden. Ganz gleich, ob von Hand oder mit einem Bewässerungssystem gegossen wird, sollte man besonders auf die Wasserqualität achten, denn es ist leicht, den Kalkgehalt des Pflanzsubstrats durch kalkhaltiges Gießwasser zu erhöhen, aber fast unmöglich, ihn wieder zu senken. In dem geschlossenen System Wintergarten sollte nur weiches Wasser mit einer Härte von 6 bis 10 d. H. (deutscher Härte) verwendet werden, da die meisten Warmhauspflanzen empfindlich auf Kalk reagieren. Ihr Wasserwerk gibt Ihnen Auskunft darüber, welchen Härtegrad Ihr Trinkwasser hat.

Zu hartes Leitungswasser kann durch Ionenaustauscher-Anlagen, durch chemische Zusätze (Schwefel-, Salpeter- oder Oxalsäure; fragen Sie im Fachhandel nach Einzelheiten!) oder durch Weißtorf enthärtet werden. Ein Ballen Weißtorf kann bis zu 10 Kubikmeter Wasser um 10 bis 15 ° d. H. enthärten. Besonders in warmen Wintergärten ist es für die Pflanzen lebenswichtig, sie mit temperiertem Wasser zu gießen. Eiskaltes Leitungswasser kann zum Kälteschock und damit zum Verlust der Pflanzen führen!
Schädlinge und Krankheiten treten in Wintergärten genauso häufig auf wie im Freien. Weil eine Infektion allerdings in einem so eng begrenzten System schnell auf alle benachbarten Pflanzen übergreifen kann, ist eine ständige Kontrolle genauso wichtig wie eine konsequente Bekämpfung jeglichen Befalls. Die „chemische Keule“ sollte man aber in jedem Fall vermeiden, da man als Nutzer des Wintergartens selbst direkt mit „behandelt“ wird. Besser sind eine mechanische Bekämpfung (Absammeln, Abspritzen mit Wasser) und der Einsatz biologischer Produkte, z. B. Kaliumsalze natürlicher Fettsäuren gegen Schädlinge (insbesondere Blattläuse) und lezithinhaltige Präparate gegen Pilzinfektionen. In Wintergärten lassen sich Nützlinge besonders gezielt gegen bestimmte Schädlinge einsetzen. Übrigens: Wenn man Neuzugänge für die Pflanzensammlung nach der Anschaffung erst einige Zeit in Quarantäne hält, verringert man das Risiko, Schädlinge und Krankheiten einzuschleppen.

Ob in größere, beetartig angelegte Becken oder Kübel gepflanzt wird, ist abhängig von dem geplanten Gesamteindruck und dem Geschmack des Besitzers. Für große Pflanzen ist es zweifellos besser, wenn sie in Pflanzbecken ausreichend Boden zum Einwurzeln zur Verfügung haben.

Aufbau der Substratschicht bei Pflanzbecken

Für die Substratmischung bei der Kultur in Becken sind billige TKS- und Sackerde-Fertigmischungen ungeeignet. Sie sind strukturschwach, arm an Ton und enthalten zu viel Torfanteile. Als Standardmischung kann man eine Erde aus 3 Teilen Lehm, 5 Teilen Torf oder Torfersatz und 2 Teilen Sand verwenden. Durchlässiger wird die Mischung, wenn weniger Torf verwendet wird. Eine strukturstabilere Mischung, die mit den Jahren weniger an Volumen verliert, enthält zusätzlich 10 bis 20 Prozent Blähton, Blähschiefer oder Perlit.

Ein paar grundsätzliche Tipps zur Gestaltung von Wintergärten

Unabhängig von der Art des Wintergartens gibt es Gestaltungsregeln, deren Beachtung beim Einrichten mit Pflanzen und Mobiliar sehr hilfreich sein kann. Statt einfach draufloszukaufen, sollte man zum Bespiel vorher überlegen, wo welche Pflanze aufgestellt wird und wie sie sich in den kommenden Jahren weiterentwickelt. Viel zu oft werden Pflanzen gekauft, die schon bald zu groß werden und dann entweder durch einen radikalen Rückschnitt verstümmelt oder durch neue ersetzt werden müssen. In kleinen Wintergärten verwendet man daher eher langsam wachsende Arten, die beim Kauf schon etwas größer sein dürfen. Rasch wachsende, in die Höhe strebende Pflanzen sollte man dagegen möglichst klein kaufen. Sie müssen schon bald mit breitwüchsigen Gewächsen unterpflanzt oder regelmäßig zurückgeschnitten werden. Im Wintergarten neigen manche Gewächse zum übertriebenen Höhenwachstum, da die stauchend wirkenden UV-Strahlen durch die Isolierverglasung ausgefiltert werden.

Bei der Gestaltung der Bepflanzung sollte man von der Natur lernen: Eine natürliche Vegetationsgemeinschaft besteht aus drei Schichten, nämlich der Kronen- oder Baumschicht, der Strauchschicht und der den Boden bedeckenden Krautschicht. Wie in einem Orchester brauchen die Solisten unbedingt ihre Begleitmusiker, damit ein harmonischer, vollständiger Eindruck entsteht. Die Atmosphäre in einem Wintergarten darf durchaus etwas Dschungelartiges an sich haben. Dennoch sollte man versuchen, nicht alles wild durcheinander zu pflanzen, in der Hoffnung, dass sich dann schon ein ansprechender Gesamteindruck ergibt. Mit einem Grundthema (zum Beispiel „Mittelmeerstimmung“ oder „tropischer Garten“) findet man leicht einen Leitfaden für eine harmonische Gestaltung. Dementsprechend sollte dann auch die Auswahl des Mobiliars erfolgen. Zu tropischen Themen passen vor allem Rattan- und andere Flechtmöbel, zu mediterranen Themen eher hölzerne, eventuell farbig lackierte Möbel und in einen Steppengarten auch schon mal sandgestrahlte Eisenmöbel.

Standort und Wirkung – Pflanzen inszenieren

Achten Sie beim Arrangieren der Gewächse nicht nur auf deren Höhe, sondern auch auf die Blattstrukturen, die Blütenfarben und den Habitus der Pflanzen. Selbstverständlich müssen auch die Standortansprüche der verschiedenen Arten berücksichtigt werden. Wenn man sich die geografische und ökologische Herkunft der Pflanzen vergegenwärtigt (etwa ob sie aus dem tropischen Regenwald äquatorialer Regionen oder aus der trockenen Grassteppe stammen), ist man auf der sicheren Seite.

Sollen kleine Wintergärten größer erscheinen, hilft ein Einbeziehen des Hintergrunds, etwa das Weiterführen von Strukturen (Mauern, Rankgerüste, die Verwendung des gleichen Materials auf der Außenseite des Wintergartens). Verstellen Sie den Blick in die Weite nicht mit großen, dicht belaubten Pflanzen – weder innerhalb noch außerhalb des Wintergartens – und vermeiden Sie eine zu symmetrische Anordnung. Setzen Sie großblättrige Arten vor allem in den Nahbereich und feinblättrige nach hinten, das suggeriert eine stärkere Räumlichkeit. Ebenso gehören laute, kräftige Farben nach vorn und alle sanften Pastelltöne eher in den Hintergrund.

Besonders geschickt ist es, wenn die Bepflanzung des Wintergartens jenseits der Glasscheiben fortgesetzt wird, indem man frostfeste Kübelpflanzen und einen Sitzplatz mit wetterfesten Gartenmöbeln unmittelbar außen vor den Scheiben platziert. Wenn der Wintergarten von außen einsehbar ist, sollten Sie auch an einen Sichtschutz in Form einer Spanischen Wand, eines einfachen Rattanrollos oder eines Paravents denken, damit Sie sich „den Rücken frei halten". Je mobiler solch ein Sichtschutz ist, desto flexibler ist man bei den Gestaltungsmöglichkeiten.

Becken oder Kübel?

Bei der Ausgestaltung des Wintergartens mit Pflanzen stellt sich gleich zu Beginn die Frage, ob man die Gewächse in einzelnen Kübeln oder in größere Becken setzt. Die Pflanzung in (eventuell in den Boden eingelassene) Becken hat den Vorteil, dass eher der Eindruck eines echten Gartens entsteht. Die Bodentemperatur wird besser gegen Temperaturschwankungen gepuffert und das Gießen macht weniger Arbeit, vorausgesetzt man hat die Substratschicht richtig aufgebaut (siehe unten) und für einen guten Ablauf überschüssigen Gießwassers gesorgt. Besonders bei winterkühlen Wintergärten friert der Boden im Fall der Fälle nicht so schnell durch und die empfindlichen Wurzeln der Pflanzen sind besser geschützt. Ein Nachteil ist die mangelnde Variabilität – Kübel sind einfach mobiler und lassen sich leichter zu neuen Gruppen arrangieren. Außerdem legt man sich bei einer Bepflanzung von Becken bei der Planung von Anfang an fest. Bei der Kultur in einzelnen Kübeln können kranke Pflanzen besser isoliert werden. Allerdings macht das Gießen der Kübel mehr Arbeit, sie trocknen rascher aus und frieren bei Kälteeinbrüchen schneller durch. Bei einem versiegelten Boden (zum Beispiel Fliesen oder Holzkonstruktionen) kommen nur Kübel infrage.

Kübelpflanzen für kühle Wintergärten

Vergleichbar mit dem Klima subtropischer und tropischer Hochlagen ist der winterkühle Wintergarten, der zwar nicht ganz ohne Heizung auskommt, aber im Winter deutlich kühler als im Sommer ist. Stark schwankende Temperaturen, im

Oben: Mit den großen, stark strukturierten Blättern, die ganzjährig attraktiv sind, ist die bedingt frostverträgliche Wollmispel eine ideale Kübelpflanze für den kühlen Wintergarten.

Rechts: Der Heilige Bambus (*Nandina domestica*) erhielt seinen Namen wegen seines entfernt an Bambus erinnernden Wuchses. Der immergrüne, anspruchslose Strauch wächst langsam, hat aparte rote Jungtriebe und, sofern mehrere Pflanzen zusammenstehen, im Winterhalbjahr schöne rote Beeren.

Kübelpflanzen für kühle Wintergärten

1 Erdbeerbaum (*Arbutus unedo*)
2 Aukube (*Aucuba japonica* 'Crotonifolia')
3 Kamelie (*Camellia japonica* 'Dr. Burnside'; rote, halbgefüllte Blüten)
4 Kamelie (*Camellia japonica* 'Hagoromo'; zartrosa, magnolienförmige Blüten)
5 Kamelie (*Camellia japonica* 'Nuccio's Gem'; weiße, gefüllte Blüten)
6 Zwergpalme (*Chamaerops humilis*)
7 Orangenblume (*Choisya ternata*)
8 Wollmispel (*Eriobotrya japonica*)
9 Zimmeraralie (*Fatsia japonica*)
10 Kumquat (*Fortunella margarita*)
11 Echter Lorbeer (*Laurus nobilis*)
12 Japanische Faserbanane (*Musa basjoo*)
13 Brautmyrte (*Myrtus communis*)
14 Heiliger Bambus (*Nandina domestica*)
15 Kanarische Dattelpalme (*Phoenix canariensis*)
16 Neuseeländer Flachs (*Phormium tenax*)
17 Gelbfurchenbambus (*Phyllostachys aureosulcata*)
18 Klebsame (*Pittosporum tobira* 'Variegatum')
19 Zwerg-Buschbambus (*Pleioblastus pygmaeus*)
20 Zwergbambus (*Sasa pygmaea*)
21 Sternjasmin (*Trachelospermum jasminoides*)
22 Hanfpalme (*Trachycarpus fortunei*)
23 Mittelmeerschneeball als Hochstämmchen (*Viburnum tinus*)

Sommer schon mal über 30 °C und im Winter Kälteperioden bis knapp über 0 °C, gelegentlich auch einmal kurzzeitig leichter Frost stellen an die Pflanzenauswahl gewisse Anforderungen. Für die meisten gängigen Zimmerpflanzen sind die Temperaturen im Winter in diesem Fall viel zu kühl, aber klassische Kübelpflanzen mit geringer Frosttoleranz wie Lorbeer, Mittelmeerschneeball oder Brautmyrte fühlen sich in solch einer Umgebung ausgesprochen wohl. Doch auch im Wintergarten gilt: Frost zusammen mit Sonnenschein birgt ein hohes Risiko, dass die Pflanzen austrocknen. Deshalb muss bei Frost im Wintergarten unbedingt schattiert werden. Ist die Erde in den Kübeln gefroren, darf sie nur langsam aufgetaut werden. Wenn man im Fall eines plötzlichen Frosteinbruchs einfach die Heizung so weit wie möglich hochdreht, bedeutet das mit Sicherheit das Aus für die Pflanzen.

Für unser Beispiel eines winterkühlen Wintergartens wurden immergrüne Pflanzen mit einer gewissen Frosttoleranz ausgewählt, die das Glashaus in der kalten Jahreszeit ansprechend grün und lebendig aussehen lassen. Für Blütenschmuck mitten im Winter sorgen mit etwas Glück Mittelmeerschneeball, Erdbeerbaum und die Orangenblume, bevor im zeitigen Frühjahr die Kamelien mit spektakulären großen Blütenrosetten den Hauptblickfang bilden. Sie gelten als heikel, was aber nur daran liegt, dass man sie meistens zu warm überwintert. Pflanzt man sie in leicht saure, stets feuchte Erde und bleibt die Temperatur im Winter normalerweise unter 15 °C, behalten

Ideale, immergrüne Kübelpflanzen für winterkühle Wintergärten sind Kamelien. Sie dürfen allerdings nicht zuviel Sonne bekommen.

sie ihre Knospen und wachsen mit den Jahren zu richtigen kleinen Bäumen heran. Üppiges Blattwerk präsentieren Zimmeraralie, Wollmispel und die Japanische Faserbanane. Denken Sie bei etwas empfindlicheren Pflanzen daran, dass an den Außenwänden des Wintergartens die Temperaturen niedriger liegen können als im Inneren des Raumes und vermeiden Sie bei der Aufstellung einen direkten Kontakt der Blätter mit den Glasflächen.

Kübel lassen auch spontane Variationen zu

Bis auf ein großes Becken für die Aukube und den Bambus, der zugleich Hintergrund und Sichtschutz bildet, wurden für die Bepflanzung ausschließlich einzelne Kübel verwendet. Dadurch bleibt die grüne Pracht mobil und kann immer wieder neu arrangiert werden. Im Winter darf die zu dieser Zeit unbenutzte Tür ins Freie ruhig mit Kübelpflanzen verstellt werden, die im Sommer ins Freie umziehen und dann den Weg wieder frei machen. Dadurch wirkt die Gestaltung geschlossener, solange man sich für die kalten Monate im Inneren aufhält. Die hohen Kronen der Faserbanane, der Wollmispel und der zwei höher wachsenden Palmen spenden Schatten, unter dem niedrigere Kübelpflanzen Schutz finden. Wie Schneeweißchen und Rosenrot stehen dort die Kamelien beieinander. Der Sternjasmin, der es auch im Halbschatten gut aushält, rankt an einem Spalier an der Wand zum Haus empor und bildet einen charmanten Übergang vom Gartenzimmer zur massiven Architektur. Terrakottafliesen auf dem Boden und leichte Rattanmöbel sorgen für eine heitere, unprätentiöse Atmosphäre. Im Herbst und Frühjahr sowie an warmen Wintertagen ist solch ein grüner Wintergarten bestimmt ein echter „Wohlfühlort“, an dem man gern die Nachmittage verbringt. Übrigens kann man, etwa wenn man eine Abendgesellschaft versammelt und den Wintergarten für das kalte Büfett oder als zusätzlichen Aufenthaltsraum für die Gäste braucht, die Temperatur für kurze Zeit etwas erhöhen, ohne dass die Pflanzen Schaden nehmen. Nur sollte das natürlich nicht geschehen, wenn die Pflanzen gerade Frost ausgesetzt waren (siehe oben)! Auf diese Weise kann man mitten im Winter auch einmal eine „Dschungelparty“ feiern.

Subtropisches Klima – der temperierte Wintergarten

Den temperierten Wintergarten kennzeichnet ein ausgeglichenes, maritim-subtropisches Klima, wie es zum Beispiel rund um das Mittelmeer und in den Subtropen herrscht. Dieser Wintergarten ist mit Sicherheit frostfrei und hat selbst an kältesten Wintertagen ein Temperaturminimum von etwa 5 °C. Alle Kübelpflanzen, die kalt, aber unbedingt frostfrei überwintert werden müs-

Der temperierte Wintergarten

1 Sydneys Goldene Akazie (*Acacia longifolia*)
2 Brasilianische Guave, Feijora als Hochstämmchen (*Acca sellowiana*)
3 Erdbeerbaum (*Arbutus unedo*)
4 Strauchmargerite (*Argyanthemum frutescens*)
5 Johannisbrotbaum (*Ceratonia siliqua*)
6 Zwergpalme (*Chamaerops humilis*)
7 Lorbeerblättrige Zistrose (*Cistus laurifolius*)
8 Zitrone (*Citrus limon*)
9 Mandarine (*Citrus reticulata*)
10 Echte Feige (*Ficus carica*)
11 Weißbunter Efeu (*Hedera helix* 'Eva')
12 Sonnenröschen (*Helianthemum*-Hybride 'Wisley White'; weiß)
13 Sonnenröschen (*Helianthemum*-Hybride ' Beechpark Red'; dunkelrot)
14 Dichterjasmin (*Jasminum officinale*)
15 Echter Lorbeer (*Laurus nobilis*)
16 Lavendel (*Lavandula angustifolia* 'Munstead')
17 Schopflavendel (*Lavandula stoechas*)
18 Brautmyrte (*Myrtus communis*)
19 Olivenbaum (*Olea europaea*)
20 Dattelpalme (*Phoenix dactylofera*)
21 Mastixstrauch (*Pistacia lentiscus*)
22 Bleiwurz (*Plumbago auriculata* 'Caerulea')
23 Rosmarin (*Rosmarinus officinalis*)
24 Mäusedorn (*Ruscus aculeatus*)
25 Mittelmeerschneeball-Hochstämmchen (*Viburnum tinus*)

sen, etwa Strauchmargeriten (*Argyanthemum frutescens*), Zylinderputzer (*Callistemon*) oder Gewürzrinde (*Cassia corymbosa*) fühlen sich in diesem Temperaturbereich wohl. Für unser Beispiel wurde eine Bepflanzung mit vorwiegend immergrünen, mediterranen Gewächsen gewählt. Gäste aus außereuropäischen Gefilden sind die Brasilianische Guave oder Feijora (*Acca sellowiana*) und die in Wintergärten gern gepflanzte *Acacia longifolia*, auch als Sydneys Goldene Akazie bekannt. Die weidenblättrige, immergrüne Akazie hat zylindrische, gelbe Samenstände in den Blattachseln und erreicht eine angemessene Höhe, um die anderen Gewächse mit ihrem lichten

ßen Pflanzbecken integriert wird. Ist es im Winter zu kalt (unter 10 °C), wird schon mal ein Teil ihres Laubes braun, was aber kein Grund zur Sorge ist. Stellt man sie rechtzeitig beim Anstieg der Temperaturen heller, treibt sie neu aus.

Unterpflanzung und Bodendecker

Der Kronenbereich und die höheren Sträucher müssen unterpflanzt werden, damit die Gestaltung nicht auseinander fällt. Im Bereich der Beckenbepflanzung eignet sich dafür der immergrüne, in Südeuropa auch wild vorkommende, absolut

Links: Die Brasilianische Guave oder Feijora (*Acca sellowiana*) findet immer öfter ihren Platz in Wintergärten und im Sommer auch auf Balkonen und Terrassen.

Unten: Zu den schönsten, reich blühenden Kübelpflanzen gehört die Bleiwurz (*Plumbago auriculata*), die sowohl als Hochstämmchen wie auch als Busch gezogen werden kann.

Rechts oben: In hellen, temperierten Wintergärten reifen die Früchte des Zitronenbäumchens zu richtigen, genießbaren Zitronen aus. Steht die Pflanze zur Blütezeit nicht im Freien, muss jedoch bei der Bestäubung nachgeholfen werden.

Blätterdach zu beschirmen. Damit sich dieses baumartige Gehölz wohl fühlt, braucht es kalkarmes Substrat und besonders weiches Gießwasser. Die Brasilianische Guave blüht im Sommer mit aparten, weiß-roten Blüten und bringt im Spätherbst bis Winter essbare Früchte hervor. Sie gilt als kälteverträglichstes tropisches Obst und braucht im Winter nicht so viel Wärme wie manche Tropenfrüchte, verträgt zur Not auch schon mal ein paar Grad Frost ohne größere Schäden und kommt in den letzten Jahren immer öfter in den Handel. Man kann dieses immergrüne Gehölz mehrstämmig oder als Hochstämmchen ziehen, sollte es aber regelmäßig zurückschneiden, weil es sonst schnell sparrig wächst. In der kalten Jahreszeit ist auch die aus Südafrika stammende Bleiwurz im Wintergarten zu Gast. Im Frühjahr, sobald es die Temperaturen zulassen, wird sie allerdings wieder ins Freie geräumt, weshalb sie auch im Kübel bleibt und nicht in eines der beiden gro-

robuste Mäusedorn hervorragend. Im Randbereich bedeckt der weißbunte Efeu ‚Eva' flach den Boden. An anderen Stellen wachsen Rosmarin, Lavendel und Sonnenröschen, die auch in Töpfen in die Erde versenkt werden können, um sie im Sommer schnell und problemlos an die frische Luft setzen zu können. Eine

Echte Feige an der Südwand spendet im Sommer ausreichend Schatten, muss aber mit der Schere im Zaum gehalten werden, damit die neuen Triebe nicht zu weit in den Raum hineinragen. Man kann sie mit etwas Geschick sogar als Spalierobst ziehen, dann nimmt sie nicht so viel Platz weg. Im Winter, wenn jeder Sonnenstrahl willkommen ist, hat sie das Laub abgeworfen und gibt die Sicht nach draußen frei. Der duftende Dichterjasmin, der aus Asien stammt, wirft bei kühler Überwinterung manchmal sein Laub ab, in warmen Wintergärten kann er es auch behalten. Er blüht vom Hochsommer bis in den Herbst hinein und sollte nach der Blüte zurückgeschnitten werden, damit er nicht von unten her verkahlt. Weil der Dichterjasmin zum Klettern neigt, ist es sinnvoll, ihn an einem Spalier zu ziehen. An der Hauswand befestigt bildet er so eine schöne Überleitung von der grünen Leichtigkeit des Wintergartens zur massiven Architektur. Stellt man leichte, bequeme Korbmöbel oder einen Bistrotisch mit dazu passenden Bugholz-Stühlen unter die Krone der Akazie, dann kann man es sich mitten im Winter wie in einem mediterranen Straßencafé mit einer Tasse Espresso und der Tageszeitung gemütlich machen. Und das Schönste daran ist, dass diese Urlaubsatmosphäre nur einen Schritt vom Wohnzimmer entfernt liegt ...

Wohlige Wärme und üppige Pracht – Kübelpflanzen für beheizte Wintergärten

Ein Klima wie in den Tropen herrscht in warm beheizten Wintergärten – keine großen Temperaturschwankungen, nur eine leichte Nachtabsenkung und nie kälter als 18 °C, dabei eine relativ hohe Luftfeuchtigkeit: Diese Bedingungen sind für viele Tropenpflanzen geradezu ideal, um gesund und üppig zu gedeihen. Die meisten traditionellen Zim-

merpflanzen stammen aus den Tropen und fühlen sich daher in diesem Klima besonders wohl. Wer über solch ein Paradies unter Glas verfügt, kann neben den unten genannten tropischen Kübelpflanzen auch zahlreiche weitere Arten wie Kaffeesträucher, Bromelien, Begonien und üppige Blattschmuckpflanzen wie Dieffenbachie, Fensterblatt (*Monstera deliciosa*) oder zarte, blühende und kletternde Schönheiten wie die Wachsblume (*Hoya carnosa, H. bella*) und die wunderbare Himmelsblume (*Thunbergia grandiflora*) in das Ensemble integrieren. In Körbchen mit Rindensubstrat gesetzte Orchideen, die man an Strebepfeilern oder Stützbalken und den stärkeren Ästen großer Pflanzen aufhängt, verstärken den Eindruck tropischer Fülle zusätzlich. Die meisten tropischen Kübelpflanzen bevorzugen eine neutrale bis leicht saure Erde. Ideal ist ein pH-Wert von 5,5 bis 6,5, aber nicht höher. Die Luft in einem Wohn-Wintergarten darf nie zu trocken werden, da die Pflanzen sonst braune Blattränder bekommen und unter Umständen sogar eingehen. Ein direktes Besprühen der Pflanzen sollte man möglichst vermeiden, besser geeignet sind Verdunster, die für eine relativ gleichmäßige Luftfeuchtigkeit im gesamten Wintergarten sorgen.

Den Dschungel planen

Die Bepflanzung des ständig warmen Wohn-Wintergartens darf ruhig etwas üppiger ausfallen als in den kühleren Wintergärten, da möglichst viele Pflanzen für eine wirklich tropische Atmosphäre sorgen und nicht zu viel ungefiltertes Sonnenlicht auf den Boden auftreffen sollte, wo bodendeckende Pflanzen mit aparten Blattformen und -farben eine dekorative Krautschicht bilden. Der Laub abwerfende Jakarandabaum, fälschlich oft auch als Palisanderbaum bezeichnet, beschirmt einen Teil des Sitzplatzes. Sein fein gefiedertes Laub wirkt leicht und filtert das Licht angenehm. Er blüht normalerweise am kahlen Holz zwischen Spätwinter und Frühjahr. Dort, wo genügend Licht zwischen den höheren Gehölzen hindurchfällt, können Blütenpflanzen wie der Roseneibisch (*Hibiscus rosa-sinensis*) platziert werden. Er ist ein echter Wintergast im Glashaus, bleibt am besten in seinem Kübel und zieht im Sommer gern wieder auf die Terrasse oder den Balkon um. Weitere schöne Solitärpflanzen sind der Wunderstrauch oder Kroton (*Codiaeum variegatum*) mit seinen bunt

Links: Die äußerst aparten Tropenwurzarten (*Alocasia*) haben zum Teil riesige Blätter, deren Blattrippen markant hervorgehoben sind. Zum üppigen Gedeihen brauchen sie eine hohe Luftfeuchtigkeit.

Unten: Die vielgestaltigen Nachtfalterorchideen (Phalaenopsis-Hybriden) gehören zu den pflegeleichteren Orchideenarten, die keine Kälteperiode und Ruhezeit brauchen und fast ganzjährig attraktiv sind.

gezeichneten, großen Blättern, die Baumtomate und der Zieringwer (*Hedychium gardnerianum*). Die Paradiesvogelblume kann im Sommer ebenfalls auf die Terrasse umziehen. Wer einen großen Wintergarten hat, sollte die Paradiesvogelblume durch die verwandte, aber wesentlich größere Baumstrelitzie (*Strelitzia nicolai*) ersetzen. Sie sorgt für mehr Blattfülle und bildet im Alter große Horste. Eine der imposantesten Pflanzen in diesem Wintergarten ist zweifellos die Kanarische Bananenstaude *Musa acuminata* 'Dwarf Cavendish'. Mit etwas Glück kann man von dieser Zwergform der Speisebanane sogar Früchte ernten. Die Pflanze stirbt nach dem Fruchten ab, aber seitlich des alten Haupttriebs entstehen so genannte Kindel, also neue Pflanzen.

Tipp: Auf den Kanarischen Inseln werden die Fruchtstände zum besseren Reifen in hellblaue Kunststoffsäcke gehüllt.

Kletterpflanzen für Blattschmuck und Blütenzauber

Neben den dominanten Hauptpflanzen wie Kentiapalme, Birkenfeige und dem mitten im Winter blühenden Losbaum sorgen kletternde Pflanzen wie die rosa blühende Dipladenie, der Baumfreund (*Philodendron erubescens*) und die zweifarbige Javanische Klimme (*Cissus discolor*) dafür, dass ein dschungelartiger Eindruck entsteht. Man sollte jedoch immer ein Auge auf die Kletterpflanzen haben, damit sie andere Gewächse nicht überwuchern und unter ihren Blättern begraben. Halten Sie den Sitzplatz bei aller Begeisterung für tropische Fülle dennoch frei von zu vielen Blattpflanzen, damit sie sich nicht wie in einer grünen Hölle fühlen. Zu solch einer üppig grünen Umgebung passen besonders gut

Rattanmöbel oder solche aus Plantagen-Teak, die auch bei der hohen Luftfeuchtigkeit nicht aus dem Leim gehen. Praktisch und schön ist ein Boden aus robusten Natursteinplatten, die im Falle eines Falles mit dem Hochdruckreiniger von Moos und Algen gereinigt werden können. Auflagen aus leuchtend bunten Stoffen, vielleicht sogar fröhliche Batikmuster aus Asien oder Afrika sind hier die richtige Wahl, um den zahlreichen Grüntönen der Pflanzen ein pfiffiges Kontra zu bieten und Akzente zu setzen. Wenn man es dann auch noch so einrichten kann, dass die blühenden, besonders attraktiven Pflanzen und solche mit apart gemusterten Blättern nahe beim Sitzplatz stehen, kann man sich ein kleines tropisches Refugium schaffen, in dem es sich wunderbar vom Paradies träumen lässt.

Kübelpflanzen für beheizte Wintergärten

1 Katzenschwanz, Nesselschön (*Acalypha hispaniolae*)
2 Frauenhaarfarn (*Adiantum raddiatum*)
3 Tropenwurz (*Alocasia sanderiana*)
4 Zierspargel (*Asparagus densiflorus*)
5 Puderquastenstrauch, Flammenbusch (*Calliandra tweedii*)
6 Javanische Klimme (*Cissus discolor*)
7 Losbaum (*Clerodendrum bungei*)
8 Kroton, Wunderstrauch (*Codeiaeum variegatum*)
9 Kaffeestrauch (*Coffea arabica*)
10 Baumtomate, Tamarillo (*Cyphomandra betacea*)
11 Dieffenbachie (*Dieffenbachia maculata*)
12 Dipladenia (*Dipladenia*-Hybride 'Rosea')
13 Schmalblättrige Birkenfeige (*Ficus benjamina* 'Foliole')
14 Kletterfeige (*Ficus pumila*)
15 Fittonie, Mosaikpflanze (*Fittonia verschaffeltii*)
16 Zieringwer (*Hedychium gardnerianum*)
17 Hibiskus (*Hibiscus rosa-sinensis*)
18 Kentiapalme (*Howeia forsteriana*)
19 Wachsblume (*Hoya carnosa*)
20 Jakarandabaum (*Jacaranda mimosifolia*)
21 Fensterblatt (*Monstera deliciosa*)
22 Kanarische Banane (*Musa acuminata* 'Dwarf Cavendish')
23 Nachtfalterorchidee (*Phalaenopsis*-Hybride)
24 Baumfreund (*Philodendron erubescens*)
25 Kanonierblume (*Pilea crassifolia*)
26 Hirschgeweihfarn (*Platycerium bifurcatum*)
27 Schwertsanseverie, Bogenhanf (*Sanseveria trifasciata* ‚Laurentii'; gelb gerandete Blätter)
28 Bubiköpfchen (*Soleirolia soleirolii*)
29 Paradiesvogelblume (*Strelitzia reginae*)
30 Schwarzäugige Susanne (*Thunbergia alata*)
31 Himmelsblume (*Thunbergia grandiflora*)
32 Zebrakraut (*Tradescantia zebrina*)

Rechts: Wandelröschen – kleine Blüten von wandelnder Farbe fügen sich zu Trugdolden.

Links: Voll im Trend – die prachtvoll blühende Engelstrompete

Die schönsten Kübelpflanzen im Porträt

Stimmige Arrangements gelingen leichter, wenn man die Ansprüche der Pflanzen kennt

Der Porträtteil stellt einige der schönsten und interessantesten Kübelpflanzen vor. Vielleicht erkennt man die eine oder andere anhand der Beschreibung oder des Bildes wieder oder entdeckt andere, von deren Schönheit und Reiz man bisher noch nichts wusste. Neben den genannten gibt es freilich noch eine Vielzahl aparter Liebhaberpflanzen, die ebenfalls im Kübel gehalten werden können, darunter auch zahlreiche kleinwüchsige immergrüne oder Laub abwerfende Gehölze aus den Subtropen und dem mediterranen Raum. Allein hier fehlt der Platz, um all jene Gewächse vorzustellen, die es wert wären, einen Logenplatz auf dem Balkon oder einen Gala-Auftritt auf der Terrasse zu bekommen. Daher werden an dieser Stelle vor allem jene Kübelpflanzen berücksichtigt, die im Handel ohne allzu große Schwierigkeiten zu bekommen sind. Wer das Besondere sucht, wird manchmal per Zufall fündig oder wendet sich an einen der im Anhang genannten Spezialzüchter von exotischen Gewächsen.

Schönmalve

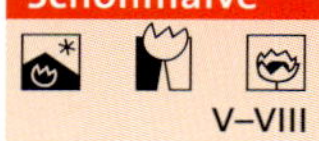

Abutilon-Hybriden

Schönmalve

Herkunft: Stammformen aus dem tropischen Südamerika, Asien, Afrika und Australien.
Blütezeit: Ausdauernd von Frühjahr bis Herbst.
Blüte: Weiß, gelb, orange, rot.
Wuchsform/Höhe: Verholzender Strauch, unbeschnitten bis 5 m hoch und bis 2,5 m breit.
Standort Sommer: Halbschattig und windgeschützt in nährstoffreicher Balkonblumenerde. Regelmäßig gießen und wöchentlich düngen.
Standort Winter: Bei 5 bis 10 °C hell und nicht zu trocken. Bei kälterer Überwinterung verlieren die Hybriden das Laub und können dann auch dunkel und trockener überwintert werden. Überwinterung auch als Zimmerpflanze am hellen Fenster möglich.
Arten und Sorten: *Abutilon*-Hybride 'Goldglocke' (gelb, stark verzweigt), 'Luteum' (gelb, stark wachsend), 'Feuerglocke' (rot), *Abutilon pictum* 'Thompsonii' hat gelb-grün gesprenkeltes Laub und lachsfarbene Blüten.
Vermehrung: Ganzjährig durch Stecklinge oder Aussaat möglich.
Besonderes: Die stark wachsenden Hybriden können jederzeit zurückgeschnitten werden. Im Handel angebotene kleine Exemplare sind meist mit Wachstumshemmern behandelt und bleiben einige Zeit zwergig. Schönmalven werden oft von Schildläusen und Spinnmilben befallen.

Agapanthus

Schmucklilie, Liebesblume

Herkunft: Südafrika.
Blütezeit: Mitte Juli bis Mitte August.
Blüte: Blauviolett, hellblau oder weiß.
Wuchsform/Höhe: 0,6 bis 0,9 m, *A. praecox* bis 1,5 m lange Blütentriebe.
Standort Sommer: Vollsonnig in nährstoffreicher Blumenerde oder Lehmerde und reichlich Wasserzufuhr, aber ohne Staunässe; bis zur Blüte wöchentlich düngen.
Standort Winter: Bei 4 bis 6 °C hell und nur so feucht, dass die Pflanze nicht austrocknet (Fäulnisgefahr!).
Arten und Sorten: *Agapanthus africanus, A. campanulatus, A.* 'Headbourne Hybrids', *A. inapertus, A. praecox*. Die so genannten 'Headbourne'-Hybriden sind im Weinbauklima ausgepflanzt frosthart bis –15 °C und ziehen in diesem Fall das Laub ein.
Vermehrung: Eine Aussaat ist selten erfolgreich. Ältere Pflanzen im Frühjahr teilen.
Besonderes: Schmucklilien mögen es, wenn der Wurzelraum eingeschränkt ist. Deshalb nur alle paar Jahre und dann in einen nicht zu großen Kübel umtopfen. Selten werden die fleischigen Wurzeln von Fäulnispilzen (*Fusarium*) befallen. Eine Rettung ist dann nicht mehr möglich. Schnecken können für junge Triebe zur Gefahr werden.

Agave americana

Agave

Herkunft: Mexiko.
Blütezeit: Agaven bilden nur im hohen Alter und bei Kübelhaltung selten eine einzige hohe, rispenförmige, gelbgrüne Blüte aus.
Wuchsform/Höhe: Rosette aus sukkulenten, lanzettförmigen, aufsteigenden Blättern mit randständigen Dornen; bis 2 m hoch und breit.

Schmucklilie

Agave

bis 2 m

Standort Sommer: Vollsonnig bis halbschattig in stark dränierter Erde (Blumenerde mit scharfem Sand gemischt) mit Langzeitdünger und gelegentlichen Wassergaben.
Standort Winter: Hell bei 5 bis 8 °C und trocken. Agaven vertragen praktisch keine Minusgrade und müssen vor den ersten Nachtfrösten eingeräumt werden.
Arten und Sorten: *Agave americana* 'Marginata' hat gelbweiß gerandete Blätter, 'Mediopicta' und 'Picta alba' haben einen hellen Streifen in der Blattmitte, bei 'Striata' sind die Blätter längs gelbweiß-grün gestreift.
Vermehrung: Durch Ableger („Kindel"), die bei ausreichender Bewurzelung abgetrennt werden.
Besonderes: Extrem pflegeleichte und anspruchslose Kübelpflanze, die man auch im Sommer problemlos einige Wochen sich selbst überlassen kann. Die Spitzen der Blätter tragen gefährliche Dornen, daher nicht an Wegrändern und in Spielplatznähe platzieren und beim Ein- und Ausräumen aufpassen! Praktisch keine Krankheiten und Schädlinge, sofern die Pflanzen nicht zu feucht gehalten werden. Liebhaber des Besonderen können es mit frostfesten Agaven aus Nordamerika versuchen. *Agave parryi, A. havardiana, A. neomexicana, A. tuormeyana* und die Grand-Canyon-Agave *Agave utahensis* vertragen bis zu −8 °C und sind damit ziemlich frosthart, allerdings bei zu viel Feuchtigkeit im Winter anfällig für Fäulnis.

***Argyanthemum frutescens*, syn.**
Chrysanthemum frutescens

Strauchmargerite

Herkunft: Kanarische Inseln.
Blütezeit: Mai bis Oktober oder (bei entsprechender Überwinterung) ganzjährig.
Blüte: Gelb/Weiß mit gelber Mitte.
Wuchsform/Höhe: Als Busch bis 0,7 m hoch und breit, als Hochstämmchen bis 1 m.
Standort Sommer: Vollsonnig in nährstoffreicher, durchlässiger Einheitserde bei guter Wasserversorgung und wöchentlicher Düngung.
Standort Winter: Hell und kühl bei 5 bis 10 °C, mäßig gießen; Triebe um ein Drittel zurückschneiden.
Arten und Sorten: *A. f.* 'Sugar Baby' blüht besonders reichlich. Gelbe Blüten bringt die Gelbe Strauchmargerite *Euryops chrysanthemoides* hervor, die gleiche Pflegeansprüche wie *A. frutescens* hat.
Vermehrung: Stecklinge im Frühsommer.
Besonderes: Werden im Sommer die verblühten Köpfchen ausgeschnitten, fördert das die Blühfreude. Gedüngt wird während der Blütezeit wöchentlich bis 14-tägig, bei Pflanzen, die überwintert werden sollen, jedoch nur bis August. Strauchmargeriten vertragen Wind recht gut, werden aber leider oft von Blattläusen und Minierfliegen befallen.

V–IX 0,7–1 m

Strauchmargerite

Schlafbaum

VII–IX bis 2 m

Aukuba japonica

Aukube

Herkunft: Japan.
Blütezeit: März bis Mai.
Blüte: Unscheinbar rotbraun an aufrechten Rispen; aparte rote Beeren im Herbst/Winter, die aber giftig sind.
Wuchsform/Höhe: Busch- bis strauchförmig, bis 3 m hoch und breit mit großen, breiten, ledrigen, glänzenden Blättern.
Standort Sommer: Halbschattig, bei starker Hitze auch vollschattig in lehmiger, mäßig fruchtbarer Erde; häufig gießen und 14-tägig düngen.
Standort Winter: Hell, kühl bis kalt und nur mäßig feucht. Aukuben vertragen Fröste bis –15 °C und ein kurzfristiges Durchfrieren des Ballens, jedoch keine Staunässe.

Albizia julibrissin

Seidenbaum, Schlafbaum, Albizie

Herkunft: Temperierte Zonen Asiens von Iran bis Japan.
Blütezeit: Juli bis September.
Blüte: Gelb mit rosafarbenen Staubblättern.
Wuchsform/Höhe: In der Jugend langsam wachsender Baum, der ausgepflanzt bis 12 m hoch und breit, im Kübel aber nur etwa 2 m hoch wird.
Standort Sommer: Vollsonnig, windgeschützt und möglichst warm in gut durchlässiger, magerer und kalkfreier Erde. Regelmäßig mit kalkfreiem Wasser gießen, bis August 14-tägig düngen.
Standort Winter: Die Pflanze ist mäßig frosthart, wirft aber das Laub ab. Ideal ist eine Überwinterung bei 6 bis 8 °C.
Arten und Sorten: *A. j.* var. *rosea* wächst schwächer und gilt als frosthärter, *A. j.* var. *alba* hat weiße Blüten. Für beheizte Wintergärten eignet sich *Albizia lophanta* aus Australien, eine raschwüchsige, bis 6 m hoch werdende, nahezu immergrüne Blattschmuckpflanze mit farnartigem Laub und weniger spektakulären Blütenständen im Winterhalbjahr.
Vermehrung: Aussaat im Winter, Wurzelschnittlinge im Winter.
Besonderes: Ein attraktives Gehölz mit pinselförmigen, duftenden Blüten und feingefiedertem Laub, das sich abends zusammenfaltet wie ein Mimosenblatt (daher der Name „Schlafbaum"). Der Baum bildet eine schirmförmige Krone und sollte nicht beschnitten werden. Ausgepflanzt in wintermilden Lagen verträgt der Schlafbaum bis –15 °C. *Albizia* ist anfällig für Spinnmilben und Weiße Fliege.

bis 3 m

Aukube

Arten und Sorten: *A. j.* 'Crotonifolia' ist, anders als die meisten Sorten, selbstfruchtbar und bringt reichlich rote Beeren hervor. Die Blätter sind grün-gelb gesprenkelt.
Vermehrung: Halbverholzte Stecklinge im Frühsommer.
Besonderes: Immergrüne Blattschmuckpflanze, die sehr robust und ganzjährig attraktiv ist. Ist nach der Überwinterung das Laub unansehnlich, kann man die Triebe kräftig zurückschneiden. Aukuben sind kaum anfällig für Krankheiten, können aber Schildläuse und Spinnmilben und bei zu dunkler, warmer Überwinterung schwarze Blattflecken bekommen.

Bougainvillea

Bougainvillee

Herkunft: Tropisches Brasilien.
Blütezeit: Mai bis September, im Wintergarten praktisch ganzjährig.
Blüte: Cremeweiß und unscheinbar; spektakulär sind die Hochblätter, die je nach Art und Sorte in Purpurrot, Weiß, Rot, Gelb und Orange leuchten.
Wuchsform/Höhe: Verholzende, 8 bis 12 m hohe Kletterpflanze, die am Spalier oder als Strauch gezogen werden kann.
Standort Sommer: Vollsonnig und möglichst heiß in gut durchlässiger, lehmig-humoser Erde oder Einheitserde bei reichlicher Wässerung und wöchentlicher Düngung.
Standort Winter: Im Herbst lässt man die Pflanzen langsam austrocknen, damit sie das Laub verlieren. Überwintert wird kühl (mindestens 10 °C), hell oder dunkel und fast trocken. Im Wintergarten führt man ebenfalls einen Laubfall durch Trockenheit herbei, gießt und düngt danach aber wieder, um die Pflanze zum Blühen anzuregen.

Bougainvillea

V–IX 8–12 m

Arten und Sorten: Am häufigsten findet man *Bougainvillea glabra* 'Sanderiana' mit purpurroten Hochblättern. Bei den meisten anderen im Handel angebotenen Bougainvilleen handelt es sich um Hybriden. 'Snow White' hat rein weiße, 'Crimson Lake' karminrote und 'Golden Glow' gelbe Hochblätter. Es gibt auch Hybriden mit weißbunt panaschiertem Laub.
Vermehrung: Halb verholzte Stecklinge im Sommer in gut durchlässiger, warmer Erde (Bodenheizung).
Besonderes: Die sehr wüchsige, tropische Kletterpflanze verträgt überhaupt keinen Frost und kann durch regelmäßigen Schnitt auch als buschige Kübelpflanze und sogar als Hochstamm gezogen werden. Bougainvilleen sind kaum anfällig für Schädlinge und Krankheiten, sofern sie in der Ruhezeit nicht zu nass gehalten werden. Spinnmilben, Schmier- und Blattläuse sowie Weiße Fliege können gelegentlich auftreten.

Brugmansia, syn. Datura

Engelstrompete, Stechapfel

Herkunft: Mittel- und Südamerika.
Blütezeit: Juni bis September.
Blüte: Orangerot, gelb, weiß, rosa.
Wuchsform/Höhe: Strauch- oder baumartig mit verholzendem Stamm, großblättrig mit zahlreichen riesigen, hängenden Blütentrompeten; bis 3 m, in Ausnahmefällen sogar bis 4 m hoch.
Standort Sommer: Warm, sonnig bis halbschattig und windgeschützt

Engelstrompete

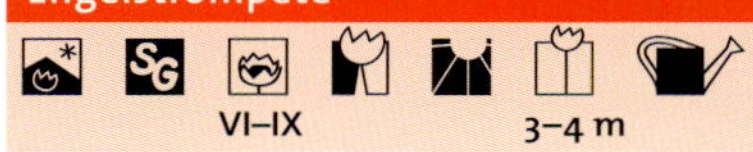

in nährstoffreicher Balkonblumenerde. Reichlich gießen und wöchentlich düngen.
Standort Winter: Nach dem Rückschnitt hell und kühl überwintern, dabei trockener halten, aber nicht austrocknen lassen. Alternativ im beheizten Wintergarten hell und warm (mindestens 10 °C) überwintern. *B. aurea* und *B. sanguinea* blühen, wenn es hell und warm genug ist, im Wintergarten durchgehend.
Arten und Sorten: *Brugmansia-* bzw. *Datura-*Arten wurden selbst von der Fachwelt nicht eindeutig zugeordnet. Die meisten im Handel befindlichen Sorten sind wahrscheinlich Hybriden. Schwach wachsend sind *B. sanguinea* bzw. *B. rosei* und deren Hybriden, mittelstark wachsen *B. candida, B. mollis, B. insignis, B. versicolor* und *B. suaveolens* und deren Hybriden. Stark wachsen alle Abkömmlinge von *B. aurea*. Ob eine Sorte duftet oder nicht (manche sind – besonders in den Abendstunden – wahre Duftwunder), hängt von der Abstammung ab. Fragen Sie am besten den Händler oder kaufen Sie blühende Pflanzen „der Nase nach“. Handelsnamen schöner Sorten: 'Goldrausch' (zartgelb, bis 40 cm lange Blütentrichter), 'Charleston' (reinweiß, gefüllt), 'Herrenhäuser Gärten' (orangegelb, gefüllt, sehr wärmeliebend), 'Mobisu' (lachsrosa-gelb, für Halbschatten bis Schatten geeignet), 'Exotica Pink' (erst weiß, dann rosa, klein bleibender Strauch), 'Apricot Queen' (orangegelb, sehr blühfreudig), 'Roter Vulkan', 'Dark Rosetta' und 'Feuerwerk' (rot getönt). Niedriger und buschiger wächst die Blaue Engelstrompete (*B. metel*) mit weißlich-violetten Blüten.
Vermehrung: Fast ausgereifte Triebe dienen der Stecklingsvermehrung.
Besonderes: Alle Pflanzenteile enthalten ein Gift, das bei Einnahme zu Übelkeit, Erbrechen und Bewusstlosigkeit führen kann. Durch den hohen Nährstoff- und Wasserbedarf gehören die attraktiven Engelstrompeten zu den anspruchsvolleren Kübelpflanzen. Sie wachsen in einer Saison enorm schnell und nehmen im Herbst einen kräftigen Rückschnitt, sogar bis auf den Stumpf, nicht übel. Sie vertragen überhaupt keinen Frost und sind vor allem anfällig für Schneckenfraß und Spinnmilben.

Buxus

Buchsbaum

Herkunft: Europa, Nordafrika, Türkei.
Blütezeit: März bis April.
Blüte: Unscheinbare, grüngelbe Blüten.
Wuchsform/Höhe: Dicht belaubter, immergrüner, langsam wachsender Strauch mit glänzenden, kleinen Blättchen, je nach Art, Sorte und Schnittmaßnahmen 0,5 bis 2,5 m hoch.
Standort Sommer: Sonnig, halbschattig bis schattig in durchlässiger normaler Gartenerde oder Einheitserde. Regelmäßig gießen (Buchs darf nie austrocknen) und von Mai bis August einmal monatlich düngen.
Standort Winter: Der im Freiland völlig frostharte Buchsbaum braucht bei Kultur im Kübel in kalten Wintern einen Schutz gegen das Durchfrieren des Ballens. Bei Minustemperaturen muss Buchsbaum wie alle immergrünen Pflanzen vor Sonne geschützt werden.

Arten und Sorten: *B. microphylla* 'Compacta' (dicht, kompakt und langsam wachsend, Bronzefärbung des Laubes im Winter), 'Curly Locks' (offener Wuchs, blassgrüne Blätter, gedrehte Triebe), 'Wintergreen' (besonders frosthart, bleibt im Winter grün), *B. sempervirens* (relativ rasch wachsend, lockerer Wuchs), *B. s.* 'Marginata' (dunkelgrüne Blätter mit gelbem Rand), 'Suffruticosa' (kompakt, langsam wachsend, gute Formschnitt- und Heckenpflanze).
Vermehrung: Einfach durch Stecklinge im Frühsommer und Sommer zu vermehren.
Besonderes: Der sehr schnitttolerante, robuste Buchsbaum ist das klassische Formschnittgehölz, aus dem sich Kugeln, Spiralen und Pyramiden, aber auch allerlei Figuren schneiden lassen. Der Hauptschnitt erfolgt im Hochsommer, Ende Juni/Anfang Juli, damit die jungen Triebe vor dem Winter aushärten können. Formierte Buchsbäume können jederzeit nachgeschnitten werden. Alle Pflanzenteile sind leicht giftig und verströmen einen charakteristischen Geruch. Anfällig für Spinnmilben und Buchsbaum-Blattsauger.

Buchsbaum

Callistemon

Zylinderputzer, Schönfaden

Herkunft: Australien.
Blütezeit: Mai bis Juni, im Wintergarten ab Februar.
Blüte: Rot.
Wuchsform/Höhe: Breitbuschig, bis 2,5 m hoch und ebenso breit mit verholzendem Stamm. Auch als Hochstamm möglich.
Standort Sommer: Vollsonnig und sehr warm in kalkarmer, humoser Erde bei reichlicher Wässerung und wöchentlicher Düngung.
Standort Winter: Hell und gut belüftet bei 5 bis 8 °C, dabei ziemlich trocken halten, aber nicht völlig austrocknen lassen. *C. citrinus* verträgt kurzfristig Fröste bis –5 °C.
Arten und Sorten: Zitronen-Zylinderputzer (*Callistemon citrinus*), besonders schön ist die Sorte 'Splendens'. Ferner wird manchmal *C. rigidus*, syn. *C. linearifolius* angeboten, der etwas steifer im Habitus ist. Im Handel als *C. citrinus* erhältliche Pflanzen gehören oft zu anderen *Callistemon*-Arten, da eine exakte Unterscheidung schwierig ist und zahlreiche Bastarde existieren.
Vermehrung: Stecklinge im Frühjahr und im Spätsommer, auch Aussaat im warmen Kasten.
Besonderes: Charakteristisch sind die schmalen, ledrigen Blätter, die beim Zerreiben schwach nach Zitrone duften und vor allem die roten, an Flaschenbürsten erinnernden Blütenquirle mit Einzelblüten. Oberhalb des Blütenquirls bildet der Strauch Blätter, aus denen ein neuer Trieb und später ein neuer Blütenstand sprießen. Häufiges Entspitzen der Jungpflanzen sorgt dafür, dass die Sträucher nicht sparrig wachsen. Ältere Pflanzen werden nach dem Abblühen leicht zurückgeschnitten. Kaum anfällig für Krankheiten und Schädlinge.

Zylinderputzer

V–VI 2,5 m

Camellia

Kamelie

Herkunft: Subtropische Gebiete Südostasiens (China, Korea, Japan).
Blütezeit: Je nach Sorte Februar bis April, *C. sasanqua* November bis Februar.
Blüte: Weiß, rosa, pink, rot und auch

Kamelie

II–IV 1–3 m

zweifarbig; sehr selten sind Sorten mit gelben Blüten.

Wuchsform/Höhe: Strauchförmig, je nach Art und Sorte zwischen 1 und 3 m.

Standort Sommer: Halbschattig bis schattig in luftfeuchter Umgebung und saurer (Rhododendron-)Erde bei regelmäßiger Wässerung mit kalkfreiem Gießwasser. *C. sasanqua* verträgt nach Eingewöhnung auch volle Sonne. Nach der Blüte bis etwa Juli mit Rhododendrendünger einmal monatlich düngen.

Standort Winter: Viele Sorten sind auch im Kübel erstaunlich frosthart, jedoch sollte man nicht ohne Rückfragen beim Züchter oder Konsultation eines Fachbuchs darauf vertrauen. Generell gilt: Kühl (5 bis 8 °C) in nicht zu trockenem, absonnigem Raum, dabei gelegentlich mit kalkfreiem Wasser gießen.

Arten und Sorten: Am häufigsten werden Sorten von *Camellia japonica* angeboten. Besonders beliebt und frosthart bis etwa bis 20 °C sind z. B. 'Nuccio's Gem' (weiß, gefüllt), 'Debbie' (pink, gefüllt), 'Donation' (hellrosa, halbgefüllt), 'Hagoromo' (porzellanrosa, magnolienblütig), 'Adolphe Adusson' (rot, halbgefüllt), 'Charles Cobb' (rot, päonienblütig). Seltener sind die nicht frostharten Sorten von *Camellia reticulata* und deren Hybriden, darunter 'Leonard Messel' (rosa, halbgefüllt) und 'Satan's Robe' (karminrot, halbgefüllt). Von der bedingt frostharten *Camellia sasanqua* sind nur wenige Sorten im Handel, darunter 'Cleopatra' (rosa, halbgefüllt) und 'Narumigata' (kleine, weiß-rosafarbene, duftende Blüten). Selten in Europa kultiviert ist *Camellia sinensis*, der echte chinesische Teestrauch, mit cremeweißen oder rosafarbenen Blüten. Gelbe Blüten besitzt die sehr anspruchsvolle *Camellia nitidissima*.

Vermehrung: Im Frühsommer Stecklinge aus halb verholzten Trie-

ben, bei denen man die Rinde im unteren Bereich etwas abschält. Aussaat der Samen von Hybriden führt oft zu Überraschungen, da die Nachkommen selten den Eltern entsprechen.
Besonderes: Allgemein gelten Kamelien als sehr heikel – falsche Behandlung bestrafen sie mit dem Abwurf aller Blütenknospen. Tatsächlich sind sie jedoch ideale blühfreudige Kübelpflanzen für absonnige bis schattige Terrassen und weniger empfindlich, als weithin angenommen – vorausgesetzt, man erfüllt ihre grundlegenden Bedürfnisse: saure, nie austrocknende Erde, Halbschatten und eine relativ hohe Luftfeuchtigkeit. Trockene Zimmerluft und pralle Sonne mögen sie ebenso wenig wie Staunässe oder kalkhaltige Erde. Sie wachsen von Natur aus langsam und buschig und brauchen daher eigentlich keinen Schnitt. Bei Bedarf nach der Blüte etwas zurückschneiden. Werden die Pflanzen aus dem Winterquartier ausgeräumt, sollte der Wechsel nicht zu abrupt erfolgen. Ideal geeignet sind dafür milde, nicht zu warme Tage mit bedecktem Himmel. Draußen im Kübel überwinternde Exemplare müssen bei strengen Frösten oberirdisch mit einem Reisigmantel und der Kübel durch Eingraben oder eine Strohpackung vor dem Durchfrieren geschützt werden. Durchgefrorene Pflanzen langsam wieder auftauen! Ist die Kälte vorbei, wird der Winterschutz so bald als möglich wieder entfernt.

Canna indica

Indisches Blumerohr

Herkunft: Tropisches und subtropisches Südamerika.
Blütezeit: Mai bis August.
Blüte: Rot, rosa, gelb, orange, auch zweifarbig.

Indisches Blumenrohr

V–VIII 0,5–1,8 m

Wuchsform/Höhe: Rhizomstaude mit großen, paddelförmigen Blättern, je nach Sorte 0,5 bis 1,8 m hoch.
Standort Sommer: Vollsonnig in humoser Erde. Reichlich wässern und wöchentlich düngen.
Standort Winter: Vor dem ersten Frost die Rhizome ausgraben und grob reinigen, dann frostfrei, dunkel, trocken und kühl überwintern.
Arten und Sorten: Im Handel werden fast ausschließlich Hybriden angeboten. Einige gängige im Handel befindliche Hybriden: 'King Midas' (gelb, bis 1,5 m hoch), 'Yellow King Humbert' (goldgelb, bis 1 m), 'Louis Cayeux' (rosa, bis 1,5 m), 'Perkeo' (rosa, bis 0,5 m), 'President' und 'Steller Blut' (rot, bis 1,2 m), 'Lucifer' (rot mit gelbem Rand, bis 0,6 m), 'Goldrand' (orange mit gelbem

Kerzenstrauch

V–X 1–1,5 m

Rand, bis 0,9 m), 'Prinz Carneval' und 'Picasso' (gelb mit orangeroten Punkten, 1 bis 1,2 m), 'Tropicanna' (bunt gestreifte Blätter, orangegelbe Blüten, bis 1,5 m).
Vermehrung: Rhizome vor dem Austreiben im Frühjahr teilen, sodass jedes Teilstück ein Wachstumsauge aufweist. Eintopfen und bei mäßiger Feuchtigkeit und mindestens 16 °C antreiben.
Besonderes: Ab Mitte Mai können die sehr frostempfindlichen Rhizome ausgepflanzt werden. Vortreiben unter Glas oder im Zimmer sorgt für eine frühere Blüte. Die sehr starkwüchsigen Pflanzen brauchen viel Wasser. Schnecken und Raupen fressen gern an jungen Blättern. Dickmaulrüssler und deren Larven schädigen Rhizome und Blätter.

Cassia

Gewürzrinde, Kerzenstrauch

Herkunft: Temperierte bis tropische Regionen, weltweit außer Europa.
Blütezeit: Mai bis Oktober, im beheizten Wintergarten mit einer kurzen Blühpause im Spätwinter auch ganzjährig.
Blüte: Gelb.
Wuchsform/Höhe: Immergrüne bis halb immergrüne, verholzende Sträucher, 1 bis 1,5 m hoch und 1 m breit.
Standort Sommer: Vollsonnig bis halbschattig, warm und während der Wachstumszeit nicht zu trocken in lehmhaltiger Balkonblumenerde. Vom Frühjahr bis zum August ein- bis zweimal monatlich düngen.
Standort Winter: *C. corymbosa* hell, bei 5 °C, *C. didymobotrya* hell, bei 10 bis 15 °C mit guter Belüftung und lufttrocken überwintern. Die Pflanzen im Winterquartier fast trocken halten, da sie sonst der Wurzelfäule zum Opfer fallen können.
Arten und Sorten: *C. corymbosa*, syn. *Senna corymbosa*, *C. didymobotrya*, syn. *Senna didiymobotrya*.
Vermehrung: Im Sommer durch halb verholzte Stecklinge möglich.
Besonderes: Sowohl die Blätter als auch die Rinde der Kassien duften würzig. Da die Pflanzen im Alter unten verkahlen, sollte man sie mit niedrigen Begleitern unterpflanzen oder in den Hintergrund eines Arrangements stellen. *C. corymbosa* kann draußen bleiben, bis die Blüten durch Nachtfrost zerstört werden, da sie bis –3 °C übersteht. Beim Einräumen werden die Triebe auf etwa ein Viertel eingekürzt. *C. didymobotrya* ist frostempfindlicher und wird früher eingeräumt. Man schneidet die Triebe Anfang März auf ein Drittel zurück und stellt die Pflanze heller und wärmer, um sie auf das Ausräumen vorzubereiten.
Die Pflanzen sind im Frühjahr anfällig für Blattläuse, gelegentlich kann die Weiße Fliege auftreten. Junge Blätter zeigen manchmal helle Verfärbungen, die jedoch meist von selbst verschwinden.

Cestrum

Hammerstrauch

Herkunft: Tropisches Mittel- und Südamerika.
Blütezeit: Je nach Überwinterungsart November bis April oder Juni bis Oktober.
Blüte: Rot (Roter Hammerstrauch), gelb bis orangegelb (Gelber Hammerstrauch) oder cremeweiß (Nacht-Jasmin).
Wuchsform/Höhe: Verholzende, bedingt immergrüne, rasch wachsende Sträucher, bis 1,5 m hoch und

VI–X 1,5 m

Roter Hammerstrauch

ebenso breit. *C. elegans* auch als Hochstamm.
Standort Sommer: Vollsonnig in nährstoffreicher Balkonblumenerde bei reichlicher Wässerung und wöchentlicher Düngung.
Standort Winter: Nach den ersten Bodenfrösten einräumen und kühl (5 bis 10 °C), hell oder – nach kräftigem Rückschnitt – auch dunkel und fast trocken überwintern.
Arten und Sorten: Roter Hammerstrauch (*C. elegans*), Gelber Hammerstrauch (*C. aurantiacum*), Nachtjasmin (*C. nocturnum;* duftend), *C.* x *newellii* (wächst mit stark überhängenden Trieben und roten Blüten mehr in die Breite).
Vermehrung: Durch halb verholzte Stecklinge im Frühjahr oder Sommer oder durch Aussaat.
Besonderes: Die Sträucher sind nur im beheizten Wintergarten immergrün, bei kühler Überwinterung (*Cestrum* verträgt Fröste bis –10 °C) werfen sie ihr Laub ab. Alle Pflanzenteile sind giftig! Sie wachsen rasch und erreichen ihre endgültige Größe nach wenigen Jahren. Nach der Blüte entwickeln sich dunkelrote bis schwarze, bei *C. aurantiacum* weiße Beeren. Unbeschnitten, hell und warm überwintert blühen sie vom Herbst bis zum Frühjahr. Ein Rückschnitt (die Pflanzen vertragen sogar einen bodenebenen Rückschnitt) zur Zeit des Einräumens hat eine Blütezeit im nächsten Sommer zur Folge. Als Nachtschattengewächs ist *Cestrum* anfällig für die Kraut- oder Braunfäule (*Phytophtora*) und Grauschimmel (*Botrytis*).

Zwergpalme

Chamaerops humilis

Zwergpalme

Herkunft: Westliches Mittelmeergebiet.
Blütezeit: Mai bis Juni.
Blüte: Gelbe Blüten in fast verborgenen Rispen.
Wuchsform/Höhe: Buschartig mit fächerförmigen Wedeln, treibt schon früh basale Seitentriebe; wird bis 3 m hoch und bis 2 m breit.
Standort Sommer: Vollsonnig, sonnig bis halbschattig in kräftiger, durchlässiger Erde (Einheitserde) bei guter Wasserversorgung und bis August wöchentlicher schwacher Düngung.
Standort Winter: Obwohl sie kurzzeitig Fröste bis –15 °C aushält, überwintert man die Zwergpalme frostfrei und hell bei maximal 10 °C. Eine Überwinterung kann auch dunkel (dann kaum gießen) oder im geheizten, hellen Zimmer erfolgen.
Arten und Sorten: Nur eine Art, von der aber mehrere, zum Teil schwächer oder stärker wachsende Typen bekannt sind.
Vermehrung: Schösslinge im Spätfrühjahr abtrennen.
Besonderes: Zwergpalmen haben kaum einen Höhenzuwachs, sondern gehen eher in die Breite und werden buschartig. Da sie bedingt frosthart sind, können sie in ungeheizten Wintergärten ausgepflanzt werden. Im Sommer anfällig für Spinnmilben. Im Winter kann bei zu schlechter Lüftung oder sich im Herz stauender Nässe eine tödliche Herzfäule eintreten.

Cistus

Zistrose

Herkunft: Mittelmeerraum, Kanarische Inseln.
Blütezeit: Mai bis Juli.
Blüte: Je nach Art rosa, purpurfarben, weiß.
Wuchsform/Höhe: Immergrüne, verholzende Halbsträucher mit kleinen, behaarten, lanzettförmigen Blättern; je nach Art 1 bis 2 m hoch.
Standort Sommer: Vollsonnig in gut durchlässiger, mäßig fruchtbarer Erde. Mäßig wässern und einmal monatlich schwach düngen.
Standort Winter: Nach den ersten Bodenfrösten hell, kühl und luftig überwintern, nur mäßig gießen.
Arten und Sorten: Von den zahlreichen Wildarten sind gelegentlich im Handel erhältlich: Kretische Zistrose (*C. creticus*; purpurrosa Blüten), Lack-Zistrose (*C. ladanifer*; weiße Blüten mit braunrotem Basalfleck), Lorbeerblättrige Zistrose (*C. laurifolius*; dunkel-blaugrüne Blätter, weiße Blüten), Salbeiblättrige Zistrose (*C. salviifolius*; zierlicher Wuchs, weiße Blüten). Außerdem zahlreiche Hybriden, u. a. *C.* x *purpureus* (purpurrosa Blüten mit braunroten Basalflecken), *C.* 'Grayswood Pink' (zartrosa Blüten), *C.* x. *aguilari* (klebrige Blätter mit gewelltem Rand, sehr große, weiße Blüten).
Vermehrung: Im Sommer geschnittene, halb verholzte Stecklinge bewurzeln leicht.
Besonderes: Manche Arten (besonders die Lorbeerblättrige Zistrose, *C. laurifolius*) sind in wintermilden Gebieten (Weinbauklima) frosthart und können ausgepflanzt überwintern. Die Zistrosen, die meist graufilzige, würzig duftende Blätter haben, passen gut zu mediterranen Arrangements. Im Frühsommer erscheinen ständig neue, knittrige, wie aus Seidenpapier gefaltete Blüten – jede nur für einen einzigen Tag. Jungpflanzen im ersten Jahr öfter entspitzen, um einen buschigeren Wuchs zu fördern, ältere Pflanzen nach der Blüte beschneiden. Zistrosen vertragen keinen starken Rückschnitt, daher ältere, sparrig gewordene Exemplare entweder durch neue ersetzen oder mit niedrigen Begleitern unterpflanzen. Zistrosen reagieren empfindlich auf Staunässe. Im schlecht belüfteten Winterquartier kann Grauschimmel auftreten. Junge Triebe sind anfällig für Blattläuse.

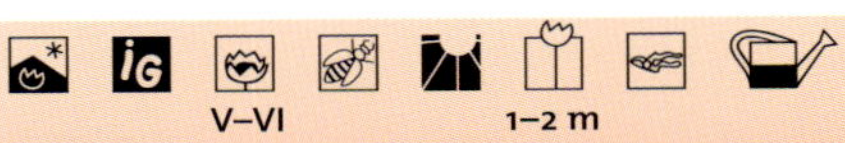

Zistrose

Citrus

Zitrusbaum

Herkunft: Südostasien (China, Vietnam).
Blütezeit: März bis August.
Blüte: Weiß bis zartrosa.
Wuchsform/Höhe: Immergrüne, verholzende Bäume und Sträucher mit duftenden Blüten und manchmal essbaren Früchten; je nach Art und Sorte werden *Citrus*-Gehölze in der Natur zwischen 2 und 12 m hoch, im Kübel jedoch kaum über 2 m.
Standort Sommer: Sonnig und warm in leicht saurer, humoser, gut durchlässiger Erde (im Handel ist spezielle Zitruspflanzenerde erhältlich). 14-tägige Düngung mit speziellem Zitrusdünger.
Standort Winter: Hell und luftig bei 4 bis 9 °C, weniger gießen und düngen. Je wärmer überwintert wird (Überwinterung auch im beheizten Zimmer bis 25 °C möglich), desto heller muss der Standort sein und desto öfter muss gegossen werden.

Zitrone

III–VIII 2 m

Arten und Sorten: Bitterorange, Pomeranze (*C. aurantium*), Zitrone (*C. limon;* meist bedornte Zweige, robust, Früchte reifen unter guten Bedingungen voll aus), Pampelmuse, Grapefruit (*C. paradisii;* kaum Fruchtansatz im Kübel, aber als Wintergartenpflanze geeignet), Mandarine (*C. reticulata;* relativ robust und nicht so stark wachsend, essbare Früchte möglich), Apfelsine, Orange (*C. sinensis;* großer Strauch mit dunkelgrünen Blättern, unter guten Bedingungen essbare Früchte). Eine zwergwüchsige Hybride der Zitrone ist die so genannte Meyer-Zitrone (*C.* x *meyeri*) mit kleinen, kugeligen Früchten. Die als Cinotto oder Myrtenblättrige Sauerorange bekannte Zwergform von *C. aurantium* ist besonders reich blühend und fruchtend. Nah verwandt ist die Kumquat (*Fortunella margarita*), die etwas Frost verträgt (kurzfristig bis –10 °C) und pflaumengroße Früchte hervorbringt, die mit Schale gegessen werden können. Ähnlich, aber ungenießbar, sind die Früchte der Calamondinorange (*Citrus* x *mitis*).
Vermehrung: Die meisten im Handel erhältlichen *Citrus*-Bäumchen sind auf Bitterorangen (*Poncirus trifoliata*) veredelt. Sie lassen sich aber auch im Sommer aus halb verholzten Stecklingen vermehren, die allerdings schlecht anwurzeln. Sämlinge sind nicht sortenrein, oft empfindlich und anfällig für Krankheiten.
Besonderes: Zitruspflanzen sollten nie praller Sonne ausgesetzt werden, daher sind sie im Wintergarten besser aufgehoben als im Freien. Sie blühen manchmal ganzjährig, dann sind Blüten und die bis zu einem Jahr und länger an der Pflanze reifenden Früchte gleichzeitig zu bewundern. *Citrus* nehmen Pflegefehler sehr übel. Sie vertragen keine Trockenheit, aber auch keine Staunässe (Fäulnisgefahr!), sind sehr frostempfindlich und brauchen eine sehr ausgewogene Spezialdüngung. Mit Zitruspflanzenerde und Zitrusdünger geht man kein Risiko ein. Im Winter oder zeitigen Frühjahr kann ein starker Rückschnitt erfolgen. *Citrus* ist, vor allem bei kalkhaltigem Gießwasser, anfällig für Chlorosen (Blattvergilbung aufgrund von Nährstoffmangel). Schildläuse, Spinnmilben, Weiße Fliege und Schmierläuse können vorkommen.

Cyphomandra betacea

Tamarillo, Baumtomate

Herkunft: Tropisches Südamerika.
Blütezeit: Februar bis November.
Blüte: Zartrosa, duftend.
Wuchsform/Höhe: Verholzender, im beheizten Wintergarten immergrüner Strauch mit riesigen, herzförmigen Blättern und essbaren Früchten, die in kleinen Büscheln am Stamm sitzen, im Kübel bis 3 m hoch und bis 2 m breit.
Standort Sommer: Sonnig bis halbschattig, warm und windgeschützt in Balkonpflanzenerde bei hohem Wasser- und Düngerbedarf.
Standort Winter: Hell und luftig bei 14 bis 18 °C, wenn das Laub abgeworfen wird auch kühler und dunkel. Wenig gießen.
Arten und Sorten: Nur eine Art. Die Farbe der Früchte ist abhängig von der Herkunft der Pflanze und variiert zwischen hell-orangerot, dunkelrot und auberginefarben.
Vermehrung: Aussaat im Frühjahr

oder halb verholzte Stecklinge im Frühsommer schneiden.
Besonderes: Besonders wegen der herb-süßlich schmeckenden, hühnereigroßen Früchte interessante Kübelpflanze, die bei kühler Überwinterung das Laub abwirft. Rückschnitt während der Wintermonate. Tamarillos sind anfällig für Weiße Fliegen und Spinnmilben.

Zierbanane

3 m

Ensete ventricosum

Zierbanane

Herkunft: Tropisches Afrika.
Blütezeit: Die Pflanze blüht nur ein einziges Mal im Alter und stirbt danach ab.
Blüte: Weiß zwischen bronzefarbenen Hochblättern an bis zu 1 m langen Blütenschäften.
Wuchsform/Höhe: Hohe, im Wintergarten immergrüne Blattschmuckstaude mit dickem Scheinstamm und riesigen, paddelförmigen Blättern, die im Kübel bis 3 m hoch wird. Ausgepflanzt im beheizten Wintergarten bis 7 m hoch und 5 m breit.
Standort Sommer: Sonnig bis halbschattig, warm und windgeschützt (Wind zerschlitzt die großen Blätter) in lehmiger Balkonblumenerde bei hohem Wasserbedarf, wöchentlich düngen.
Standort Winter: Nicht unter 10 °C, aber auch nicht zu warm, dabei wenig und nicht ins Herz gießen.
Arten und Sorten: Schwachwüchsiger und robuster, mit oberseits und an den Rändern rot getönten Blättern und dunkelrotem Blattstiel ist die Sorte 'Maurelii'.
Vermehrung: Schwierig selbst zu vermehren. Aussaat im Frühjahr bei 18 bis 20 °C, nachdem die Samen einen Tag in Wasser vorgequollen haben.
Besonderes: Die starkwüchsige, imposante Pflanze eignet sich aufgrund ihrer Windempfindlichkeit eher für große Wintergärten als für Balkon und Terrasse. Es empfiehlt sich, beim Einräumen den gesamten Blattschopf bis auf das Herz wegzuschneiden. Die Pflanze treibt dann im Frühjahr neu aus. Anfällig für Spinnmilben und Blattläuse.

Erythrina crista-galli

Korallenstrauch

Herkunft: Subtropisches Südamerika.
Blütezeit: Juli bis Oktober.
Blüte: Scharlachrot.
Wuchsform/Höhe: Kurzstämmiger, verholzender Strauch mit stacheligen Ästen, ledrigen Blättern und attraktiven, bis 0,5 m langen Blütentrauben. Im Kübel bis 1,5 m hoch.
Standort Sommer: Vollsonnig in gut dränierter Balkonblumenerde bei hohem Wasserbedarf. Wöchentlich düngen.

VII–X 1,5 m

Korallenstrauch

Standort Winter: Ruhezeit, bei 0 bis 10 °C dunkel und völlig trocken halten. im Frühjahr zum Antreiben heller und wärmer stellen.
Arten und Sorten: Aus Stecklingen der Sorte 'Compacta' vermehrte Pflanzen eignen sich besonders gut für die Kultur im Kübel und blühen zuverlässig.
Vermehrung: Halb verholzte Stecklinge im Frühsommer. Sämlinge blühen unzuverlässig und erst im Alter.
Besonderes: Als Vorbereitung für die Überwinterung wird ab August nicht mehr gedüngt und weniger großzügig gegossen. Nach dem Laubfall kann der Strauch bis auf 10 cm zurückgeschnitten werden. Ältere Pflanzen vertragen kurzfristig Temperaturen bis zu –10 °C. Junge Pflanzen sollte man jedoch wie Zimmerpflanzen hell und mäßig warm überwintern und gelegentlich gießen. Anfällig für Spinnmilben und Schmierläuse.

Eukalyptus

2–3 m

Eucalyptus

Eukalyptus

Herkunft: Australien.
Blütezeit: Selten, Juli bis August.
Blüte: Cremeweiße, bei *E. ficifolia* rote Dolden.
Wuchsform/Höhe: Immergrüne, verholzende Bäume mit attraktiver Rinde und stark aromatisch duftenden, blau bereiften Blättern. Die Jugendblätter unterscheiden sich deutlich von den Blättern ausgewachsener Bäume. In der Natur werden sie bis 30 m hoch, im Kübel bleiben sie wesentlich kleiner und können auch als Hochstamm gezogen werden.
Standort Sommer: Vollsonnig in neutraler bis leicht saurer Einheitserde bei hohem Wasserbedarf und nur monatlicher Düngung, um das ohnehin starke Wachstum nicht unnötig anzuregen.
Standort Winter: Hell, kühl (2 bis 10 °C) und luftig, dabei weniger gießen.
Arten und Sorten: Zitroneneukalyptus (*E. citriodora*; Blätter duften nach Zitrone), Feigenblättriger Eukalyptus (*E. ficifolia*; rote Blüten), Blaugummibaum (*E. globulus*, intensiv duftend), 'Silberdollar' (*E. gunnii*; kleine, runde Jugendblätter).
Vermehrung: Im Frühjahr Aussaat in Schalen mit Bodenheizung. Halb verholzte Stecklinge im Frühsommer schneiden.
Besonderes: Eukalyptusbäume sind kalkfliehend, daher immer mit kalkarmem Wasser gießen. Ein Rückschnitt ist problemlos möglich. *E. gunnii* verträgt Fröste bis –8 °C, braucht aber in kalten Wintern Frostschutz, damit der Kübel nicht durchfriert. Schädlinge und Krankheiten sind nahezu unbekannt, Staunässe wird allerdings nicht vertragen.

Ficus carica

Echte Feige

Herkunft: Mittelmeerraum und Vorderasien.
Blütezeit: Frühjahr und Herbst.
Blüte: Völlig unscheinbare Blüten, sichtbar sind vor allem die sich am Holz bildenden grünen oder violetten Früchte.
Wuchsform/Höhe: Laub abwerfender, verholzender, ausladender Strauch mit großen, drei- bis fünflappigen Blättern und essbaren Früchten. In der Natur bis 10 m hoch

Feige

2–3 m

und 5 m breit, im Kübel (durch Schnitt) wesentlich kleiner.
Standort Sommer: Vollsonnig und warm in nährstoffreicher, lehmiger Erde bei hohem Wasserbedarf und wöchentlicher Düngung.
Standort Winter: Nach dem Laubfall kühl (2 bis 8 °C), luftig und trocken, hell oder dunkel überwintern, eventuell umtopfen und ab März heller und wärmer stellen, um den Austrieb zu aktivieren. Dann auch wieder mehr gießen.
Arten und Sorten: Nur eine Art, von der inzwischen zahlreiche Zuchtsorten existieren. Als zuverlässig fruchtend gelten die so genannten Nordland-Bergfeigen und die Bayernfeige in Gelbgrün oder Violett.
Vermehrung: Vorjährige Triebe für Stecklinge im Spätwinter bis Frühjahr schneiden.
Besonderes: Im Winterquartier zu früh austreibende Blätter sind anfällig für Sonnenbrand, daher langsam an das Licht akklimatisieren. Alternativ kann man Feigen so früh wie möglich, schon ab Mitte März, ausräumen und im Fall von Nachtfrösten kurzfristig noch einmal einräumen. Die Früchte reifen dann gut aus, wenn Sommer und Herbst warm genug sind. Manche Zuchtsorten sind im Weinbauklima ausgepflanzt winterhart. Besonders gut fruchten Feigen, wenn der Wurzelraum eingeschränkt wird, d. h. der Kübel nicht zu großzügig bemessen ist. Schnittmaßnahmen können im Spätsommer oder Herbst durchgeführt werden. Die Pflanzen treiben aus dem alten Holz und aus den Wurzeln zügig aus. Anfällig für Spinnmilben, Thripse, Schild- und Schmierläuse.

Fortunella

Kumquat

Herkunft: Feuchte Wälder Südchinas bis Malaysias.
Blütezeit: Unter Umständen mehrmals im Jahr.
Blüte: Kleine, weiße, nur schwach duftende Blüten.
Wuchsform/Höhe: Steif aufrecht wachsender, immergrüner, bedornter Strauch, 1 m, selten bis 2 m hoch, mit essbaren, schmackhaften und vitaminreichen Früchten, die im Wintergarten ausreifen. Auch als kleine Hochstämmchen möglich.
Standort Sommer: Ähnlich wie *Citrus*, also sonnig in Spezial-Zitruserde. Kumquats sind nicht so wärmebedürftig und können schon früher als *Citrus* ausgeräumt werden.
Standort Winter: Hell und frostfrei bei 5 bis 10 °C und mäßiger Bodenfeuchtigkeit – nur mit kalkarmem Wasser gießen! Kumquats sind weniger anfällig für Kälteschäden und vertragen kurzfristig auch leichte Nachtfröste.
Arten und Sorten: Runde Kumquat oder Marumi-Kumquat (*Fortunella japonica*) mit kugeligen, goldgelben, etwa 2,5 cm großen Früchten; Ovale Kumquat oder Goldorange (*F. margarita*) mit dornenlosen Trieben und zahlreichen ovalen, orangefarbenen, bis 4 cm langen Früchten.
Vermehrung: Aussaat, Stecklinge oder Veredelung. Sämlinge tragen weniger reich als vegetativ durch

II–IV 1–2 m

Kumquat

Stecklinge oder Veredelung vermehrte Pflanzen.
Besonderes: Da Kumquats schon sehr früh im Jahr blühen, bevor die Bestäuberinsekten fliegen, kann eine Bestäubung der Blüten mit dem Pinsel erfolgen. Die Früchte, die mit der Schale gegessen werden können, brauchen fast ein Jahr bis zur Reife. Die Pflanzen sind anfällig für Blatt- und Schildläuse.

Fuchsia

Fuchsie

Herkunft: Gebirgsregionen Mittel- und Südamerikas.
Blütezeit: Mai bis September.
Blüte: Alle Rosa-, Rot- und Blauvioletttöne sowie weiß, häufig zwei- bis dreifarbig (Krone und Kelch in verschiedenen Farben).
Wuchsform/Höhe: Verholzende, Laub abwerfende kleine Sträucher, deren Zuchtsorten entweder aufrecht oder überhängend wachsen. Im Kübel bis 0,6 m, als Hochstamm auch bis 1 m hoch, *F. magallanica* 1,5 bis 2 m hoch, *F. arborescens* bis 2 m hoch.
Standort Sommer: Sonnig bis halbschattig, windgeschützt in fruchtbarer, leicht saurer, durchlässiger Balkonblumenerde. Immer feucht halten, aber Staunässe vermeiden und wöchentlich mit sauer wirkendem Dünger (Rhododendrendünger) düngen. Im tiefen Schatten blühen Fuchsien nur unzuverlässig.
Standort Winter: Hell, luftig und frostfrei (4 bis 8 °C), bei Laubfall auch dunkel und nur mäßig feucht halten. Bei Bedarf umtopfen.
Arten und Sorten: Baumfuchsie (*F. arborescens*; magentarosa Blüten); Scharlachfuchsie (*F. magellanica*; bedingt frosthart bis –12 °C, mehrere Sorten mit zierlichen roten, violetten oder weißen Blüten). Besonders interessant sind die Hybriden, von denen es allein in Deutschland über 2000 Sorten gibt, z. B. großblütige Sorten mit Blüten, bei denen Kelch und Krone stark miteinander kontrastieren („Kalifornische Traumfuchsien“, z. B. 'Red Spider'), aber auch Hybriden, deren einfarbige Blüten in dichten Trauben zusammenstehen (*Fuchsia-Triphylla*-Hybriden, z.B. 'Prof. Henkel').
Vermehrung: Halb verholzte Stecklinge im Frühsommer. Aussaat ist im Frühling unter Glas möglich, führt bei den Hybriden aber zu Überraschungen, da sie nicht sortenrein zu vermehren sind.
Besonderes: Die Pflanzen vertragen keine Trockenheit, deshalb auch vor austrocknenden Winden schützen. Ein Rückschnitt kann im Winter bis ins alte Holz erfolgen, Fuchsien treiben willig neu aus. Anfällig für Weiße Fliege, Gefurchten Dickmaulrüssler, Blattläuse, Spinnmilben und Grauschimmel (*Botrytis*).

Fuchsie

V–IX 0,6–2 m

Hibiscus rosa-sinensis

Hibiskus, Roseneibisch

Herkunft: Vermutlich tropisches Asien.
Blütezeit: März bis Oktober, im Wintergarten ganzjährig.
Blüte: Weiß, gelb, Orange- und Rottöne, auch zweifarbig (ineinander verlaufende Farben).
Wuchsform/Höhe: Offener, verholzender, immergrüner Strauch, bis 2,5 m hoch und 1,5 m breit, auch als Hochstamm.
Standort Sommer: Sonnig (pralle

Hibiskus

III–X 2,5 m

Sonne vermeiden) bis halbschattig, warm (stets über 16 °C, sonst Knospenfall), wind- und regengeschützt in humoser Balkonblumen- oder Einheitserde. Reichlich gießen, aber Staunässe vermeiden und bis August wöchentlich düngen.
Standort Winter: Im beheizten Wintergarten hell und warm (über 16 °C), dabei feucht halten. Alternativ hell, kühl (14 bis 18 °C), in nicht zu trockener Luft, dabei nur mäßig gießen. Im Mai vorsichtig ans Freie gewöhnen. Ideal zum Ausräumen geeignet sind Tage mit bedecktem Himmel. Hibiskus quittiert plötzliche Standortwechsel mit Blatt- und Knospenfall.
Arten und Sorten: Im Handel sind fast ausschließlich Hybriden erhältlich. Einige davon haben gefüllte oder halbgefüllte Blüten. Empfehlenswert ist der Kauf von blühenden Exemplaren, um Enttäuschungen zu vermeiden.
Vermehrung: Im Spätfrühling bis Frühsommer halb verholzte Stecklinge schneiden.
Besonderes: Im Handel angebotene kleine Pflanzen sind meist mit Wachstumshemmern (chemische Stauchemittel) behandelt und bleiben lange Zeit zwergwüchsig, bis sie, nach etwa einem Jahr, plötzlich lange Triebe entwickeln. Junge Pflanzen sollte man öfter entspitzen, um einen buschigeren Wuchs zu erzielen, denn die Sträucher wachsen von Natur aus sparrig. Nach zwei bis drei Jahren zur Verjüngung scharfer Rückschnitt der Triebe im Mai um die Hälfte. Anfällig für Spinnmilben, Blattläuse, Weiße Fliege, Schild- und Schmierläuse sowie Echten Mehltau und Blattflecken.

Lagerstroemia indica

Kreppmyrte

Herkunft: China.
Blütezeit: Juli bis August, unter Umständen erst September bis Oktober.
Blüte: Hell- bis dunkelrosa Blütenrispen.
Wuchsform/Höhe: Aufrechter, Laub abwerfender Baum mit abschilfernder Borke, auch als Hochstamm. Im Kübel bis 2,5 m, ausgepflanzt bis 8 m hoch.
Standort Sommer: Vollsonnig, warm in mäßig fruchtbarer, durchlässiger Einheitserde. Gleichmäßig wässern und 14-tägig düngen.
Standort Winter: Spät einräumen, da die Pflanze frosttolerant ist. Kalt, aber frostfrei in hellen oder dun-

VII–VIII 2,5 m

Kreppmyrte

klen, luftigen Räumen überwintern, dabei die Erde nur leicht feucht halten und ab Februar heller und wärmer stellen, um die Pflanzen anzutreiben.
Arten und Sorten: Die Sorten 'Nivea' und 'Natchez' blühen weiß, 'Coccinea' scharlachrot, 'Dallas Red' ist besonders frosthart, schnell wachsend und hat dunkelrote Blüten. 'Petite Pink', 'Petite Orchidee' und 'White Dwarf' sind schwachwüchsiger.
Vermehrung: Im Sommer halb verholzte Stecklinge in Schalen mit Bodenheizung bewurzeln. Auch Aussaat im Frühjahr.
Besonderes: Im Weinbauklima ist die Kreppmyrte winterhart, da sie Temperaturen bis –18 °C schadlos übersteht. Wegen ihrer Frosttoleranz eignet sie sich auch für ungeheizte Wintergärten. Blüten entwickeln sich an diesjährigen Trieben. Alljährlich, bevor die Pflanzen ins Winterquartier kommen, sollte daher ein kräftiger Rückschnitt erfolgen. Damit die Kreppmyrte bereits im Sommer blüht, muss sie an einem vollsonnigen und sehr heißen Ort stehen, andernfalls blüht sie erst im Herbst. Anfällig für Spinnmilben, Blatt- und Schmierläuse, weiße Fliege und Grauschimmel (*Botrytis*) sowie in heißen Sommern für Mehltau.

Wandelröschen

I–XII 1–2 m

Lantana-camara-Hybriden

Wandelröschen

Herkunft: Tropisches und subtropisches Südamerika und Südafrika.
Blütezeit: Fast ganzjährig.
Blüte: Weiß, gelb, rosa, rot.
Wuchsform/Höhe: Als Busch oder Hochstamm maximal 1 bis 2 m hoch und breit.
Standort Sommer: Eher sonnig als halbschattig und warm in gut gedüngter Balkonblumenerde; der Boden darf nie austrocknen.
Standort Winter: Hell bei 12 bis 16 °C, dabei nicht austrocknen lassen, da die Pflanzen meist ihr Laub behalten. Ein starker Rück- oder Formschnitt zu dieser Zeit ist möglich, dann können die Pflanzen auch dunkel überwintert werden.
Arten und Sorten: *Lantana-camara*-Hybriden in zahlreichen Farben, z. B. 'Fabiola' (lachsrosa/gelb), 'Goldsonne' (goldgelb), 'Letkiss' (orangerot/gelb), 'Schloss Ortenburg' (kupferrot/schwefelgelb) und 'Ingelsheimer' (blauviolett/gelb). Verwandt, aber schwieriger zu pflegen ist *Lantana montevidensis* mit kriechendem Wuchs und rosalila Blüten.

Lorbeer

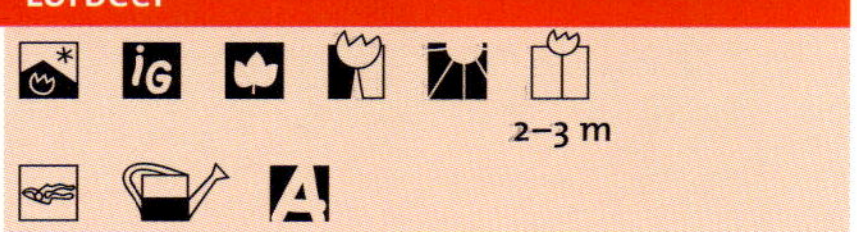

Vermehrung: Im Frühjahr durch Aussaat oder im Sommer durch halbverholzte Stecklinge.
Besonderes: Die einzelnen Blüten verändern im Verlauf der Blütezeit ihre Farbe (daher der Name „Wandelröschen"). Die Beerenfrüchte sind giftig und sollten entfernt werden, um die Blühfreudigkeit zu steigern. Der Kontakt mit den Blättern kann zu Hautreizungen führen. Wandelröschen sind anfällig für Blattläuse und Weiße Fliege.

Laurus nobilis

Echter Lorbeer

Herkunft: Mittelmeergebiet.
Blütezeit: Februar bis Mai.
Blüte: Grünlichgelb.
Wuchsform/Höhe: Immergrüner, verholzender Strauch mit ledrigen Blättern, eignet sich sowohl für Hochstämmchen als auch für Formschnitt. Ausgepflanzt bis 12 m hoch und 10 m breit, im Kübel deutlich kleiner.
Standort Sommer: Vollsonnig, sonnig bis halbschattig in lehmiger, durchlässiger Garten- oder Einheitserde. Regelmäßig gießen, bis August 14-tägig düngen.
Standort Winter: Frosttolerant bis –10 °C, wobei die Wurzeln empfindlicher als der oberirdische Teil der Pflanze sind. Spät, erst nach den ersten Frösten einräumen und kühl (2 bis 6 °C), hell oder dunkel überwintern, dabei nicht austrocknen lassen.
Arten und Sorten: *L. nobilis* 'Aurea' hat goldgelbe Blätter.
Vermehrung: Aussaat im Frühjahr oder halb verholzte Stecklinge im Sommer.
Besonderes: Beliebte, robuste Kübelpflanze. Jungpflanzen zur besseren Verzweigung öfter entspitzen. Beim Formschnitt zu Pyramiden, Säulen oder kugeligen Hochstämmchen nur Zweige, nicht einzelne Blätter beschneiden, da sonst die Schnittstellen hässlich verbräunen. Umtopfen ist nur alle drei Jahre nötig. Besonders anfällig für Schildläuse, Dickmaulrüssler und Lorbeer-Blattfloh sowie Echten Mehltau und Blattflecken.

Musa

Echte Banane

Herkunft: *M. acuminata*: Südostasien bis Nordaustralien, *M. basjoo*: Japan.
Blütezeit: Sommer.
Blüte: Purpurne bis braune Tragblätter mit weißen bis cremegelben Blüten.
Wuchsform/Höhe: Baumartige Staude mit riesigen, paddelförmigen Blättern. *M. acuminata* wird im Kübel bis 3 m hoch und breit, *M. basjoo* bis 4 m hoch und bis 3 m breit.
Standort Sommer: Sonnig, warm und windgeschützt in lehmhaltiger, nährstoffreicher Erde, bei hohem Wasserbedarf und wöchentlicher Düngung.
Standort Winter: Hell, kühl (etwa 10 °C) und luftig, dabei wenig gießen.
Arten und Sorten: Relativ robust in Bezug auf Kälte ist die Japanische Faserbanane (*M. basjoo*), die bis –3 °C verträgt und erst bei den ersten Nachtfrösten eingeräumt werden muss. Sie bringt ungenießbare Früchte hervor. Die Kanarenbanane (*M. acuminata*) wächst weniger stark und trägt unter guten Bedingungen, zum Beispiel im beheizten Wintergarten, essbare Früchte. Sorten von *M.* x *paradisiaca*, der großfruchtigen Speisebanane, werden zu groß für Kübel und eignen sich nur für Wintergärten mit einer Mindesttemperatur von 10 °C. Kleiner bleibt die Sorte *M.* x *paradisiaca* 'Dwarf Cavendish', die nur 3 m hoch wird.
Vermehrung: Aussaat der vorgequollenen, haselnussgroßen Samen bei 21 bis 24 °C, alternativ Schösslinge im Frühjahr vereinzeln.
Besonderes: Im Freiland nur an gut windgeschützten Orten aufstellen, da selbst schwache Böen die Pflanzen umwerfen und die großen Blätter zerfetzen können. Schöne Blattschmuckpflanzen für lauwarme und warme Wintergärten. Anfällig für Spinnmilben, Schmier- und Blattläuse. Bei zu feuchter, kalter Überwinterung treten Bodenpilze auf.

Myrtus communis

Brautmyrte

Herkunft: Mittelmeergebiet.
Blütezeit: Juni bis August.
Blüte: Cremeweiß.
Wuchsform/Höhe: Immergrüner, verholzender, ausladender, dicht be-

Brautmyrte

VII–VIII 1,5 m

laubter Strauch, im Kübel bis 1,5 m hoch und breit.
Standort Sommer: Vollsonnig, sonnig oder halbschattig in gleichmäßig feuchter, aber nicht staunasser, leicht saurer Erde. Regelmäßig gießen und bis August wöchentlich düngen.
Standort Winter: Frosthart bis –5 °C. Hell, luftig und kühl, nicht über 10 °C überwintern, dabei nicht austrocknen lassen.
Arten und Sorten: *M. communis* var. *tarentina* ist kleinlaubiger und blühfreudiger. *M. c.* 'Variegata' hat cremeweiß gerandete Blätter. Häufig im Handel angeboten: 'Hamburger Brautmyrte' und 'Königsberger Brautmyrte' mit kleinen Blättern. Großblättriger ist die so genannte Judenmyrte *M. communis* var. *romana*.
Vermehrung: Ganzjährig durch Stecklinge in leicht saurem Substrat möglich.
Besonderes: Beliebte und traditionelle Kübelpflanze für fast jeden Standort. Die kleinen, dunklen Früchte der Myrte sind essbar. Myrten müssen nur alle 4 bis 5 Jahre umgetopft werden und können bei guter Pflege hundert Jahre und älter werden. Anfällig für Schild- und Schmierläuse, Thripse und Laubfall bei Trockenheit im Wurzelbereich. Kalkfliehend, daher nur mit kalkfreiem Wasser gießen.

Nerium oleander

Oleander, Lorbeerrose

Herkunft: Östliches Mittelmeergebiet bis Westchina.
Blütezeit: Juni bis Oktober.
Blüte: Weiß, rosa, rot, seltener orange oder gelb, einfache oder gefüllte Blüten.
Wuchsform/Höhe: Immergrüner, verholzender Strauch mit ledrigen Blättern, 2 bis 6 m hoch und 1 bis 3 m breit, kann aber durch Schnitt in konstanter Höhe gehalten werden.
Standort Sommer: Vollsonnig, warm in durchlässiger, kalkiger lehmig-humoser Erde oder Einheitserde mit Quarzsand-, Lehm- und Kalkzusatz. Reichlich gießen (Oleander verträgt im Sommer „nasse Füße") und bis August wöchentlich düngen.
Standort Winter: Frostverträglich bis etwa –5 °C. Hell, luftig und kühl (4 bis 8 °C) oder dunkel überwintern, dabei wenig gießen.
Arten und Sorten: Von *Nerium oleander* sind über 400 Sorten bekannt, allerdings nicht immer mit verbindlichen Namen im Handel erhältlich. Schöne Sorten sind z. B. 'Casablanca' (weiß, einfach), 'Tangier' (hellrosa, einfach), 'Ruby Lace' (dunkelrot, einfach, mit gefransten Lippen und gewelltem Rand), 'Little Red' (rot, einfach, frosthart bis –12 °C), 'Mrs. George Roeding' (lachsrot, gefüllt, zwergwüchsig), 'Variegatum' (gelb geränderte Blätter, rosa gefüllte Blüten).

VI–X 2–6 m

Oleander

Olivenbaum

2 m

Vermehrung: Im Sommer halb verholzte Stecklinge in Schalen mit Bodenheizung bewurzeln. Im Frühling kann Oleander durch Aussaat bei 20 °C oder durch Abmoosen vermehrt werden.
Besonderes: Sehr robuste, pflegeleichte Kübelpflanze, nahezu ein Klassiker. Alle Pflanzenteile sind giftig (Hundsgiftgewächs). Schon der Hautkontakt kann bei empfindlichen Personen zu Reizungen führen. Oleander ist gut kalkverträglich und braucht kalireichen Dünger. Rosa und rot blühende Sorten werden zur Verjüngung alle paar Jahre im Frühsommer oder Herbst entweder radikal auf 40 bis 60 cm zurückgeschnitten (sie treiben willig aus dem alten Holz aus) oder man nimmt jedes Jahr nur ein Viertel der alten Triebe bis auf 10 cm über dem Boden zurück. Abgeblühte Triebspitzen im Herbst nicht ausschneiden, daraus entwickelt sich der Frühjahrsflor. Anfällig für Blattläuse, Schild- und Schmierläuse sowie Spinnmilben. Oleanderkrebs (eine Infektion mit dem Bakterium *Pseudomonas tonelliana*) ist an kreisförmigen Flecken mit hellem Rand erkennbar, die zum Absterben des Blattes führen, sowie an krebsartigen Wucherungen am Stamm. Durch radikales Ausschneiden betroffener Pflanzenteile kann die Krankheit eingedämmt werden. Die Oleanderfäule wird durch den Pilz *Asochyta* verursacht und durch Feuchtigkeit im Winterquartier begünstigt (z. B. herabtropfendes Kondenswasser). Sie führt zum Absterben der Triebe. Fungizide helfen nur vorbeugend.

Olea europaea

Ölbaum, Olive

Herkunft: Mittelmeergebiet.
Blütezeit: Juli bis August.
Blüte: Cremeweiß.
Wuchsform/Höhe: Sehr langsam wachsender, immergrüner, verholzender Baum mit runder Krone, silbrig-grünem, Laub und essbaren Früchten. Im Kübel bis 2 m hoch.
Standort Sommer: Vollsonnig und warm in lehmiger Gartenerde oder Einheitserde. Mäßig feucht halten, bis August 14-tägig düngen.
Standort Winter: Ältere Exemplare sind kurzfristig bis –10 °C frosthart. Dennoch ist eine helle, frostfreie (5 bis 10 °C) Überwinterung besser. Dabei wenig gießen. Notfalls auch kühl und dunkel überwintern.
Arten und Sorten: Nur eine Art, von der im Süden Europas verschiedene Sorten zur Öl- und Tafelolivenproduktion bekannt sind. Alle Oliven sind im reifen Zustand schwarzbraun, grüne Oliven wurden nur unreif geerntet. Damit die Bäume fruchten, müssen mindestens zwei zueinander passende Exemplare zusammenstehen.
Vermehrung: Halb verholzte Stecklinge in Schalen mit Bodenheizung bewurzeln oder durch Aussaat.
Besonderes: Robuste, dekorative Kübelpflanze, die auch im Topf uralt werden und einen bizarren Wuchs bekommen kann. Schnittmaßnahmen können jederzeit durchgeführt werden und sorgen dafür, dass die Pflanzen nicht sparrig werden. Anfällig für Schildläuse. In regenreichen Jahren kann die „Augenfleckenkrankheit“ auftreten. Auf der Blattoberseite treten dann kleine dunkle, von grauen oder gelben Ringen umgebene Flecken auf, die zum totalen Blattverlust führen können. Spritzungen mit einem Fungizid können die Pflanzen retten.

Passiflora

Passionsblume

Herkunft: Tropen und Subtropen Amerikas, Asiens, Australiens und Polynesiens.
Blütezeit: Je nach Sorte und Bedingungen März/April bis Dezember.
Blüte: Je nach Art und Sorte weiß, alle blauvioletten Töne, rot, rosa.

Wuchsform/Höhe: Verholzende, immergrüne bis halbimmergrüne Kletterpflanzen mit relativ großen, attraktiven Blüten. Je nach Art und Sorte zwischen 2 und 12 m hoch.
Standort Sommer: Im Freiland als kletternde Spalierpflanze im Kübel mit lehmig-humoser, gut gedüngter Erde sonnig bis halbschattig, warm und windgeschützt. Reichlich gießen und bis August wöchentlich düngen.
Standort Winter: Bis auf *P. caerulea* und *P. incarnata*, die leichte Fröste vertragen, müssen alle Passionsblumen schon vor den ersten Nachtfrösten eingeräumt werden. Hell, bei mindestens 12 °C überwintern. Je kühler, desto mehr Laub lassen die Pflanzen fallen. Robuste Arten können für die Winterruhe bis auf ein Temperaturminimum von 5 °C abgekühlt werden.
Arten und Sorten: Da sich Passionsblumen leicht kreuzen lassen, ist eine unüberschaubare Vielfalt an Sorten und Hybriden im Umlauf. Im Weinbauklima sind mit leichtem Winterschutz (Mulchschicht am Boden) sortenreine Exemplare der Blauen Passionsblume (*P. caerulea*) bis –15 °C frosthart, besonders die reinweiße, duftende Sorte 'Constance Elliott'. Als bedingt frosthart gilt *P. incarnata* (bis 2 m hoch, violettweiße Blüten). Alle anderen Arten müssen frostfrei überwintert werden, etwa *P. alata* (bis 6 m hoch, karminrote Blüten), *P. amethystina* (bis 4 m hoch, zahlreiche violett-weiße Blüten) Maracuja oder Purpurgranadilla (*P. edulis*; weißlich-violette Blüten, schmackhafte Früchte) und Riesengranadilla (*P. quadrangularis*; zartrosa/weiße Blüten mit auffälligen Koronen aus langen, gewellten Fäden, essbare Früchte, sehr raumgreifend und wärmeliebend, mindestens 15 °C).
Vermehrung: Im Frühling oder Herbst Absenker machen, im Frühling aussäen bei 13 bis 18 °C oder Stecklinge in Schalen mit Bodenheizung bewurzeln.
Besonderes: Attraktive, wüchsige und exotische Kletterpflanze für beheizte Wintergärten und Spaliere auf Balkon und Terrasse. Man zieht einen oder mehrere Leittriebe, den oder die man dann lenken kann. Im Spätwinter schneidet man die Nebentriebe auf vier bis acht Augen zurück. Wenn die Pflanzen im Kübel im Freien stehen, wird schon im Herbst, beim Einräumen, auf zwei Augen zurückgeschnitten. Anfällig für Spinnmilben, Weiße Fliege, Schmier- und Schildläuse.
In nassen, kalten Böden kann es zu Wurzel- und Stängelfäule kommen.

III–X bis 2 m

Passionsblume

Phoenix canariensis

Phoenix-Palme, Kanarische Dattelpalme

Herkunft: Kanarische Inseln.
Blütezeit: August bis November.
Blüte: Cremefarbene bis goldgelbe, bis 1,2 m lange, hängende Rispen.
Wuchsform/Höhe: Mittelgroße Palme mit kräftigem Stamm und langen, gefiederten Wedeln. Ausgepflanzt bis 15 m hoch und bis 12 m breit. Im Kübel bleibt *P. canariensis* lange Zeit kompakt.
Standort Sommer: Vollsonnig in lehmiger Gartenerde oder Einheitserde. Reichlich gießen und bis August 14-tägig düngen. Nach dem Ausräumen im Frühjahr zunächst langsam an die Sonne gewöhnen.
Standort Winter: Kurzzeitig übersteht diese Palme Fröste bis –5 °C. Hell, luftig und kühl (5 bis 10 °C), dabei die Erde nur leicht feucht halten und kein Wasser in das Herz eindringen lassen.
Arten und Sorten: Nur eine Art im Handel. Die Echte Dattelpalme (*P.*

Dattelpalme

bis 2 m

dactylifera) wird für die Kübelkultur unter Umständen zu groß, da sie ausgewachsen bis zu 20 m Höhe erreicht. Die Zwerg-Dattelpalme (*P. roebelenii*) mit einer maximalen Höhe von 2 m und einer Breite von 1 m eignet sich nur für helle, warme Wintergärten.
Vermehrung: Aussaat im Frühling bei 19 bis 24 °C.
Besonderes: Die im Handel häufigste Palme für Kübel und Wintergarten. In unserem Klima blüht die Palme selten, bringt dann aber mit etwas Glück (leider wenig schmackhafte) Datteln hervor. Abgestorbene Wedel am Stamm absägen, sonst ist kein Schnitt nötig. Anfällig für Schildläuse und Spinnmilben, nach dem Ausräumen auch für Sonnenbrand.

Phormium tenax

Neuseeländer Flachs

Herkunft: Neuseeland.
Blütezeit: Juli bis August.
Blüte: An langen, die Blätter hoch überragenden Rispen kleine, trübrote Blüten.
Wuchsform/Höhe: Mächtige, schwertartige, immergrüne Blätter, die rosettenförmig zusammenstehen. Bis 1,5 m hoch und 1 m breit.
Standort Sommer: Vollsonnig, sonnig oder halbschattig in durchlässiger, nahrhafter Erde. Reichlich gießen und bis August wöchentlich düngen.
Standort Winter: Die eigentliche Art verträgt Frost bis –5 °C, die Sorten und Hybriden sind empfindlicher. Hell, luftig und kühl überwintern, dabei weniger gießen.
Arten und Sorten: 'Tricolor' (rötlich mit grünen und gelben Streifen), 'Variegatum' (weiß gerandete, grüne Blätter), 'Aurora' (überhängende, bronzefarbene, rot und gelb gestreifte Blätter), 'Bronze Baby' (zwergwüchsig mit bronzefarbenen Blättern und überhängenden Spitzen).
Vermehrung: Ältere Pflanzen können im Frühjahr geteilt, die eigentliche Art auch durch Aussaat vermehrt werden.

Neuseeländer Flachs

VII–VIII bis 1,5 m

Besonderes: Sehr dekorative, robuste und pflegeleichte Kübelpflanze, die auch für Wassermotive geeignet ist. Vertrocknete Blätter müssen gelegentlich entfernt werden. Nahezu resistent gegen Schädlinge und Krankheiten.

Pittosporum

Klebsame

Herkunft: *P. tobira*: Subtropen Ostasiens, *P. tenuifolium*: Neuseeland.
Blütezeit: März bis Mai.
Blüte: Cremeweiß, duftend, gefolgt von kugeligen Früchten, die beim Aufplatzen in klebriges Fruchtfleisch eingebettete Samen zeigen.
Wuchsform/Höhe: Immergrüne, verholzende Sträucher mit ledrigen, glänzenden Blättern. Unbeschnitten 2 bis 3 m hoch und bis 1,5 m breit.
Standort Sommer: Sonnig bis halbschattig in lehmhaltiger Einheitserde, dabei mäßig gießen und 14-tägig düngen.

III–V 2–3 m

Klebsame

Standort Winter: *P. tobira* ist frosthart bis –10 °C. Überwintert wird jedoch besser hell, frostfrei bei 4 bis 10 °C.
Arten und Sorten: *P. tenuifolium* 'Abbotsbury Gold' (gelbe, grün geränderte Blätter), 'Purpureum' (bronzepurpurne Blätter), *P. tobira* 'Variegatum' (kleine grüne Blätter mit weißen Rändern). *P. tobira* 'Nanum' wird kaum über 0,5 m hoch und 1 m breit und blüht selten.
Vermehrung: Aussaat nach der Samenreife unter Glas, halb verholzte Stecklinge im Sommer nehmen oder im Frühjahr absenken oder abmoosen.
Besonderes: Sehr robuste Kübelpflanze. Junge Pflanzen mehrfach entspitzen. Gut schnittverträglich, treiben aus altem Holz willig aus, daher auch für Formschnitt (Pyramiden, Säulen, Kugeln) geeignet. Anfällig für Spinnmilben und Schildläuse sowie für Echten Mehltau.

Bleiwurz

VI–X 2 m

Plumbago auriculata

Bleiwurz

Herkunft: Südafrika.
Blütezeit: Juni bis Oktober, im beheizten Wintergarten März bis Oktober.
Blüte: Hellblau, auch weiß in schirmartigen Trauben.
Wuchsform/Höhe: Klimmender, immergrüner Strauch mit peitschenartigen, wenig verzweigten, zunächst aufrechten, dann überhängenden Trieben, bis 2 m hoch und bis 1 m breit. Auch als Hochstämmchen (mit Stützstab) möglich.
Standort Sommer: Vollsonnig, windgeschützt (die Triebe sind sehr brüchig) in lehmiger Gartenerde oder Balkonblumenerde. Reichlich gießen, bis August 14-tägig düngen.
Standort Winter: Beim Einräumen kräftiger Rückschnitt, hell, luftig und kühl (10 °C) überwintern, wenig gießen. Wenn dunkel überwintert wird, die Erde nur leicht feucht halten.
Arten und Sorten: Häufig ist die Sorte 'Caerulea' mit hellblauen Blüten, seltener wird die kompaktere Sorte 'Alba' mit weißen Blüten angeboten. Noch eine Rarität hierzulande ist die verwandte, etwas kleinere *Plumbago indica* mit roten Blüten.
Vermehrung: Im Sommer halb verholzte Stecklinge in Schalen mit Bodenheizung bewurzeln, Absenker machen oder im Frühjahr aussäen.
Besonderes: Sehr dekorative, zuverlässig blühende Kübelpflanze. Im Sommer müssen herausstehende Triebe eingekürzt werden. Die klebrigen Blütenblätter fallen nach dem Verblühen nicht von selbst ab und müssen ausgezupft werden. Anfällig für Spinnmilben, Weiße Fliege und Schmierläuse.

Granatapfel

VII–VIII 1–2,5 m

Punica granatum

Granatapfel

Herkunft: Südosteuropa bis Vorderasien.
Blütezeit: Juli bis August.
Blüte: Leuchtend rotorange, manchmal gefolgt von kugeligen Früchten mit ledriger Schale, die bei Reife aufplatzen und von dunkelrotem Fruchtfleisch ummantelte Samen zeigen.
Wuchsform/Höhe: Laub abwerfender, dorniger, verholzender, dicht verzweigter Strauch, bis 2,5 m hoch, bis 1,5 m breit; Zwergsorten bis 1 m hoch und 0,8 m breit
Standort Sommer: Vollsonnig und windgeschützt in lehmiger Gartenerde oder Einheitserde. Zur Zeit des Austriebs reichlich gießen, bis Ende Juli 14-tägig düngen.
Standort Winter: Da *Punica* etwas Frost (bis –10 °C) verträgt, kann so spät wie möglich eingeräumt werden. Die Laub abwerfenden Sträucher können hell oder dunkel, kühl (2 bis 6 °C) und relativ trocken überwintert werden. Sie sollten schon im März wieder ausgeräumt werden, damit der Austrieb aktiviert wird.
Arten und Sorten: *P. granatum* var. *nana* ist zwergwüchsig, bringt zahlreiche etwa walnussgroße Früchte hervor und ist für kleine Balkons und Terrassen bestens geeignet. 'Nana Racemosa' wächst ebenfalls zwergig, aber pyramidal. *P. granatum* var. *plena* hat gefüllte Blüten, nur sehr selten Früchte. Große, gefüllte Blüten haben *P. g.* 'Legrellei', 'Albo Pleno' und 'Flore Luteo'. Echte Fruchtsorten gedeihen nur unbefriedigend im Kübel.
Vermehrung: Im Sommer halb verholzte Stecklinge schneiden. Durch Aussaat vermehrte Granatäpfel wachsen oft sparrig und sind meistens blühfaul.
Besonderes: Für beheizte, aber auch unbeheizte Wintergärten gut geeignete Kübelpflanze, da sie nach dem frühen Austrieb im März viel Licht, aber nicht unbedingt Wärme braucht. Im laublosen Zustand unbedingt darauf achten, dass die Pflanzen kaum Wasser brauchen. *Punica* nimmt auch während der Vegetationszeit kürzere Dürreperioden nicht übel. Ein Schnitt ist kaum nötig. Wenn, dann im Frühjahr zurückschneiden. Junge Triebe sind anfällig für Blattläuse.

Solanum

Nachtschatten

Herkunft: Tropische und subtropische Gebiete Südamerikas.
Blütezeit: Mai bis Oktober.
Blüte: Blauviolett, purpurviolett, weißlich-violett, reinweiß.
Wuchsform/Höhe: Immergrüne, verholzende, reich verzweigte Sträucher, zum Teil kletternd; *S. jasminoides*: bis 5 m; *S. rantonnetii*: 2 bis 3 m, auch als Hochstamm; *S. wendlandii*: bis 5 m; *S. muricatum*: 0,5 bis 1 m.

V–X 1–5 m

Nachtschatten

Standort Sommer: Sonnig bis halbschattig, warm und windgeschützt in Balkonblumenerde bei hohem Wasserbedarf, bis August wöchentlich düngen.
Standort Winter: Vor dem ersten Nachtfrost einräumen. Hell, kühl (5 bis 10 °C) und luftig überwintern. Die Pflanzen werfen anfangs viel Laub ab, können dann auch dunkel und relativ trocken stehen. Alternativ hell und wärmer (bis 15 °C) überwintern. Die Pflanzen behalten dann ihr Laub und müssen regelmäßig gegossen werden. Ab März heller stellen und erst ab Mitte Mai ausräumen.
Arten und Sorten: Sternnachtschatten (*S. jasminoides*; rasch wachsend, kletternd, weiße Sternblüten), Kartoffelstrauch, Enzianblume (*S. rantonnetii*; strauchig mit zahlreichen blauvioletten Blüten), Costa Rica-Nachtschatten (*S. wendlandii*; kletternd, bedornt, mit violetten bis weißlich-violetten, herabhängenden Blütenrispen), Pepino, Melonenstrauch (*S. muricatum*; an langen, kriechenden Trieben bilden sich im Laufe des Sommers beige-orangefarbene, violett schimmernde, rundliche Früchte, die wohlschmeckend sind. Alle anderen Pflanzenteile sind jedoch giftig.).
Vermehrung: Im Sommer halb verholzte Stecklinge in Schalen mit Bodenheizung bewurzeln.
Besonderes: Alle *Solanum*-Arten sind sehr stark wachsend und (mit Ausnahme der Früchte von *S. muricatum*) in allen Pflanzenteilen giftig. Die Triebe können im Herbst vor dem Einräumen um die Hälfte eingekürzt werden, Jungpflanzen sollte man mehrmals entspitzen.
Anfällig für Spinnmilben, Blattläuse, Weiße Fliege sowie Grauschimmel (*Botrytis*) und Krautfäule (*Phytophtora*).

Paradiesvogelblume, Strelitzie

X–III 2 m

Strelitzia reginae

Paradiesvogelblume, Strelitzie

Herkunft: Südafrika.
Blütezeit: Oktober bis März, bei kühler Überwinterung im Wintergarten auch länger.
Blüte: Purpurfarben bis orange überhauchte Brakteen, aus denen sich bis 10 cm lange Blüten mit gelben Kelchen und violettblauen Kronen erheben.
Wuchsform/Höhe: Gruppen bildende Staude mit sehr großen, paddelförmigen, gestielten Blättern. Bis 2 m hoch und bis 1 m breit.
Standort Sommer: Sonnig bis halbschattig und luftig, aber windgeschützt, bei starker Hitze schattiert in lehmiger, fruchtbarer, feuchter, durchlässiger Erde. Staunässe vermeiden.
Standort Winter: Warm bis temperiert (mindestens 12 °C), hell und luftig überwintern.
Arten und Sorten: *S. reginae* 'Humilis', syn. 'Pygmaea' wird nur 0,8 m hoch.
Vermehrung: Bewurzelte Schösslinge im Frühjahr vereinzeln.
Besonderes: Seit einigen Jahren immer beliebter werdende, exotische Kübelpflanze, die sich besonders gut für beheizte Wintergärten eignet. Die Pflanze ist in der Pflege weniger heikel als sie aussieht, darf aber keinen Frost bekommen und sobald sich die Blütenstiele entwickeln nicht an einen neuen Stand-

Schwarzäugige Susanne

V–IX 1,5–2,5 m

ort verbracht werden, da sie sonst eventuell die Blüte verweigert. Anfällig für Schildläuse und Spinnmilben.

Thunbergia alata

Schwarzäugige Susanne

Herkunft: Tropisches Afrika.
Blütezeit: Mai bis September.
Blüte: Goldorange mit schwarzer Mitte.
Wuchsform/Höhe: Normalerweise einjährig kultivierte, schlingende Kletterpflanze, auch als Ampelpflanze geeignet. Als Einjährige bis 1,5 m, als Mehrjährige bis 2,5 m hoch.
Standort Sommer: Vollsonnig bis halbschattig, warm und geschützt in gut durchlässiger Balkonblumenerde. Gleichmäßig feucht halten und wöchentlich bis 14-tägig düngen. Soll *T. alata* überwintert werden, muss im August die Düngung eingestellt werden.
Standort Winter: Hell, nicht unter 10 °C im beheizten Wintergarten, dabei gleichmäßig feucht halten und vor dem Ausräumen Mitte Mai etwas zurückschneiden.
Arten und Sorten: *T. alata* 'Susi Gelb mit Auge' (gelbe Blüten mit dunklem Auge), 'Susi Orange mit Auge' (eidottergelb mit dunklem Auge), 'Susi Weiß mit Auge' (cremeweiß mit dunklem Auge). Verwandt ist die bis zu 4 m hohe Himmelsblume, *T. grandiflora*, die große, trichterförmige, himmelblaue Blüten trägt und sich nur für warme Wintergärten eignet.
Vermehrung: Aussaat im Spätwinter unter Glas oder halb verholzte Stecklinge im Frühsommer in Schalen mit Bodenheizung bewurzeln.
Besonderes: Sehr wärmebedürftige, aber außerordentlich dekorative, zierliche Kletterpflanze für Spaliere, Balkonbrüstungen und Sichtschutzwände. Eine Überwinterung lohnt nur im beheizten Wintergarten. Anfällig für Spinnmilben und Weiße Fliege.

Tibouchina urvilleana, syn. *T. semidecandra*

Prinzessinnenblume, Tibouchinie

Herkunft: Tropisches Brasilien.
Blütezeit: Juli bis Oktober, durch Zurückschneiden und warme Überwinterung kann die Blüte auch auf das Winterhalbjahr verschoben werden.
Blüte: Leuchtend violette bis purpurfarbene, bis 7,5 cm breite Blüten.
Wuchsform/Höhe: Unbeschnitten bis 6 m hoher, immergrüner, sparrig wachsender, verholzender Strauch mit großen, samtigen Blättern und leuchtenden, großen Blüten.

VIII–X 2,5 m

Prinzessinnenblume, Tibouchinie

Sternjasmin

Standort Sommer: Sonnig, warm und geschützt in lehmhaltiger, fruchtbarer, durchlässiger Erde. Mäßig feucht halten (kalkfreies Gießwasser verwenden) und 14-tägig düngen.
Standort Winter: Hell, kühl (5 bis 10 °C) und luftig, dabei den Ballen nicht austrocknen lassen. Alternativ im beheizten Wintergarten überwintern.
Arten und Sorten: Nur eine Art.
Vermehrung: Im Sommer halb verholzte Stecklinge in Schalen mit Bodenheizung bewurzeln.
Besonderes: Sehr dekorative Kübelpflanze mit auffälligen Blüten, die zwar recht pflegeleicht ist, aber einen konsequenten, kundigen Rückschnitt braucht, um nicht sparrig zu werden. Besonders Jungpflanzen müssen immer wieder entspitzt werden. Ältere Exemplare in der Wachstumsperiode schneiden. Nur bis in einjähriges, dünnes Holz, aber nicht zu zögerlich schneiden, damit sich die Pflanze gut verzweigt. Anfällig für Spinnmilben, Blattläuse und, bei Staunässe, für Wurzelfäule.

Trachelospermum jasminoides

Sternjasmin

Herkunft: Tropische und subtropische Regionen Ostasiens (China, Korea, Japan).
Blütezeit: Mai bis September, im Wintergarten auch wesentlich früher.
Blüte: Weiße, duftende, sternförmige Blüten.
Wuchsform/Höhe: Schlingende, langsam wachsende, verholzende, immergrüne Kletterpflanze, bis 6 m hoch.
Standort Sommer: Sonnig bis halbschattig, aber auch schattig, geschützt, in durchlässiger, lehmiger Erde oder Einheitserde. Regelmäßig gießen, damit die Erde nie austrocknet, 14-tägig düngen.
Standort Winter: Hell, kühl (5 bis 10 °C), luftig, dabei sparsam gießen. Alternativ im beheizten Wintergarten bei etwa 15 °C überwintern, dann mehr gießen. Je nach Abstammung ertragen Sternjasmin-Pflanzen leichte bis mäßige Fröste bis –12 °C. Das Laub wird dabei bronzefarben.
Arten und Sorten: Nur eine Art, aber je nach Herkunft und Abstammung gibt es verschiedene Typen. Um eine wirklich gut duftende Pflanze zu bekommen, sollte man sie blühend kaufen. leider blühen die am stärksten duftenden Pflanzen am kürzesten.
Vermehrung: Im Sommer halb verholzte Stecklinge in Schalen mit Bodenheizung bewurzeln oder Absenker machen.
Besonderes: Anspruchslose, vielseitige Kletterpflanze für Kübel auf Balkon und Terrasse und für Wintergärten. Alle Pflanzenteile sind giftig. Anfällig für Schild- und Blattläuse.

Trachycarpus fortunei

Hanfpalme

Herkunft: Subtropische Wälder Asiens (China und Japan).
Blütezeit: Juni bis Juli.
Blüte: Bis 60 cm lange, hängende, gelbe Rispen.
Wuchsform/Höhe: Im Kübel schwach wachsende, einen Stamm bildende Palme mit gestielten fächerförmigen Wedeln. Bis 3 m hoch und 2 m breit, selten höher.
Standort Sommer: Sonnig bis halbschattig, regen- und windgeschützt in durchlässiger, lehmiger, nährstoffreicher Erde oder Einheitserde. Regelmäßig gießen, dabei Staunässe und Austrocknen des Ballens vermeiden, 14-tägig düngen.

Hanfpalme

3 m

Standort Winter: Ältere Exemplare sind frosthart bis –12 °C. Dennoch hell, kühl (5 bis 10 °C) und lufttrocken überwintern. Dabei nur wenig gießen. Notfalls auch dunkel und kühl überwintern.
Arten und Sorten: Nur eine Art.
Vermehrung: Aussaat ganzjährig bei 24 °C, jedoch recht langsam keimend.
Besonderes: Sehr robuste, langsam wachsende Palme. Beim Einräumen kann man die ältesten Blätter abschneiden und den Blattschopf etwas zusammenbinden, damit die Palme nicht zu viel Platz wegnimmt. Ist der Standort im Sommer oder das Winterquartier zu feucht, kann Herzfäule die Pflanze umbringen. Selten treten Spinnmilben oder Schildläuse auf.

Viburnum tinus

Mittelmeerschneeball, Laurustinus

Herkunft: Mittelmeergebiet.
Blütezeit: November bis März.
Blüte: Unzählige weiße bis rosaweiße, tellerförmige Blütendolden mit zahlreichen duftenden Einzelblüten, gefolgt von metallisch blauen Beeren.
Wuchsform/Höhe: Immergrüner, verholzender, dicht belaubter, gedrungener Strauch mit ledrig glänzenden Blättern, bis 4 m hoch. Auch als Hochstamm.
Standort Sommer: Sonnig bis halbschattig in normaler, durchlässiger Gartenerde oder Einheitserde, regelmäßig gießen und bis August alle drei Wochen düngen.
Standort Winter: Ältere Exemplare sind im Weinbauklima frosthart bis –10 °C. Hell, kühl (5 °C), geschützt vor austrocknenden Winden, dabei leicht feucht halten. Im Frühjahr zeitig ausräumen, vorsichtig an die Sonne gewöhnen.
Arten und Sorten: Die eigentliche Art *V. tinus* wurde durch zahlreiche Züchtungen verbessert, von denen viele aber nicht ganz so frosthart wie die Art selbst sind, z. B. 'Eve Price' (dicht wachsend, rosafarbene Blüten); 'Gwenllian' (rosa überhauchte Blüten), 'Pink Prelude' (rosa Knospen und weiße Blüten); 'Purpureum' (purpurfarbener Austrieb). Besonders interessant ist die Sorte 'Variegatum' (grüne Blätter mit cremegelbem Rand).
Vermehrung: Ganzjährig, am besten aber im Sommer, durch halb verholzte Stecklinge, die allerdings recht langsam bewurzeln.
Besonderes: Seit Jahrhunderten beliebte, sehr pflegeleichte Kübel-

IX–III 4 m

Mittelmeerschneeball

pflanze, die auch gut schnittverträglich ist. Falls nötig, sollte ein Rückschnitt nach der Blüte erfolgen. Stark beschnittene Pflanzen blühen weniger. Anfällig für Schild- und Wollläuse, Blattkäfer und Blattläuse, Weiße Fliege. Die Blütezeit der einzelnen Pflanzen variiert stark und ist sowohl von der Sorte und Abstammung als auch dem Standort abhängig. In milden Wintern erstreckt sich die Blütezeit tatsächlich von November bis März.

Yucca

Palmlilie

Herkunft: Südöstliche USA.
Blütezeit: Juli bis September.
Blüte: 1 bis 2 m hohe Rispen glockenförmiger, cremeweißer Blüten.
Wuchsform/Höhe: Immergrüne Rosetten steif aufrecht stehender, blaugrauer, schwertförmiger Blätter. Je nach Art 1 bis 2 m hoch und ebenso breit.
Standort Sommer: Vollsonnig, sonnig bis halbschattig in gut durchlässiger, mit Sand oder Splitt vermischter Einheitserde. Sehr trockenheitsverträglich, dennoch gelegentlich reichlich gießen, dann wieder trockener halten und monatlich düngen. Staunässe vermeiden.
Standort Winter: Die meisten Arten (bis auf *Y. gloriosa*) sind ausgepflanzt frosthart bis –15 °C und sogar darunter, brauchen aber im Kübel etwas Winterschutz. Hell und kühl (5 °C), überwintern, nur selten gießen. Auch eine helle, temperierte Überwinterung bei 15 °C ist möglich, dann sollte jedoch mehr gegossen werden. Nach dem Ausräumen vor Sonnenbrand schützen.
Arten und Sorten: *Y. filamentosa* (mittelhoch und -breit; die Sorte 'Variegata' hat weiß gerandete, im Winter rot überlaufene Blätter), *Y. flaccida* (mitelhoch und -breit; die Sorte 'Golden Sword' besitzt gelb gerandete Blätter), Spanischer Dolch (*Y. gloriosa*; bis 2 m hoch und breit, die Sorte 'Nobilis' hat rötlich überhauchte Blüten, die Sorte 'Variegata' cremegelb gerandete Blätter).
Vermehrung: Im Frühjahr bewurzelte Ableger vereinzeln. Aussaat frischer Samen im Frühjahr unter Glas bei etwa 24 °C.
Besonderes: Sehr robuste, pflegeleichte Kübelpflanze für Wüsten- und Steppenmotive. Da die Blattrosetten in den blütenlosen Monaten wenig inspirierend aussehen, kann man Kübel mit Palmlilien während dieser Zeit an einen Nebenschauplatz versetzen. Im Kübel ausgepflanzte Exemplare können, wenn sich der Blütenansatz zeigt, im Topf ausgegraben und an prominenter Stelle für die Zeit der Blütze plaziert werden. An den dornigen Spitzen und scharfkantigen Blättern kann man sich leicht verletzen. Anfällig für Schildläuse, die Blüten für Blattläuse.

Palmlilie

VII–IX 1–2 m

Anhang

Adressen und Bezugsquellen

Kübelpflanzen:
Flora Mediterranea
Königsgütler 5, 84072 Au/Hallertau
Tel.: 08752/1238, Fax: 08752/9930
E-Mail: floramediterranea@t-online.de
http//:www.floramediterranea.de

Flora toskana
Böfinger Weg 10, 89075 Ulm
Tel.: 0731/9267095, Fax: 0731/9267108

Ibero Import
Bahnhofstraße 12, 37249 Neu-Eichenberg
Tel.: 05542/1845, Fax: 05542/6713

Südflora Peter Klock
Stutsmoor 42, 22607 Hamburg
Tel.: 040/8991698

Versandgärtnerei Helga Mittmann
Eichenweg 21, 8499 Salzbergen
Tel.: 05976/522, Fax: 05976/1065
E-Mail: kontakt@kuebelgarten.de
http//:www.kuebelgarten.de

Pflanzenversand Bambus Zentrum Niederbayern
84332 Spanberg-Hebertsfelden
(winterharte Gartenraritäten, auch Palmen und Palmlilien; Katalog gegen Gebühr)

Saatgut ausgefallener Nutzpflanzen:
Ferme de Sainte Marthe
c/o Ulla Grall
Bäreneck 4/Efeuhaus, 55288 Armsheim

Töpfe und Accessoires:
Country Garden Versand GmbH
Nagolder Straße 27/T, 72199 Ammerbuch
Tel.: 07073/2372, Fax: 07073/7226

arte toscana
Eglinger Straße 18, 82544 Moosham
Tel.: 08176/428, Fax: 08176/1456
http//:www.arte-toskana.de

Hesperiden:
In der Schmalau 4, 90427 Nürnberg
Tel.: 0911/305888, Fax: 0911/306311

Bewässerung:
Gardena – Kress und Kastner GmbH
Hans-Lorenser-Straße 40, 89079 Ulm
Tel.: 0731/490-3201, Fax: 0731/490-249
E-Mail: servicecenter@gadena.de
http//:www.gardena.com

Gartenmöbel:
Möbel aus Plantagenteak:
Garpa Garten und Park Einrichtungen
Kiehnwiese 1, 21039 Escheburg bei Hamburg
Tel.: 04152/925200, Fax: 04152/925250
E-Mail: info@garpa.de
http//:www.garpa.de

Loom-Flechtmöbel:
Garpa (siehe oben)
oder:
Curtis & Curtis
Wiener Platz 8, 81667 München
Tel.: 089/4481015, Fax: 089/48951177

Nützlinge:
e-nema (speziell: Nematoden gegen Dickmaulrüssler)
Klausdorfer Straße 28–36, 24223 Raisdorf
Tel.: 04307/82950, Fax: 04307/829514
http//: www.e-nema.de

Firma W. Neudorff GmbH KG
Postfach 1209, 31857 Emmerthal
Tel. 01805/638367
(Bestellkarten für Nützlinge im Gartenfachhandel)

Firma Sautter und Stepper
Rosenstraße 19, 72119 Ammerbuch
Tel. 07032/957830

STB Control
Schaltenbach 1, 65326 Aarbergen
Tel. 06120/6973

Literatur

Bücher:

Berger, Frank von: Balkonparadiese zum Genießen. Augustus, München 2000
Evelegh, Tessa: Das große Buch der Gartendekoration. Busse + Seewald, Herford 2000
Jacobi, K.-H.: Palmen für Haus und Garten. BLV, München 1999
Kawollek, W.: Kübelpflanzen. Südländische Gehölze für die Kultur in Töpfen und Kübeln. Eugen Ulmer, Stuttgart 1997
Kawollek, W.: Pflanzen für Wintergärten. Naturbuch, Augsburg 1994
Klock, Peter: Kübelpflanzen. Naturbuch, Augsburg 1998
Köchel, Christoph und Maria: Kübelpflanzen. Der Traum vom Süden. BLV, München 1992
Köchel, Christoph und Maria: Pflanzenparadies Wintergarten. BLV, München 1998
Fritz Köhlein: Die Haus- und Kübelpflanzen. Eugen Ulmer, Stuttgart 1997
Ulrich Timm: Der Wintergarten. Wohnraum unter Glas. Callwey, München 2000
Michael Zohary: Pflanzen der Bibel. Calwer, Stuttgart 1995

Zeitschriften:

Flora
Verlag Gruner + Jahr AG,
Am Baumwall 11,
20459 Hamburg

Mein Schöner Garten
Senator Verlag GmbH,
Postfach 1520, 77605 Offenburg
http://www.mein-schoener-garten.de
E-Mail: garten@senatorverlag.burda.com

Garten-Träume
Senator Verlag GmbH,
Postfach 1520, 77605 Offenburg
Tel.: 0781/6396205
Fax: 0781/846117
E-Mail: garten@senatorverlag.burda.com

Der Gartenfreund im Internet:

Suchmaschine im Internet zu allen Gartenthemen: www.gartenbau-robot.de

Register

aetherische Öle 88
Agave (*Agava americana*) 31, 38, 69, 70, 95, 97, 112f.
Akanthusblätter 60
Akklimatisierung 12f., 41
Aloe (*Aloe spec.*) 95
Ameisen 22, 34
Ampelpflanzen 89
Andenbeere / Kapstachelbeere (*Physalis edulis*) 81
Ankauf 10ff.
Apfelbaum (*Malus sylvestris*) 62
Aubergine (*Solanum melongena*) 85
Aukube/Goldorange (*Aucuba japonica*) 14, 37f., 44, 52, 66, 68, 95, 103, 114f.
Auspflanzen in den Garten 31f.
Aussaat 44f.
Azalee (*Rhododendron simsii*) 14, 52, 67, 68, 91ff., 95, 97
Aztekisches Süßkraut (*Lippia dulcis*) 81, 86ff.

Bärenklau (*Acanthus hungaricus, A. balcanicus*) 62
Bakterienwelke 36
Bambus, allgemein 36f., 39, 63, 64ff.
Bambus, Heiliger (*Nandina domestica*) 37, 39, 102, 103
Banane (*Musa spec.*) 39, 81, 95, 103, 108f., 130
Basilikum (*Ocimum basilicum*) 56, 79, 83, 85ff.
Baumchili/Spanischer Pfeffer (*Capsicum frutescens*) 81, 83, 85ff.
Baumtomate/Tamarillo (*Cyphomandra betacea*) 44, 47, 74, 81, 109, 123f.
Begleitpflanzen 71, 73ff.
Beifuß (*Artemisia vulgaris*) 87
Bergbohnenkraut (*Satureja montana*) 55, 56, 85ff.
Bergminze (*Calamintha grandiflora*) 87
Bewässern 26ff., 100
Bewässerungssysteme 27f.
Bitterorange (*Poncirus trifoliata*) 39, 44, 56
Blattkakteen (*Epiphyllum*-Hybriden) 96
Blattläuse34
Blaublattfunkie (*Hosta sieboldiana*) 66
Blaue Mauritius (*Convolvulus sabatius*) 17, 56, 74, 86
Blaugummibaum (*Eucalyptus gunnii*) 38
Bleiwurz (*Plumbago auriculata*) 44, 47, 105, 106, 135
Bohnenkraut, einjähriges (*Satureja hortensis*) 87
Borretsch (*Borago officinalis*) 87
Bougainvillee (*Bougainvillea glabra*) 41, 44, 59, 72, 74, 81, 115
Brautmyrte (*Myrtus communis*) 39, 44, 47, 55, 62, 86, 95, 103, 105, 130f.
Buchsbaum (*Buxus sempervirens*) 14, 16, 38, 42, 44f., 52, 55, 92f., 116f.
Buntnessel (*Coelus-Blumei*-Hybriden) 74, 95ff., 96
Buschbohne (*Phaseolus vulgaris*) 85

Christusdorn (*Euphorbia*-Hybriden) 94f.
Currykraut (*Helichrysum italicum*) 86f.

Dattelpalme (*Phoenix canariensis*) 37, 39, 59, 62, 95, 103, 105, 133f.
Dickmaulrüssler 35
Dill (*Anethum graveolens*) 87
Drachenbaum (*Dracaena draco*) 59, 95
Dränage 23, 70ff., 94
Düngung 24, 28ff.
Duftblüte (*Osmanthus fragrans*) 39, 52
Duftgeranien 88
Duftnessel (*Agastache mexicana*) 87
Duftpelargonie (*Pelargonium crispum*) 55, 86ff., 90, 95, 97
Duftsteinrich (*Lobularia maritima*) 17, 55, 59, 74, 85f.

Edellieschen (*Impatiens*-Neuguinea-Hybride) 52, 97
Efeu (*Hedera helix*) 14, 17, 55, 93, 95, 105
Efeupelargonie (*Pelargonium peltatum*-Hybriden) 55, 58f.
Eingangsgestaltung 50
Eisenkraut (*Verbena*-Hybriden) 90
Engelstrompete (*Brugmansia*, syn. *Datura*) 14, 44, 47, 70, 110, 115f.
Erdbeerbaum (*Arbutus unedo*) 37f., 47, 81, 103, 105
Estragon (*Artemisia dranunculus*) 86f.
Eukalyptus (*Eucalyptus*-Arten) 44, 77, 125

Feige, Echte (*Ficus carica*) 14, 37f., 44, 56, 62, 80f., 105, 125f
Feigenkaktus (*Opuntia phaeacantha*) 71
Feijora/Brasilianische Guave (*Acca sellowiana*) 37, 38, 105f.
Fenchel (*Foeniculum vulgare*) 87
Fetthenne (*Sedum floriferum, S. spurium, S. rupestre syn. S. reflexum*) 17
Feuerbohne (*Phaseolus coccineus*) 85
Fichte (*Picea abies*) 92
Flanellstrauch (*Fremontodendron californicum*) 70
Florfliegen 33
Formschnitt 45ff.
Frost 40, 103
Fuchsie (*Fuchsia magellanica*) 37, 39, 44, 47, 52, 97, 127
Funkie, Kleine (*Hosta sieboldii*) 66

Gänseblümchen, Blaues (*Brachyscome multifida*) 17, 74, 76, 77
–, gelbes (*Dyssodia tenuiloba*) 70
–, spanisches (*Erigeron karvinskianus*) 17, 56, 58, 59, 70
Gärten, Historische 6ff.
Galiläa 60
Gardenie (*Gardenia jasminoides*) 97
Gartenbambus (*Fargesia murielae*) 38, 63f.
Gartenkresse (*Lepidium sativum*) 87
Gartenmöbel 75, 101, 108f.
Gartenteich 66
Gazanie (*Gazania*-Hybriden) 59
Gemüse 79, 82ff.
Gemüse, Nachbarschaften 84
Gestalten mit Pflanzen 49ff.
Gewächshäuser 7
Gewürzpaprika (*Capsicum annuum*) 82, 85
Gewürzrinde (*Cassia corymbosa*) 38, 44, 70, 120,
Gießen 26ff.
Giftpflanzen 13f.
Ginster (*Genista lydia*) 14, 62
Granatapfel (*Punica granatum*) 37, 39, 44, 61ff., 136
Griechenland 59

Hängenelke (*Dianthus caryophyllus*) 86
Hängeverbene (*Verbena*) 55
Halbschatten 67ff., 73, 88
Hammerstrauch (*Cestrum aurantiacum, C. elegans*) 14, 38, 44, 47, 70, 120f.
Hanfpalme (*Trachycarpus fortunei*) 37, 40, 66, 103, 139f.
Harfenstrauch/Weihrauchpflanze (*Plectranthus coleoides*) 56, 95
Heiligenkraut (*Santolina chamaecyparissus*) 86, 90
Herbstkrokus/Safran (*Crocus sativus*) 62
Hibiskus (*Hibiscus rosa-sinensis*) 44, 47, 66, 72, 74, 81, 95, 98, 107, 109, 127f.
Hochstämmchen 45ff.
Hornklee (*Lotus maculatus*) 89f.
Hortensie (*Hydrangea macrophylla*) 29, 52, 67f., 95
Husarenknöpfchen (*Sanvitalia procumbens*) 17, 56, 70

Indisches Blumenrohr (*Canna indica*) 73f., 81, 119f.
Israel 59ff.

Jahreszeiten 50, 67, 96
Jasmin (*Jasminum officinale*) 39, 95, 105
Johannisbrotbaum (*Ceratonia siliqua*) 38, 62, 63, 81, 105
Johanniskraut (*Hypericum perforatum*) 87

Känguruhbaum (*Casuarina equisetifolia*) 77
Kakteen 71, 94f.
Kalthauspflanzen 95
Kamelie (*Camellia japonica*) 37f., 44, 52, 68, 95, 97, 103, 104, 117ff.
Kamille (*Matricaria chamomilla*) 87
Kapernstrauch (*Capparis spinosa*) 86f.
Kapuzinerkresse (*Tropaeolum majus*) 17, 74, 80f., 85ff., 90
Kartoffelstrauch/Enzianstrauch (*Solanum rantonnetii*) 14, 44, 47, 56, 74
Katzenschwanz / Nesselschön (*Acalypha hispaniolae*) 74, 109
Kerbel (*Anthriscus cerefolium*) 87
Kerzenstrauch (*Cassia didymobotrya*) 44, 74
Keulenlilie (*Cordyline australis*) 77f., 95
Kiefer (*Pinus spec.*) 92
Kirschlorbeeer/Lorbeerkirsche (*Prunus laurocerasus*) 14, 68
Kiwi (*Actinidia chinensis*) 80f
Klebsame (*Pittosporum tobira*) 37, 39, 44, 68, 77, 103, 134f.
Kletterpflanzen 108f.
Kletterrose (*Rosa*) 55
Klivie / Riemenblatt (*Clivia miniata*) 94f.
Konifere 91
Kopfsalat 84
Korallenstrauch (*Erythrina crista-galli*) 44, 59, 124f.
Koriander (*Coriandrum sativum*) 87
Kräuter 7, 8f., 85ff.
Kreppmyrte (*Lagerstroemia indica*) 39, 44, 47, 56, 128f.
Kürbis (*Cucurbita pepo*) 80f.
Kugeldistel (*Echinops ritro*) 62
Kumquat (*Fortunella japonica, F. margarita*) 39, 44, 47, 55, 90, 95, 103, 126f.

Lanzenfunkie (*Hosta lancifolia*) 63
Lavendel (*Lavandula angustifolia*) 39, 44, 54ff., 86f., 90, 105
Lavendelheide (*Pieris japonica*) 52, 68, 92f.
Lebensbaum (*Thuja*) 14, 52, 92f.
Liebstöckel (*Levisticum officinalis*) 87
Lorbeer, Echter (*Laurus nobilis*) 37, 39, 44, 47, 55f., 62, 86f., 103, 105, 130
Luffa-Gurke (*Luffa acutangula*) 81

Madonnenlilie (*Lilium candidum*) 62
Männertreu (*Lobelia erinus, L. pendula*) 17, 52
Majoran/Oregano (*Origanum vulgare*) 56, 86f.

Malve, Wilde (*Malva sylvestris*) 62
Mandarine (*Citrus reticulata*) 44, 81, 105
Maracuja (*Passiflora edulis*) 81
Maulbeerbaum (*Morus nigra*) 62
Marienkäfer 33
Mehltau, echter u. falscher 36
Melonenstrauch/Pepino (*Solanum muricatum*) 14, 44, 81
Miniaturrose (*Rosa*) 59, 90
Miniaturteich 66
Mittagsblume (*Lampranthus spectabilis*) 58, 59
Mittelmeerschneeball, Laurustinus (*Viburnum tinus*) 37, 40, 44, 47, 55, 62, 103, 105, 140f.

Nachtfalterorchidee (*Phalaenopsis*-Hybriden) 108f.
Nachtjasmin (*Cestrum nocturnum*) 44
Nachtschatten (*Solanum spec.*) 73, 136f.
Nährstoffe29
Netziris (*Iris reticulata*) 55
Neuseeländer Flachs (*Phormium tenax*) 37, 39, 77f., 103, 134
Neuseeländischer Weihnachtsbaum / Eisenholzbaum (*Metrosideros excelsa*) 39, 76f.
Nützlinge 33

Obst 79
Oleander (*Nerium oleander*) 14f., 26, 39, 44, 47, 51, 56f., 62, 131f.
Olivenbaum (*Olea europaea*) 37, 39, 44, 47, 56, 60, 62, 105, 132
Orange (*Citrus sinensis*) 44, 59
Orangenblume (*Choisya ternata*) 37f., 52, 103
Orchideen 107

Palmen 97ff., 98
Palmfarn, Japanischer / Sagopalme (*Cycas revoluta*) 65f.
Palmlilie (*Yucca spec.)* 37, 39, 70f., 97, 141
Pandorea jasminoides 76
Passionsblume (*Passiflora caerulea*) 39, 44, 55, 65f., 74, 81, 95, 132f.
Petersilie (*Petroselinum crispum*) 85, 87
Pfefferminze (*Mentha x piperta*) 87
Pfennigkraut (*Lysimachia nummularia*) 17
Pflanzbecken 101f.
Pflanzen aus Asien 63ff.
Pflanzen aus Australien 73, 76f.
Pflanzen aus Mexiko 70ff.
– aus Prärie und Steppe 69ff.
– aus Spanien 58ff.
– der Bibel 59ff.
– der Provence 53ff.
– der Südsee 72ff.
– der Toskana 56ff.
– des Mittelmeerraumes 53ff., 86f., 105ff.
Pflanzen immergrüne 92
–, robuste 37
–, tropische 72ff., 107f.
–, winterharte 38ff., 90ff., 93
Pflanzenkrankheiten 11f, 33, 36ff., 41, 100
Pflanzerde 25f., 86
Pflanzgefäße 16ff., 57, 87
Pflanzgeräte, Zubehör 22
pH-Wert 26
Piktogramme, Erläuterungen 4
Pilzerkrankungen 36
Pimpinelle (*Sanguisorba minor*) 87
Podranea (*Podranea ricasoliana*) 72, 77
Polsterglockenblume (*Campanula spec.*) 17, 86, 90
Pomeranze (*Citrus aurantium*) 44
Portulakröschen (*Potulaca grandiflora*) 56, 70
Prachtwinde (*Quamoclit lobata*) 90
Priesterpalme (*Washingtonia filifera*) 70
Prinzessinnenblume, Tibouchinie (*Tibouchina urveillana)* 44, 138f.
Purpurglöckchen (*Heuchera micrantha*) 52

Radieschen (*Raphanus sativus*) 85
Raumtemperatur 13, 41f., 99
Regenwürmer 22
Rhododendron (*Rhododendron*) 14, 92f.
Ringelblume (*Calendula officinalis*) 85, 87
Rose (*Rosa macrantha*) 15, 54, 62, 86
Rosmarin (*Rosmarinus officinalis*) 37, 39, 44, 55f., 59, 85ff., 90, 105
Rucola/Rauke (*Eruca sativa*) 85
Rückschnitt 32f., 45f.

Saatgut 45, 80, 84
Salatgurke (*Cucumis sativus*) 85
Salbei (*Salvia officinalis*) 56, 87, 90
Saisonale Inszenierungen 50f.
Sammetblume (*Tagetes tenuifolia*) 17, 83, 85, 90
Sauerampfer (*Rumex acetosa*) 87
Sauerklee (*Oxalis adenophylla*) 55
Schädlinge 11f., 22, 33ff., 41, 97, 100
Schädlingsbekämpfung 33ff.
Scheinbeere (*Gaultheria procumbens*) 93
Scheinzypresse 92f.
Schildläuse 34
Schirmbambus (*Fargesia nitida*) 52, 64, 66, 68
Schlafbaum (*Albizia julibrissin*) 37f., 66, 74, 114
Schlitzahorn (*Acer palmatum-dissectum*) 93
Schlupfwespen 33
Schmierläuse 34
Schmucklilie (*Agapanthus africanus*) 22, 37f., 74, 112
Schnecken 35
Schneeflocke (*Sutera diffusa*) 17, 52, 90
Schneeheide (*Erica carnea*) 93
Schnittlauch (*Allium schoenoprasum*) 85ff.
Schönmalve (*Abutilon*) 44, 47, 68, 95, 97, 112
Schönranke (*Eccremocarpus scaber*) 70
Schopflavendel (*Lavandula stoechas*) 54f., 90, 105
Schwarzäugige Susanne (*Thunbergia alata*) 44, 90, 109, 138
Schwarzrohrbambus (*Phyllostachys nigra*) 64, 66
Skimmie (*Skimmia japonica*) 52, 68, 92, 93
Sommerportulak (*Portulaca oleracea ssp. sativa*) 87
Sonnenbrand 36f., 96
Spindelstrauch (*Euonymus fortunei*) 90, 93
Spinnmilben/Rote Spinne 34
Stachelnüsschen (*Acaena microphylla*) 17
Standortwahl 12f., 41ff., 51f., 67, 73ff., 88ff., 101
Staunässe 26, 71
Stecklinge 44ff.
Sternjasmin (*Trachelospermum jasminoides*) 37, 39, 44, 55, 66, 68, 103, 139
Sternmagnolie (*Magnolia stellata*) 93
Sternnachtschatten (*Solanum jasminoides*) 14, 44, 74
Strauchmargerite (*Argyanthemum frutescens*) 44, 47, 59, 105, 113
Strauchveronika (*Hebe Andersonii*) 52, 76, 90ff.
Strelitzie/Paradiesvogelblume (*Strelitzia reginae*) 74, 95, 108f., 137f.
Studentenblume (*Tagetes-Patula*-Hybriden) 70, 75
Substrat 22ff., 101
Sukkulenten 95ff.
Sumpfschwertlilie, Japanische (*Iris laevigata*) 66

Terrassengestaltung 53ff., 71, 76
Thripse / Blasenfüße 34f.
Thymian (*Thymus vulgaris*) 56, 85ff.
Tomate (*Lycopersicon lycopersicum*) 81, 82, 85
Tomatillo (*Physalis ixocarpa*) 81
Transport 10, 43f.
Tripmadan (*Sedum reflexum*) 16, 56, 86f.
Trockenheit 69ff.
Tropenwurz (*Alocasia spec.*) 108f.

Überwinterung 37ff, 40ff., 57
Umtopfen 22ff.
Unterpflanzungen 15ff.

Vanilleblume (*Heliotropium arborescens*) 55, 74, 75, 90
Veilchenstrauch (*Lochroma cyaneum*) 14
Verjüngungsschnitt 32f.
Vermehrung 44ff.
Virosen 36

Wacholder (*Juniperus spec.*) 14, 92f.
Wachsblume (*Hoya carnosa*) 109
Wandelröschen (*Lantana-camara*-Hybriden) 15, 44, 47, 110, 129f.
Wattakakaschlinge (*Wattakaka sinensis, Dregea s.*) 89f.
Wein (*Vitis vinifera*) 62
Weinraute (*Ruta graveolens*) 87
Weiße Fliege / Mottenschildläuse 34
Wermut (*Artemisia absinthium*) 62, 87
Wildtulpe (*Tulipa humilis*) 55
Wintergarten 6f., 33, 97ff.
–, Heizung 99
–, Lüftung 99
–, Luftfeuchtigkeit 99f., 107
–, Temperatur 102ff.
Winterhärten-Tabelle 38ff.
Winterjasmin (*Jasminum nudiflorum*) 68, 93
Winterquartier 40ff.
Wolfsmilch (*Euphorbia*) 70ff., 94
Wollläuse34
Wollmispel (*Eriobotrya japonica*) 38, 81, 102, 103
Wunderbaum / Rizinus (*Ricinus communis*) 74, 75

Ysop (*Hyssopus officinalis*) 62, 86f.

Zierbanane (*Ensete ventricosum*) 74, 95, 124
Zimmeraralie (*Fatsia japonica*) 38, 95, 103
Zimmerlinde (*Sparmannia africana*) 95
Zimmerpflanzen, freilandgeeignete 95ff.
Zistrose (*Cistus spec.*) 44, 55, 62, 86, 88, 105, 122
Zitrone (*Citrus limon*) 15, 26, 44, 56, 59, 79, 81, 95, 105, 107, 122f.
Zitronenmelisse (*Melissa officinalis*) 86f.
Zitronenstrauch (*Aloysia triphylla*) 86ff.
Zitronenthymian (*Thymus citriodorus*) 55, 86f., 90
Zonalperlargonie (*Pelargonium zonale*) 59, 95
Zucchini (*Cucurbita pepo*) 85
Zwergmispel (*Cotoneaster microphyllus*) 93
Zwergpalme (*Chamaerops humilis*) 37f., 56, 59, 95, 103, 105, 121
Zwergseerose (*Nymphaea x helvola*) 66
Zylinderputzer (*Callistemon citrinus*) 38, 44, 47, 77, 78, 117
Zyperngras (*Cyperus longus*) 66, 95, 97
Zypressen (*Cupressus spec.*) 37f., 56, 70